개정판

3500년의 지혜

김상대 저

영어 성경 핵심 탐구

(800 성경 구절)

병영문화네트워크
Military Culture Network

너희는 먼저 그의 나라와 그의 의를 구하라.
Seek first his kingdom and his righteousness.

To my wife, Joyce Eunock Park,
who has loved Jesus all her life.

나는 심었고 아볼로는 물을 주었으며
오직 하나님께서 자라게 하셨다.

I planted the seed, Apollos watered the plant,
but it was God who made the plant grow.

머리말

성경은 기원전 1500년 경에서 기원후 200년 사이에 쓰여진 신비한 책입니다. 성경은 하나님의 계시와 감동으로 40여명의 저자가 기록한 책입니다. 성경은 세계에서 가장 많이 팔린 베스트 셀러이자 동시에 가장 많이 읽히지 않은 책이기도 합니다. 2000여 페이지에 달하는 방대한 분량이 그 이유 중 하나입니다.

성경을 통해서 많은 문학과 미술과 예술작품이 탄생하였습니다. 단테의 신곡, 괴테의 파우스트, 도스토엡스키의 죄와 벌, 헨델의 메시아, 미켈란젤로의 조각, 램브란트의 그림 등 수많은 작품들이 성경에서 주제를 가져왔습니다. 초대 교황이 된 베드로는 배우지 못하고 가난하고 거친 사람이었습니다. 그가 예수를 만나서 새로운 사람이 되었습니다. 우리나라에도 많은 믿음의 일꾼, 사랑의 실천자들이 있습니다. 한국의 슈바이처로 불리는 장기려 박사는 1950년 6.25 때 아내와 5남매를 북한에 남겨두고 차남만을 데리고 월남했습니다. 그는 한평생을 그리스도의 사랑을 몸으로 실천하신 분입니다.

성경을 통해서 새로운 삶을 사신 분들이 너무나 많이 있습니다. 그러나 이 성경은 처음 읽는 분들에게는 커다란 도전입니다. "3500년의 지혜"는 인류 역사와 개인의 삶을 바꾼 성경의 주요 구절을 모은 책입니다. 이 책을 통하여 성경이 어떤 내용을 담고 있는지 '맛보기'를 해볼 수 있습니다. 또한 이 책에는 영문(주로 두 가지 버전: NIV, NLT)을 함께 수록하였습니다. 영문은 한글 본문을 더 명확히 이해하는 데 도움이 될 뿐만 아니라, 영어 학습에도 크게 유용합니다. 또한 이 책에는 영어성경 구절을 활용하여 저자의 독특한 분절식 영어작문 연습코너를 마련하였습니다. 영어의 습득은

오랜 시간이 필요합니다. 그리고 영어는 국제사회에서 활동할 수 있는 기본 도구입니다.

“3500년의 지혜”가 성경을 읽어보지 못한 분들에게 ‘성경(원전)’으로 들어가는 길잡이가 되기를 바랍니다. 특히 우리 젊은이들이 성경을 통해서 하나님과 예수님을 만나는 기회가 되기를 소망합니다. 성경을 통해서 ‘서로 사랑하고 용서하고 감사하고 봉사하는 삶으로’ 큰 변화가 일어나길 기도합니다. 나아가 ‘오직 은혜(Sola Gratia)’라는 기독교의 진리를 체험하는 기회가 되시기를 바랍니다.

이 책의 원고를 자세히 읽어주시고 귀한 조언을 해주신 장기옥 원로 목사님(구성 교회)과 ‘추천의 글’을 써주신 김승중 목사님(하와이 열방대학)께 감사의 말씀을 드립니다. 두 분 목사님은 1970년대 초에 고려대학교 캠퍼스에서 함께 기도했던 믿음의 형제들입니다. 아울러 원고를 잘 검토해 주신 하민정 선생(텍사스 A&M대 영문과 박사과정)과 남하나 선생(런던대학) 그리고 출판을 위해 수고해 주신 한림원 편집팀에게 감사의 말씀을 드립니다.

2022년 10월 김 상 대

추천의 글

알로하! 안녕하세요. 푸르고 깊은 태평양 한 가운데 하와이 코나 열방대학교(University of the Nations, Kona Hawaii)에서 인사 드립니다. 금년 4월 터키에 선교여행을 갔다가 하와이 열방대학으로 돌아오기 전에 서울에 잠시 머물고 있을 때 오래 전 고려대학교 기독학생회 선배이신 김상대 교수님을 만나게 되었습니다. 김 교수님으로부터 "3500년의 지혜"를 소개 받으면서 김 교수님께서 얼마나 열정과 정성을 기울려 이 책의 출판을 준비하고 계시는지 놀랐고 기뻤습니다. 건축학과 교수로 은퇴하신 분께서 전혀 다른 분야라고 할 수 있는 성서 관련 책인 "3500년의 지혜"에 꽂히신 것입니다.

이 책은 이 땅의 수많은 젊은이들을 경이롭고 부요한 성경의 세계에 이르도록 돕기 위한 영어 징검다리 책입니다. 영어 공부를 매개로 삼은 이유는 요즈음의 젊은 세대들이 영어에 관심이 많기 때문입니다. 이 책을 접하게 되는 여러분들은 이 책을 꼭 붙들고 공부를 계속하여 마침내 성경 책 자체에 도달하는 크고 놀라운 행운을 누리게 되기를 바랍니다.

성경은 여러 가지 면에서 참으로 놀라운 책입니다. 지금부터 3500 여 년 전의 저자인 모세로부터 시작하여 그 후 1500 여년 간에 걸쳐 40 여명의 저자들이 쓴 66권의 책을 선별해서 모아 놓은 책으로서 3500 여년에 걸친 지혜와 빛의 숲인 것입니다.

거시적으로는 이 성경 안에 담겨있는 고상한 사상과 가치관들이 지난 수 천년 동안 인류의 역사와 문명의 방향을 결정해 왔다고 할 수 있으며 모든 인간의 평등한 존엄과 권리, 자유와 빛, 정의와 평화를 향해 행진하도록 횃불처럼 앞길을 밝히며 인도해 왔습니다. 모든 미래의 문명과 역사 또한 이 성경의 영향력을 지속적으로 받게 될 것입니다.

시야를 좀 더 좁혀보면 성경은 5대양 6대주 전 세계의 헤아릴 수 없이 많은 남녀 노소 개인들, 가정의 아비들과 어미들, 시인들과 예술가들, 사상가들과 정치가들, 법률가들과 언론인들, 과학자들과 사업가들, 그리고 박애 실천자들에게 끊임없이 영감을 불어 넣어 주었고, 영감을 받은 이들은 어둠과 악, 억압과 불평등, 가난과 전쟁으로 신음하는 오늘보다, 더 나은 내일을 꿈꾸며 앞으로 나아가고 있습니다. 오늘도 성경이라고 하는 영감의 강은 온 세상 사람들의 마음 안에 새로운 비전과 창의성과 에너지를 공급하며 도도히 흐르고 있습니다. "3500년의 지혜"를 손에 잡은 여러분은 그 영감의 강 안에 발을 내딛고 있으며 머지않아 성경의 영감을 받아 이 세상을 더 아름다운 삶의 터전으로 바꾸고 있는 선한 믿음의 사람들을 만나게 되리라 믿습니다.

성경의 영감있는 문장 몇 개를 소개해 보겠습니다. "고아와 과부와 나그네들을 돌보고 배려해 주어라." "너희가 추수할 때, 그들을 위해 밭에 이삭을 남겨두어라." "너를 핍박하는 이들을 위해 기도해 주어라." "악을 악으로 갚지 말고 선으로 악을 이기라." "너희 집에서 도망쳐 나온 노예 오네시모를 형제로 다시 받아들여 주면 좋겠다." "품꾼의 삯을 반드시 지불해야 한다." "돈을 사랑함이 모든 악의 뿌리이다." 이 외에도 남녀의 동등한 존엄성, 천부 인권사상, 인간 생명의 신성함, 장애인들을 배려하고 존중함, 절대 권력자들의 권력을 견제하는 사상, 정의로운 사법제도의 설치와 실행 등, 수없이 많은 것들이 바로 성경의 빛과 영감을 통해 성취되어 온 것입니다.

이 책을 손에 잡으신 여러분들은 다시 말씀 드리거니와 놀라은 행운이 시작된 분들입니다. 3500여년에 걸친 지혜와 빛의 숲 산책을 시작하신 것입니다. 부디 지속적인 흥미와 인내심을 가지고, 영어를 매개로 하여 산책을 지속하시면 정말 좋은 결과를 경험하게 되리라 믿습니다.

저도 한 때는 성경책이 강력한 수면제였던 적이 있았습니다. 무슨 이야기를 하는지 전혀 이해가 되지 않았고, 내 안에 흥미와 관심을 불러 일으키지 못했고 지루하기 짝이 없었습니다. 그 결과, 성경은 내 가까이 있는 책이었지만 읽는 것을 어느 정도 포기한 책이었고, 일요일에 교회 갈 때만 잠시 가지고 가는 책일 뿐 전혀 중요하거나 필요한 책이 아니었습니다. 그러나 성경책을 계속 붙들고 있던 어느 날 전혀 얘기치 않았던 일이 저에게 벌어졌습니다.

그 동안 수없이 듣고 머리로만 알고 있었던 스토리, 하나님의 아들 예수님께서 나를 사랑하셔서 나를 위해 나의 엄청난 죄를 짊어지시고 십자가에 죽으신 것이 갑자기 확실하게 믿어지고 그 분의 엄청난 사랑에 압도되는 경험을 한 것입니다. 하늘의 하나님 아버지께 내가 사랑을 받고 있는 존재라는 것을 확실하게 깨닫는 이 강렬한 경험은 아주 짧은 시간 동안 일어났지만 내 모든 것을 바꾸기 시작했습니다.

가장 커다란 변화 중의 하나는 강력 수면제와 같았던 성경, 이해되지 않고 지루하기 짝이 없었던 성경의 내용들이 나를 사랑하시는 하나님의 사랑과 지혜와 경륜이 담긴 친근한 말씀으로 느껴지고 성경의 진짜 주인공이 그 분이신 것을 확신하게 된 것입니다. 이 확신과 더불어 성경 전체에 대한 사랑과 존경과 신뢰가 솟아나기 시작했고 성경 안의 문장과 단어와 스토리의 전개가 이해가 되고 영감을 주고 새로운 깨달음과 기쁨을 주어, 꿀처럼 달게 느껴지기 시작했고 매일 매일 시간을 내어 성경을 읽지 않고는 견딜 수 없게 되었습니다..

고등학생이 되면서 영어 성경을 본격적으로 접하기 시작했습니다. 대학을 졸업하고 해외 선교사가 되어 지난 수 십 년 동안 46개국을 다니며 사역하는 동안 여러 권의 영어 성경책을 손에 넣으면서 애독하고 공부하고 묵상해 왔습니다. 영어 성경의 문장과 단어와 표현들은 한글 성경들이 주는 맛과 향기와는 사뭇 달랐습니다. 3년 전에는 성경이 태어난 땅, 이스라엘의 예루살렘 감람산과 예수께서 태어나신 베들레헴, 그 분이 가난한 자들과 소외된 자들에게 기쁜 소식을 전하고 여러 병든 자들을 치유하셨던 갈릴리 지방을 오가며, 약 3개월 동안에 걸쳐 예수님의 생애를 잘 말해주고 있는 요한복음을 아예 통째로 암송하는 훈련학교(Word By Heart School)를 인도하는 특권을 누렸습니다.

이 책의 독자 여러분들 모두가 이 '3500년의 지혜와 빛'이라는 징검다리를 건너 성서의 숲 안에 들어가 영광스런 하나님을 만나시고 그 분과 사랑에 빠지게 되시길 간절히 원하고, 더불어 이 놀라운 3500년 간의 지혜와 빛의 책, 사랑과 소망의 책, 공의와 진리의 책인 성서와 사랑에 빠져보시길 간절히 바랍니다. 언젠가는 성경이 태어난 땅, 예수께서 오셔서 죽으시고 다시 살아나 하늘로 올라가신 그 땅 이스라엘에 가서 성경을 공부하는 그 감동과 기쁨도 누려보시길 기도합니다.

2022년 10월 김승중
(하와이 열방대학 목사)

추천의 글

2005년 6월에 겨자씨교회를 개척하고 서울과학술대학교에서 교직원과 교수신우회를 말씀으로 섬길 무렵에 고려대학교에서 캠퍼스 사역하시는 안호천목사님을 통해서 '100분 성경'이라는 책을 처음 접하게 되었습니다. 그 책은 고려대학교에서 건축을 가르치는 김상대교수님이 영국에 가셨다가 그 책을 접하고 번역하여 한국에 소개된 책입니다. 그때에 김상대교수님이 대표로 섬기시는 '100분 선교회'에서 김교수님을 개인적으로 더 알게 되었습니다.

그 후 '100분 성경'을 텍스트로 삼아 '바이블 영작문'이라는 책을 출판하였습니다. 저희 동네(공릉동)에서 서점을 하시는 사장님이 평생을 고등학교와 대학교에서 영어를 가르치는 교사와 교수의 삶을 사신 분인데 그 책을 보시고 아주 잘 만든 책이라고 하시는 말씀을 들었습니다.

그 다음으로 출판한 책이 '3500년의 지혜'라는 책입니다. 이 책은 성경에 나오는 신구약의 800구절을 탐구한 책입니다. 이 책은 영문학을 전공한 분이 아니지만 영어권에서 학위를 하시고 평생 강단에서 건축과 관련된 학문을 연구한 건축전공자이시지만 국제사회에서, 혹은 학문을 통해서 영어가 얼마나 중요한지를 경험하셔서 영어의 중요성을 매우 강조하는 분이십니다. 이 책은 눈으로 읽으면서 영어로 동시에 말하는 연습을 하도록 편집되어 있을 뿐만 아니라 성경 본문을 쉽게 영작하고 말하기 연습을 할 수 있도록 문장을 짧게 재구성하고, 주요 단어에는 스펠의 힌트가 병기되어 있어서 조금만 관심을 가지고 이 책을 활용한다면 영어공부와 성경에 나오는 중요한 내용들을 동시에 접하게 되는 유익을 얻게 될 것입니다.

저는 최근에 수년 동안 전청소년국가대표 성호영감독님에게 탁구를 정식으로 레슨을 받고 있습니다. 청소년 때부터 탁구를 쳐 본 경험은 있었지만 정식으로 배워본 적이 없었습니다. 감독님으로부터 매주 정기적으로 탁구의 기본을 배우고 연습하고 동료들과 틈 날 때 탁구를 치는 시간을 보내고 있는데 놀라운 일이 생기는 것을 경험하게 되었습니다.

우선 매우 건강해졌고 더 나아가서 탁구의 실력이 매우 향상된 것을 알게 되었습니다. 이처럼 중년이 지난 후에도 전문적인 이론과 직접적인 레슨이 큰 유익을 경험하는 것처럼 이미 기본적인 영어에 익숙한 청소년들과 대학생, 군에 계신 용사들과 부사관과 장교들이 이 책을 통해서 조금씩 정기적으로 영어를 다시 공부하고자 하는 자들에게 영어와 성경의 두 가지 토끼를 잡는 일석이조의 효과를 경험하게 되리라 확신합니다. 더 나아가서 성경의 본문을 직접 읽고 묵상하면서 예수 그리스도를 인격적으로 영접하여 하나님의 자녀가 되시고 하나님께서 독자를 향하신 사명을 깨닫고 더 의미 있는 인생을 경험하시길 기대합니다.

최근에 창립한 병영네트워크에 김상대교수님은 이사로 함께 동역하면서 군 선교 현장에 대부분 참여하셨고 '100분 성경'과 '바이블 영작문'을 후원해 주셨습니다. 또한 최근에 출판한 '3500년의 지혜'의 책을 2023년 3월에 육군사관학교와 학생군사학교에 약 800권을 지원할 계획을 함께 세우고 있습니다.

병영문화네트워크를 통해서 연결되는 많은 군부대와 군사학교에 이 책자가 널리 보급되어 군선교의 새로운 비전인 군선교 VISION 2030이 더 열매를 맺어 주님의 지상명령이 성취되는데 작은 겨자씨가 되리라 확신 하면서 이 귀한 서책을 기쁨으로 추천 드립니다.

2023년 2월 15일
육군사관학교를 내려다보는 봉화산 아래에서
겨자씨교회/병영문화네트워크 대표 홍상표 목사

눈으로 읽으면서 영어로 동시에 말하기

이 책은 영작 연습하기에 아주 쉽도록 편집되어 있습니다. 따라서 한 두 번 연습해 본 후에는 "눈으로 읽으면서 영어로 동시에 말하는 연습"을 해 보시기 바랍니다.

여호와는 나의 목자시니 내게 부족함이 없으리로다 그가 나를 푸른 풀밭에 누이시며 쉴 만한 물 가로 인도하시는도다 내 영혼을 소생시키시고 자기 이름을 위하여 의의 길로 인도하시는도다 [성경 본문]

위의 성경 본문을 쉽게 영작하고 말하기 연습을 할 수 있도록, 문장을 짧게 재구성하고, 주요 단어에는 스펠의 힌트를 병기했습니다.

여호와(Lord)는 나의 목자(she--)이다:
나는 부족하지(wa--) 않을 것이다.
The Lord is my shepherd:
I shall not want.

그가 나를 눕게(li- +) 한다[만든다]/
푸른 초장들(pas--)에:
He makes me lie down in green pastures:

그는 나를 인도하신다(le--)/
잔잔한[조용한; st--] 물들 가(bes--)로.
그는 내 영혼(so--)을 소생시키신다(res--):
he leads me beside still [quiet] waters.
he restores my soul.

그는 나를 인도하신다(gu--)/
길들(pa--)에서/ 의로움(rig---)의/
그의 이름을 위하여.
He guides me in paths of righteousness
for his name's sake.

도움말

1. Parentheses: ( )

① 단어에 적합한 영어 표현을 짐작할 수 있도록 처음 몇 글자를 보여줄 때

ex) 복잡한(com--): (com--)은 complex를 암시한다.

② 몇 개의 단어로 이루어지는 지 숫자 표시

ex) 유혹을 받았다(2): (2)는 두 단어를 의미한다: was tempted

③ 소유격 ('s) 표현: 괄호 안의 '(의)'는 ('s)를 의미하며, 괄호 밖의 '의'는 of를 의미한다.

ex) 하나님(의) 왕국: God's kingdom
하나님의 왕국: the kingdom of God

2. Square Brackets: [ ]

① 글자 그대로의 의미(직역)

ex) 태초에[시작에 있어서]: in the beginning
'태초에'는 의역, '시작에 있어서'는 직역, 즉, 단어 그대로의 의미이다.

② 단어 힌트('des---')가 나올 때, 좀더 뜻을 알기 쉽게 [ ] 속에 '설계'를 병기한다.

ex) 구상[des---: 설계] 되어진다 [구상한다- ↔ 구상되어진다]

3. Double Slashes: //

관계대명사(who, which, that 등)를 통해 새로운 절의 시작을 나타낸다.

ex) //(그들은) 던져졌다 → who were thrown into

□ 참고 자료

- **성경전서 (개혁개정판) (인터넷)**

- **New International Version (NIV)**
  https://www.biblegateway.com/versions/New-International-Version-NIV-Bible/#booklist

- **New Living Translation (NLT):**
  http://nlt.to/search/

- **Revised Standard Version (RSV):**
  https://quod.lib.umich.edu/r/rsv/browse.html

"3500년의 지혜" 전문을 인터넷에서 볼 수 있습니다.
http://hanrimwon.co.kr/
[화면 터치 순서]
3500년의 지혜(표지)/ 전체보기/ '3500년의 지혜' 보기/

목 차

□ 구약성경 주요 구절

□ **신약성경 주요 구절**

□ 독생자 예수 (요한복음 3:16)

(One and only Son, Jesus)

"하나님이 세상을 이처럼 사랑하사 독생자를 주셨으니 이는 그를 믿는 자마다 멸망하지 않고 영생을 얻게 하려 하심이라" [성경 본문]

"하나님이 세상을 아주 사랑하셔서(For)//[1] 그는 그의 유일무이한(one and +) 아들을 주셨다,//

"For God so loved the world that
he gave his one and only Son, that

누구든지/ 그를 믿는 (자는)/ 멸망하지(per--) 않을 것이다/ 그러나 영원한(ete---) 생명을 가질 (것이다).

whoever believes in[2] him shall not perish
but have eternal life. (NIV[3])

- "For this is how God loved the world: He gave his one and only Son, so that everyone who believes in him will not perish but have eternal life. (NLT[4])

○ For: 여기서 'For'는 '하나님의 사랑과 아들을 주신 이유를 강조하고 있다.' 그러나 이 'For'를 생략하여도 전체 의미는 동일하다. (God so loved the world that he gave his one and only Son,) 이 문장을 바꾸어 쓰면, God gave his one and only Son because he so loved the world.

---

1) (//)는 관계대명사의 표시이다(who, whose, which, that 등)
2) belive in / believe 비교 (부록 참조)
3) New International Version (NIV)
4) New Living Translation (NLT)

○ one and only: 유일한, 단 하나뿐인, 둘도 없는, 유일무이한
○ perish [périʃ] 죽다, 사라지다.
Virtuous [Good] men prosper [thrive] and the evil ones perish.
선인은 흥하고 악인은 망한다.
*will not be perished (X): perish는 Never-Passive Verbs.
*Never-Passive Verbs (수동태로 쓸 수 없는 동사) (부록 참조)
○ eternal [itə́:rnəl] 영원한, 무한한, 불멸의, 불변의

□ 여호와는 나의 목자 (시편 23편)
(The Lord is my shepherd)

1. 여호와5)는 나의 목자시니 내게 부족함이 없으리로다 (2) 그가 나를 푸른 풀밭에 누이시며 쉴 만한 물 가로 인도하시는도다 (3) 내 영혼을 소생시키시고 자기 이름을 위하여 의의 길로 인도하시는도다 [성경 본문]

여호와(Lord)는 나의 목자(she--)이다:
나는 부족하지(wa--) 않을 것이다.

The Lord is my shepherd:
I shall not want.

그가 나를 눕게(li- +) 한다[만드신다]/
푸른 초장(들)(pas--)에:
그는 나를 인도하신다(le--)/
잔잔한[조용한; st--] 물(들) 가(bes--)로.

5) 여호와는 하나님의 이름을 가리키는 고유 명사이며 야웨라고도 한다.

He makes me lie down in green pastures:
he leads me beside still [quiet] waters.

그는 내 영혼(so--)을 회복시키신다(res--). 그는 나를 인도하신다(gu--)/ 의로움(rig---)의 길(들)(pa--)에서/ 그의 이름을 위하여.

he restores my soul.
He guides me
in paths of righteousness for his name's sake.

- I have all that I need.
- He lets me rest in green meadows;
  he leads me beside peaceful streams.
- He renews my strength.
  He guides me along right paths,
  bringing honor to his name.

○ want (격식) 모자라다, 부족하다.
want experience [courage, judgment] 경험[용기, 판단력]이 부족하다.
○ lie, lay, lain 눕(히)다: lay, laid, laid 놓다, 두다.
○ pasture [pǽstʃər] 목초지, 방목하다, 새로운 활동
○ for one's name's sake 명예[이름]를 위하여

4. 내가 사망의 음침한 골짜기로 다닐지라도 해를 두려워하지 않을 것은 주께서 나와 함께 하심이라 주의 지팡이와 막대기가 나를 안위하시나이다. [성경 본문]

비록(2)[6] 내가 다닐[걸을]지라도/ 골짜기를 통하여/ 사망의 음침함[그림자]의,/

Even though I walk through the valley
of the shadow of death,

나는 어떤 악(no ev--)도 두려워 할(하지 않을) 것이다:
당신이 나와 함께 하시므로(for):
당신의 막대기(r--)와 지팡이(s--)가/ 나를 위로하신다(com--).

I will fear no evil:
for you are with me:
your rod and staff comfort me.

■ I will not be afraid, for you are close beside me.
Your rod and your staff protect and comfort me.

○ shadow 그림자, 그늘: the shadow of a building 건물의 그림자
○ shade 그늘, 그림자

5. 주께서 내 원수의 목전에서 내게 상을 차려 주시고 기름을 내 머리에 부으셨으니 내 잔이 넘치나이다. 내 평생에 선하심과 인자하심이 반드시 나를 따르리니 내가 여호와의 집에 영원히 살리로다. [성경 본문]

당신께서 상(床)을 준비하신다(pre--)/ 내 앞에/
면전[존재]에서(+ pre-- +)/ 내 적들의:
당신은 내 머리에 부으신다(ano--)/ 기름을[으로];
내 잔이 넘칩니다(ru-- o--).

You prepare a table before me
in the presence of my enemies:

6) (2)는 두 단어를 의미한다: Even though

you anoint my head with oil;
my cup runs over.

- You prepare a feast for me
  You honor me by anointing my head with oil.
  My cup overflows with blessings.

○ in the presence of 면전에서, 직면하여, 있는 데서
The document was signed in the presence of two witnesses.
그 문서는 두 명의 증인이 있는 데서 서명되었다.
○ anoint [ənɔ́int] 기름을 바르다, 기름을 뿌리다, 선정하다.
Don't anoint your sunburnt back with cold cream.
햇볕에 탄 등에 콜드 크림을 발라서는 안 된다.
anoint a priest [king] 사제[국왕]를 임명하다.
○ run over 치다, 초과하다, 넘치다.
When the well is full, it will run over.
우물도 차면 넘친다. 과유불급. 지나치면 좋지 못하다.

6. 내 평생에 선하심과 인자하심이 반드시 나를 따르리니 내가 여호와의 집에 영원히 살리로다 [성경 본문]

확실히(Su--)/ 선하심과 자비가 나를 따라 올 것입니다/
내 인생의 모든 날(들)에, 그리고
나는 살[거주할: dw--] 것입니다/
주님[여호와]의 집에/ 영원히.

Surely goodness and mercy will follow me
all the days of my life, and I will dwell
in the house of the LORD forever.

▪ Surely your goodness and unfailing love will pursue me

○ dwell [dwel] 살다, 거주하다, 생각/설명하다, 존재하다, 남아 있다.
dwell in a city 도시에 살다.
Memory of him still dwelt in her mind.
그의 추억은 아직도 그녀 마음속에서 남아 있다.

□ 여덟 가지 복 (마태복음 5:3-12)[7]
(The Beatitudes)

3. 심령이 가난한 자는 복이 있나니 천국이 그들의 것임이요
"Blessed are the poor in spirit,
for theirs is the kingdom of heaven. (NIV)

▪ "God blesses those who are poor and realize their need for him, for the Kingdom of Heaven is theirs. (NLT)

4. 애통하는 자는 복이 있나니 그들이 위로를 받을 것임이요
Blessed are those who mourn, for they will be comforted.
God blesses those who mourn, for they will be comforted.

5. 온유한 자는 복이 있나니 그들이 땅을 기업으로 받을 것임이요
Blessed are the meek, for they will inherit the earth.

▪ God blesses those who are humble,
for they will inherit the whole earth.

6. 의에 주리고 목마른 자는 복이 있나니 그들이 배부를 것임이요

---

7) 영어 쓰기/ 말하기 연습은 소개하지 않습니다.

Blessed are those who hunger and thirst for righteousness, for they will be filled.

- God blesses those who hunger and thirst for justice, for they will be satisfied.

7. 긍휼히 여기는 자는 복이 있나니 그들이 긍휼히 여김을 받을 것임이요
Blessed are the merciful, for they will be shown mercy.

- God blesses those who are merciful, for they will be shown mercy.

8. 마음이 청결한 자는 복이 있나니 그들이 하나님을 볼 것임이요
Blessed are the pure in heart, for they will see God.

- God blesses those whose hearts are pure, for they will see God.

9. 화평하게 하는 자는 복이 있나니 그들이 하나님의 아들이라 일컬음을 받을 것임이요
Blessed are the peacemakers, for they will be called sons of God.

- God blesses those who work for peace, for they will be called the children of God.

10. 의를 위하여 박해를 받은 자는 복이 있나니 천국이 그들의 것임이라
Blessed are those who are persecuted because of righteousness, for theirs is the kingdom of heaven.

▪ God blesses those who are persecuted for doing right, for the Kingdom of Heaven is theirs.

11. 나로 말미암아 너희를 욕하고 박해하고 거짓으로 너희를 거슬러 모든 악한 말을 할 때에는 너희에게 복이 있나니
"Blessed are you when people insult you, persecute you and falsely say all kinds of evil against you because of me.

▪ "God blesses you when people mock you and persecute you and lie about you and say all sorts of evil things against you because you are my followers.

12. 기뻐하고 즐거워하라 하늘에서 너희의 상이 큼이라 너희 전에 있던 선지자들도 이같이 박해하였느니라
Rejoice and be glad, because great is your reward in heaven, for in the same way they persecuted the prophets who were before you.

▪ Be happy about it! Be very glad! For a great reward awaits you in heaven. And remember, the ancient prophets were persecuted in the same way.

○ beatitude [bi:ǽtitjù:d] 지복, 대주교의 칭호, 진복팔단
예수가 산상 수훈(Sermon on the Mount)에서 설교한 행복.
○ heaven [hévən] 천국, 하늘
○ mourn [mɔ:rn] 애도하다, 슬퍼하다, 추모하다, 조의를 표하다.
○ mock [mak] 조롱하다, 비웃다, 업신여기다.
○ insult [insʌlt] 모욕하다, 욕보이다.

□ 주 기도문 (마태복음 6:9-13)
(Lord's Prayer)

9. 하늘에 계신 우리 아버지여 이름이 거룩히 여김을 받으시오며 (10) 나라가 임하시오며 뜻이 하늘에서 이루어진 것 같이 땅에서도 이루어 지이다

'우리 아버지/ 하늘(hea--)에 계신,/
거룩하게 하소서(holl-- +)/ 당신의 이름을,/
당신의 나라[왕국]가 오게 하소서,/ 당신의 뜻(w--)이/
이루어질 것입니다/ 땅(ea--)에서/
하늘에서 처럼(+ it is + hea--).

'Our Father in heaven, hallowed be your name,
your kingdom come, your will be done on earth
as it is in heaven.

■ may your name be kept holy.

○ hallow [hælou] 신성하게 하다(consecrate)
We can not hallow this ground.
우리는 이 땅을 신성하게 할 수 없다.
○ the consecrated water 성수(聖水)

11. 오늘 우리에게 일용할 양식을 주시옵고 (12) 우리가 우리에게 죄 지은 자를 사하여 준 것 같이 우리 죄를 사하여 주시옵고

우리에게 주소서(2)/ 오늘(날)/ 우리의 일상 양식[빵]을.
우리를 용서하소서/ 우리 죄(들)[빚(de---]를,

~ 것 같이/ 우리가 또한/ 용서하였던(2)/
우리의 채무자(들)(deb--)를.

Give us today our daily bread.
Forgive us our debts,
as we also have forgiven our debtors.

- Give us today the food we need,
- as we have forgiven those who sin against us.

13. 우리를 시험에 들게 하지 마시옵고 다만 악에서 구하시옵소서
(나라와 권세와 영광이 아버지께 영원히 있사옵나이다 아멘)

그리고 우리를 인도하소서(le--)/
시험[유혹] 속으로가 아닌(3)[8],/
그러나 우리를 구하소서[전달; deli--]/
악한 것(3)으로부터.'

And lead us not into temptation,
but deliver us from the evil one.'

- And don't let us yield to temptation,
  but rescue us from the evil one.

○ deliver = save 구하다, 구제하다; 전달하다

8) (3)은 세 단어를 의미한다: not into temptation

□ 사랑이 가장 위대하다 (고린도전서 13:1-8)

(Love Is the Greatest)

1. 내가 사람의 방언과 천사의 말을 할지라도 사랑이 없으면 소리 나는 구리와 울리는 꽹과리가 되고

만약 내가 말을 한다면/ 방언(들)(ton--)로[에서]/
사람들(m--)의/ 그리고 천사들의,/
그러나 사랑을 가지지 못하면(ha-- n--),/

If I speak in the tongues
of men and of angels, but have not love,

나는 단지 소리내는(resou--) 징(go--)입니다/
또는 쨍그랑하는(clan--) 꽹과리(cymb--)(이다).

I am only a resounding gong
or a clanging cymbal.

- If I could speak all the languages of earth and of angels,
- but didn't love others, I would only be a noisy gong.

○ tongue [tʌŋ] 혀, 말. 입, 언어, 방언
○ resounding [rizáund] 울려 퍼지는, 반향하는, 메아리치는
They all gave three resounding cheers.
그들은 모두 만세 삼창을 크게 불렀다.
○ gong [gɔːŋ] 훈장, (신호용) 징
strike a gong 징을 치다
○ clanging [klæŋ] 쨍하고 울리는, 서로 부딪쳐 쨍 소리를 내는
keep clanging a bell 종을 땡땡 치다

2. 내가 예언하는 능력이 있어 모든 비밀과 모든 지식을 알고 또 산을 옮길 만한 모든 믿음이 있을지라도 사랑이 없으면 내가 아무 것도 아니요

만약에 내가 재능[선물: gi--]을 가진다면/ 예언(proph--)의/
그리고 알아낼(fath--) 수 있다(면)/
모든 비밀(들)(mys--)과 모든 지식을,

If I have the gift of prophecy and
can fathom all mysteries and all knowledge,

그리고 만약 내가 (어떤) 믿음을 가지고 있다면//
산(들)을 옮길 수 있는,
그러나 사랑이 없으면(ha-- +),/
나는 아무것도 아니요.

and if I have a faith that can move mountains,
but have not love, I am nothing.

- If I had the gift of prophecy,
- if I understood all of God's secret plans
- if I had such faith that I could move mountains,
  but didn't love others, I would be nothing.

○ prophecy [prάfəsi] 예언, 예측, 신탁
○ fathom [fǽðəm] 깊이를 재다, 알아내다 (pinpoint, appreciate, comprehend)
I can't fathom your meaning[= what you mean].
무슨 뜻인지 짐작도 못하겠다.
○ a faith: 어떤 믿음 (faith는 일반적으로 불가산명사)
[여기서는 '산'을 옮길만한 '믿음'이므로, a faith가 적절하다]
a faith in individual freedom; a faith that convinced me

3. 내가 내게 있는 모든 것으로 구제하고 또 내 몸을 불사르게 내줄지라도 사랑이 없으면 내게 아무 유익이 없느니라

만약 내가 준다면/ 내가 소유하고 있는(pos--) 모든 것(all)을/
가난한 자(들)(+ po--)에게/ 그리고
내 몸을 내어준다면(surr--)/ 불꽃(들)(fla--)에,/
그러나 사랑이 없으면,/ 나는 얻는다(ga--)/ 아무것도(not--).

If I give all I possess to the poor and
surrender my body to the flames,
but have not love, I gain nothing.

- If I gave everything I have to the poor
- and even sacrificed my body, I could boast about it;
- but if I didn't love others, I would have gained nothing.

○ surrender [səréndər] 항복/포기/인도/자수하다, 몸을 맡기다.
The army surrendered the fort to the enemy.
그 군대는 적에게 요새를 내주었다.

4. 사랑은 오래 참고 사랑은 온유하며 시기하지 아니하며 사랑은 자랑하지 아니하며 교만하지 아니하며

사랑은 (오래) 참으며(pat--), 사랑은 온유[친절]하며.
(그것은) 질투하지(en--) 않으며,
(그것은) 자랑하지(boa--) 않으며,
(그것은) 교만하지(pro--) 아니한다.

Love is patient, love is kind.
It does not envy, it does not boast, it is not proud.

- Love is not jealous or boastful or proud.

5. 무례히 행하지 아니하며 자기의 유익을 구하지 아니하며 성내지 아니하며 악한 것을 생각하지 아니하며 (6) 불의를 기뻐하지 아니하며 진리와 함께 기뻐하고

그것은 무례하지(ru--) 않으며,
그것은 자신의 이익을 추구하지(self- see--) 않으며,
그것은 쉽게 화내지(ang--) 않으며,
그것은 보존한다(ke--)/ 노(no) 기록을/ 잘못(들)(wro--)의.

It is not rude, it is not self-seeking,
it is not easily angered,
it keeps no record of wrongs.

사랑은 즐거워하지(del--) 않는다/ 악한(ev--) 것에서/
그러나 기뻐한다(rej--)/ 진리와 함께.

Love does not delight in evil
but rejoices with the truth.

- or rude. It does not demand its own way.
- It is not irritable, and it keeps no record of being wronged.
- It does not rejoice about injustice
  but rejoices whenever the truth wins out.

○ keep a record of 기록에 남기다
○ rejoice [ridʒɔ́is] 기뻐하다, 환호하다

7. 모든 것을 참으며 모든 것을 믿으며 모든 것을 바라며 모든 것을 견디느니라

그것은 항상 보호한다, 항상 신뢰한다,
항상 희망한다, 항상 견딘다(persev--).

It always protects, always trusts,
always hopes, always perseveres.

- Love never gives up, never loses faith, is always hopeful, and endures through every circumstance.

○ persevere [pə̀:rsəvíər] 불굴의 의지로 인내하다, 이겨내다, 노력하다
persevere in one's efforts 끈질기게 노력하다

8. 사랑은 언제까지나 떨어지지 아니하되 예언도 폐하고 방언도 그치고 지식도 폐하리라

사랑은 결코 실패하지 않는다.
그러나 예언(들)(proph---)이 있는 곳에서(where there),/
그것들은 멈출(cea--) 것이다;

Love never fails.
But where there are prophecies, they will cease;

방언(들)(ton---)이 있는 곳에서(where +),
그것들은 잠잠할(sti---) 것이다;

지식이 있는 곳에서,
그것이 사라질(p--- a---) 것이다.

where there are tongues, they will be stilled;
where there is knowledge, it will pass away.

- Prophecy and speaking in unknown languages and special knowledge will become useless. But love will last forever!
- Love never fails. 사랑은 반드시 이루어진다.

○ fail 실패하다, 부족하다, (기대에) 못미치다.
○ cease [si:s] 중단하다, 사라지다, 그만두다, 그치다
cease from strife[work, doing] 싸움[일, 하는 것]을 중지하다
they will be ceased (X) (Never Passive Verbs)
○ tongue [tʌŋ] 혀, 말, 입, 언어, 방언
○ He drank to still his anxieties. 불안을 가라앉히려고 술을 마셨다.

□ 공중에 나는 새를 보라 (마태복음 6:25-26)
(Look at the birds of the air)

25. 그러므로 내가 너희에게 이르노니 목숨을 위하여 무엇을 먹을까 무엇을 마실까 몸을 위하여 무엇을 입을까 염려하지 말라 목숨이 음식보다 중하지 아니하며 몸이 의복보다 중하지 아니하냐

"그러므로 내가 너희에게 말한다(3),/
걱정하지(wo--) 말라/ 네 목숨에 대해,/
무엇을/ 네가 먹을까 또는 마신다;

"Therefore I tell you, do not worry about your life, what you will eat or drink;

또는 네 몸에 대해,/ 무엇을/ 네가 입을(we--) 것인가. 목숨이 음식보다도 더 중요하지 않느냐(Is not)/ 그리고 몸이/ 더 중요하다/ 의복(들)(clo--)보다도?

or about your body, what you will wear.
Is not life more important than food, and the body more important than clothes[9)]?

- I tell you not to worry about everyday life.
- whether you have enough food and drink, or enough clothes to wear.
- Isn't life more than food, and your body more than clothing?

26. 공중의 새를 보라 심지도 않고 거두지도 않고 창고에 모아들이지도 아니하되 너희 하늘 아버지께서 기르시나니 너희는 이것들보다 귀하지 아니하냐

보라/ 공중(a--)의 새(들)를,/ 그들은 씨뿌리지(so-) 않고/ 또는 수확하거나(re--)/ 또는 창고(들)(ba--)에 비축하지(sto— aw--),/

Look at the birds of the air; they do not sow or reap or store away in barns,

9) clothes / clothing 비교 (부록 참조)

그럼에도(and y--)/ 너희 하늘(hea---) 아버지께서/
그들을 먹이신다(fe--).
너희가 훨씬(mu--) 더 귀하지[가치있지] 않느냐/ 그들 보다도?

and yet your heavenly Father feeds them.
Are you not much more valuable than they?

- They don't plant or harvest or store food in barns,
- And aren't you far more valuable to him than they are?

○ and yet 그럼에도 불구하고
○ store away extra food 여분의 식량을 비축해 두다.
Store it away for future use. 훗날 쓰게 잘 간직해 두어라.
○ barn [ba:rn] 외양간, 헛간, 차고, 헛간
The horse is out of the barn. 말들이 마굿간에서 뛰쳐 나왔다.

□ 내일 일을 염려하지 말라 (마태복음 6:27-32)
(Do not worry about tomorrow)

27. 너희 중에 누가 염려함으로 그 키를 한 자라도 더할 수 있겠느냐 (28) 또 너희가 어찌 의복을 위하여 염려하느냐 들의 백합화가 어떻게 자라는가 생각하여 보라 수고도 아니하고 길쌈도 아니하느니라.

너희 중에 누가(3)/ 염려함으로써/ 더할 수 있겠느냐(2)/
한(sing--) 시간을/ 그의 생명[인생]에?

Who of you by worrying can add
a single hour to his life?

왜 너희는 염려하느냐/ 의복(들)에 대해?
보라(S--)/ 어떻게/ 들의 백합화(들)(lil--)가/ 자라는지.
그것들은 수고[노동]하지 않는다/ 또는 (실을) 짓다(sp--).

And why do you worry about clothes?
See how the lilies of the field grow.
They do not labor or spin.

- Can all your worries add a single moment to your life?
- Look at the lilies of the field and how they grow.
- They don't work or make their clothing,

○ by ---ing ~함으로써
○ spin 회전, 돌다, 거미줄을 치다, [거미·누에 등이] [실을] 내다.
spin wool into yarn[= spin yarn out of wool] 양모를 실로 잣다.
A spider spins a web. 거미가 집을 짓다.

29. 그러나 내가 너희에게 말하노니 솔로몬의 모든 영광으로도 입은 것이 이 꽃 하나만 같지 못하였느니라

그러나(Yet) 내가 너희에게 말한다//
솔로몬 조차도(not ev-- +)/ 그의 모든 영광(splen--) 중에/
(옷을) 입었다[10](+ dre--)/ 이것들의 하나 같이.

Yet I tell you that
not even Solomon in all his splendor
was dressed like one of these.

10) 입지 못했다.

- yet Solomon in all his glory was not dressed as beautifully as they are.

○ splendor [spléndər] 영광, 화려함, 찬란하게
the splendor of the palace 궁정의 화려함
○ in all one's splendor 그의 가장 영광스러운/찬란한 때(순간)에
○ not even ~ 조차 않다.

30. 오늘 있다가 내일 아궁이에 던져지는 들풀도 하나님이 이렇게 입히시거든 하물며 너희일까보냐 믿음이 작은 자들아

만약에 그것(that)은 ~ 이다/ 이렇게[어떻게] 하나님이 입히신다면(clo--)/ 들의 풀(gr--)을,//(그것은) 여기에 있는/ 오늘/

If that is how God clothes
the grass of the field, which is here today

그리고 내일/ 던져지는(+ thr--)/ 불 속으로,/ 그가 더욱(m--) 더 너희를 입히시지 않으랴 (will he not + +),/ 오 너/ 적은 믿음의?

and tomorrow is thrown into the fire,
will he not much more clothe you,
O you of little faith?

- if God cares so wonderfully for wild flowers that are here today and thrown into the fire tomorrow, he will certainly care for you.
- Why do you have so little faith?

31. 그러므로 염려하여 이르기를 무엇을 먹을까 무엇을 마실까 무엇을 입을까 하지 말라

그러므로(So) 염려하지 말라, 말하면서,
'무엇을 우리가 먹을 것인가?'
또는 '무엇을 우리가 마실 것인가?'
또는 '무엇을 우리가 입을 것인가?'

So do not worry, saying, 'What shall we eat?'
or 'What shall we drink?' or 'What shall we wear?'

- 'What will we eat? What will we drink?
  What will we wear?'

32. 이는 다 이방인들이 구하는 것이라 너희 하늘 아버지께서 이 모든 것이 너희에게 있어야 할 줄을 아시느니라

이는(For)/ 이방인들(pag--)이/ 쫓기(ru- af--) (때문이다)/
이들 모든 것들을,/ 그리고 너희 하늘 아버지께서 아시기
(때문이다)// 네가 그것들을 필요하다(는 것을).

For the pagans run after all these things,
and your heavenly Father knows that you need them.

- These things dominate the thoughts of unbelievers,
  but your heavenly Father already knows all your needs.

○ pagan [péigən] 이교도, 이방인, 비기독교도
The scholar is interested in all pagan religions.
그 학자는 모든 이교도 종교에 관심을 갖고 있다.

○ run after 추적하다, 뒤쫓다, 쫓아가다.
The dog ran after the ball. 개는 공을 뒤쫓았다.

□ 하나님 나라를 먼저 구하라 (마태복음 6:33-34)
(Seek first his Kingdom)

33. 그런즉 너희는 먼저 그의 나라와 그의 의를 구하라
그리하면 이 모든 것을 너희에게 더하시리라

그러나 먼저 구하라(se--)/ 그의 나라[왕국]를/
그리고 그의 의(rig---)를,/ 그러면 이 모든 것들은/
주어질 것이다/ 너희에게/ 또한(2).

But seek first his kingdom and his righteousness,
and all these things will be given to you as well.

- Seek the Kingdom of God above all else, and live righteously, and he will give you everything you need.

34. 그러므로 내일 일을 위하여 염려하지 말라 내일 일은
내일이 염려할 것이요 한 날의 괴로움은 그 날로 족하니라

그러므로/ 염려하지 말라/ 내일에 대해,/
왜냐하면(for)/ 내일이 염려할 것이다/ 스스로(itself)에 대해.
각 날은 가진다/ 충분한 문제(tro--)를/ 그것의 자신의[11].

11) 그 자체로

Therefore do not worry about tomorrow,
for tomorrow will worry about itself.
Each day has enough trouble of its own.

- for tomorrow will bring its own worries.
- Today's trouble is enough for today.

○ It needs to stand up for itself. 스스로 독립해야 한다.

□ 목숨이 더 중요하지 않나? (마태복음 16:26)

(Isn't life more important?)

사람이 만일 온 천하를 얻고도 제 목숨을 잃으면 무엇이 유익하리요
사람이 무엇을 주고 제 목숨과 바꾸겠느냐

무슨 소용이 있을까(W--- g--- will it be)/ 사람에게/ 만약 그가 온(wh---) 세상을 얻는다(ga---) (해도),/ 그러나(yet)/ 그의 영혼을 빼앗긴다면(forf---)? 또는 무엇을 사람이 줄 수 있나/ 그의 영혼을 대가로(+ exch--- +)?

What good will it be for a man
if he gains the whole world, yet forfeits his soul?
Or what can a man give in exchange for his soul?

- What do you benefit if you gain the whole world but lose your own soul?
- Is anything worth more than your soul?

○ forfeit [fɔ́:rfit] 몰수 2.벌금 3.상실하다
pay a forfeit 벌금을 물다.
forfeit one's life [health] 목숨[건강]을 잃다
○ in exchange for 대신에, 교환으로
I'll give you my typewriter in exchange for that radio.
그 라디오를 받는 대신에 타자기를 주겠다.

□ 두 주인을 섬길 수 없다 (마태복음 6:24)
(No one can serve two masters.)

한 사람이 두 주인을 섬기지 못할 것이니 혹 이를 미워하고
저를 사랑하거나 혹 이를 중히 여기고 저를 경히 여김이라
너희가 하나님과 재물을 겸하여 섬기지 못하느니라

"아무도(No one)/ 두 주인(ma--)을 섬길 수 없다[있다].
(둘 중)(Eith--)/ 그는 한 쪽(one)을 미워할 것이다/
그리고 다른 쪽(oth--)을 사랑할 (것이다),

"No one can serve two masters.
Either he will hate the one and love the other,

또는 그는 한 사람에게 전념하게(devo--) 될 것이다(3)/
그리고 싫어한다[경멸; des--]/ 다른 사람을.
너희는 섬길 수 없다/ 양쪽(bo-)을/ 하나님과 돈을.

or he will be devoted to the one and despise the other.
You cannot serve both God and Money.

■ For you will hate one and love the other;
■ You cannot serve God and be enslaved to money.

○ devote [divóut] 헌신하다, 바치다, 전념하다.

□ 수고하고 무거운 짐진 자 (마태복음 11:28-30)
(All of you who are weary and burdened)

28. 수고하고 무거운 짐 진 자들아 다 내게로 오라
내가 너희를 쉬게 하리라

"내게로 오라, 너희 모두//
지치고(+ wea--)/ (무거운) 짐을 진(burd--),/
그리고 내가 너희에게 쉼(re--)을 줄 것이다.

"Come to me, all you who are weary and burdened, and I will give you rest.

■ "Come to me, all of you who are weary
and carry heavy burdens, and I will give you rest.

○ weary [wíəri] 지친, 싫증나는, 지루한
○ burden [bə́:rdn] 부담감, 부담, 짐; 무거운 짐을 지우다.

29. 나는 마음이 온유하고 겸손하니 나의 멍에를 메고 내게 배우라
그리하면 너희 마음이 쉼을 얻으리니 (30) 이는 내 멍에는 쉽고
내 짐은 가벼움이라 하시니라

내 멍에(yo--)를 네게 메어라(ta--)/ 그리고 내게서 배워라,/
나는 온순하고(gen--) 겸손하므로(for)/ 마음이[에서],/

Take my yoke upon you and learn from me,
for I am gentle and humble in heart,

그리고 너희는 쉼을 찾을 것이다/ 너희 영혼(들)을 위해.
나의 멍에는 쉽고 나의 짐(bur--)은 가볍기 때문이다(For)."

and you will find rest for your souls.
For my yoke is easy and my burden is light."

- Take my yoke upon you. Let me teach you,
  because I am humble and gentle at heart,
- For my yoke is easy to bear,
  and the burden I give you is light."

○ yoke [jouk] 멍에, 결합하다, 지배
People are groaning under the yoke of tyranny.
국민들은 폭정 아래 신음하고 있다.

□ 지극히 작은 자 (마태복음 25:40)
(One of the least of my brothers)

임금이 대답하여 이르시되 내가 진실로 너희에게 이르노니
너희가 여기 내 형제 중에 지극히 작은 자 하나에게 한 것이
곧 내게 한 것이니라 하시고 [성경 본문]

무엇이든(what--) 너희가 했던 /
가장 작은 자(+ lea--)의 한 사람(one)을 위해/
이들 형제들 중의/ 나(mine)의,/ 너희는 나를 위해 하였다.'

whatever you did for one of the least
of these brothers of mine, you did for me.'

- when you did it to one of the least of these my brothers and sisters, you were doing it to me!'

□ 부활 생명 (요한복음11:25-26)
(The resurrection and the life)

25. 예수께서 이르시되 나는 부활이요 생명이니 나를 믿는 자는 죽어도
살겠고 (26) 무릇 살아서 나를 믿는 자는 영원히 죽지 아니하리니
이것을 네가 믿느냐

"나는 부활(resur---)이자 생명이다.
나를 믿는 자(He)는 살 것이다,/

"I am the resurrection and the life.
He who believes in me will live,

그가 죽더라도(ev-- tho--); 그리고 누구든지(who--)/
나를 믿으며 사는(liv-- and beli--- +) (자는)
결코 죽지 않을 것이다."

even though he dies; and whoever
lives and believes in me will never die.

- Anyone who believes in me will live, even after dying.
- Everyone who lives in me and believes in me will never ever die. Do you believe this, Martha?"

○ resurrection [rèzərékʃən] 부활, 되살아남, 재생

□ 복있는 사람은 형통하다 (시편 1편 1-6)
(Whatever he does prospers.)

1. 복 있는 사람은 악인들의 꾀를 따르지 아니하며 죄인들의 길에 서지 아니하며 오만한 자들의 자리에 앉지 아니하고

<u>그 사람은 복이 있다</u>[도치]// 걷지 않는/
<u>악한 자(들)</u>(wic--)의 충고(con--)를[에서]/ 또는 서다/
죄인들의 길(w--)에/ 또는 앉는다/
<u>조롱하는 자(들)</u>(moc--)의 자리에.

Blessed is the man who <u>does not walk</u>
<u>in the counsel of the wicked</u>[12] or stand
in the way of sinners or sit
in the seat of mockers.

12) 사악한 자(들)의 말을 따르지 않는

- Oh, the joys of those who do not follow
  the advice of the wicked, or stand around with sinners,
  or join in with mockers.

○ counsel [káunsəl] 특별 검사, 상담, 변호사, 조언
take [hold] counsel with 상의[협의]하다
independent counsel 특별검사, 독립검사
○ wicked [wíkid] 사악한, 부도덕한, 고약한, 심하게
○ mocker [mάkər] 비웃는 사람, 흉내내는 사람
The tortoise challenged his swift mocker to a race.
거북이는 그의 빠른 조롱꾼에게 경주에 도전했다.

2. 오직 여호와의 율법을 즐거워하여 그의 율법을 주야로 묵상하는도다
(3) 그는 시냇가에 심은 나무가 철을 따라 열매를 맺으며 그 잎사귀가
마르지 아니함 같으니 그가 하는 모든 일이 다 형통하리로다

그러나 그의 기쁨(deli--)은/ 주님의 율법에 있다,/
그리고 그의 율법(위)에/ 그는 명상한다(med--)/ 밤낮으로.
그는 나무와 같다/ 심어진(pl--)/ 물의 시냇물(들)(str--) 가에,//
(그것은) 그것의 열매를 맺는다(yie--)/ 철을 따라[계절에]/

But his delight is in the law of the LORD,
and on his law he meditates day and night.
He is like a tree planted by streams of water,
which yields its fruit in season

그리고 그것의(who--) 잎사귀(le--)는/ 시들지(wit--) 아니한다.
무엇이든(Wha---)/ 그가 하는 (것은)/ 형통한다[번성: pros--].

and whose leaf does not wither.
Whatever he does prospers.

- But they delight in the law of the Lord, meditating on it day and night.
- They are like trees planted along the riverbank, bearing fruit each season.
  Their leaves never wither, and they prosper in all they do.

4. 악인들은 그렇지 아니함이여 오직 바람에 나는 겨와 같도다
(5) 그러므로 악인들은 심판을 견디지 못하며 죄인들이 의인들의
모임에 들지 못하리로다 (6) 무릇 의인들의 길은 여호와께서
인정하시나 악인들의 길은 망하리로다

악인들(wic--)은 그렇지 아니하다(Not + + +)!
그들은 겨(cha--)와 같도다// 바람이 날려 보내는(bl-- +).
그러므로 악인들은(+ wic--)/
견디지[서지] 못할 것이다/ (그) 심판에,/

Not so the wicked!
They are like chaff that the wind blows away.
Therefore the wicked will not stand in the judgment,

죄인들도(nor +)/ 의인들(the +)의 모임(assem--)에.
주께서 바라보시므로(wat-- +)(F--)/ 의인들의 길을,/
그러나 악인들의 길은/ 망할(per--) 것이다.

nor sinners in the assembly of the righteous.
For the LORD watches over the way of the righteous,
but the way of the wicked will perish[13].

---

13) will be perished (X) 부록 참조 (Never-Passive Verbs)

■ But not the wicked!
They are like worthless chaff, scattered by the wind.
■ They will be condemned at the time of judgment.
Sinners will have no place among the godly.
■ For the Lord watches over the path of the godly,
but the path of the wicked leads to destruction.

○ chaff [ʧæf] 왕겨, 놀리다, 쌀겨, 파편; (말·소의 사료인) 여물.
chaff and dust 쓸모없는 것, 폐물.
○ assembly [əsémbli] 국회, 조립, 집회, 모임, 의회, 입법부
freedom of assembly 집회의 자유; a city assembly 시의회.
○ perish [périʃ] (폭력 등으로) 죽다, 사라지다; [물건이] 파괴되다.
perish by fire 타죽다; perish from the earth 지상에서 소멸하다.
○ stand 참다, 견디다, 저항하다.

□ 온 땅이여 여호와를 찬송하라 (시편 100편)[14)]
(A psalm of thanksgiving)

1. 온 땅이여 여호와께 즐거운 찬송을 부를지어다
Shout for joy to the LORD, all the earth. (NIV)
Shout with joy to the Lord, all the earth! (NLT)

2. 기쁨으로 여호와를 섬기며 노래하면서 그의 앞에 나아갈지어다
Worship the LORD with gladness;
come before him with joyful songs.

■ Worship the Lord with gladness.
Come before him, singing with joy.

14) 영어 쓰기/ 말하기 연습은 소개하지 않습니다.

3. 여호와가 우리 하나님이신 줄 너희는 알지어다 그는 우리를 지으신 이요 우리는 그의 것이니 그의 백성이요 그의 기르시는 양이로다
Know that the LORD is God. It is he who made us,
and we are his; we are his people, the sheep of his pasture.

■ Acknowledge that the Lord is God!
He made us, and we are his.
We are his people, the sheep of his pasture.

4. 감사함으로 그의 문에 들어가며 찬송함으로 그의 궁정에 들어가서 그에게 감사하며 그의 이름을 송축할지어다
Enter his gates with thanksgiving and his courts with praise;
give thanks to him and praise his name.

■ Enter his gates with thanksgiving;
go into his courts with praise.
Give thanks to him and praise his name.

5. 여호와는 선하시니 그의 인자하심이 영원하고
그의 성실하심이 대대에 이르리로다
For the LORD is good and his love endures forever;
his faithfulness continues through all generations.

■ For the Lord is good. His unfailing love continues forever,
and his faithfulness continues to each generation.

□ 하나님의 뜻을 분별하는 새 생활 (로마서 12:2)

(Don't copy the customs of this world.)

"너희는 이 세대를 본받지 말고 오직 마음을 새롭게 함으로 변화를 받아 하나님의 선하시고 기뻐하시고 온전하신 뜻이 무엇인지 분별하도록 하라"

모방[복사]하지 말라/ 그 행동(beh--)과 관습(들)(cus--)을/ 이 세상의,/
그러나 하게 하라(let)/ 하나님이 너희를 바꾸도록[변화: tran--]/
새 사람(per--)(속)으로/
그 방식(w--)을 바꿈으로써/ 너희가 생각하는.

Don't copy the behavior and customs of this world,
but let God transform you into a new person
by changing the way you think.

그러면(Then) 너희는 배울 것이다/
하나님(의)[15] 뜻(w--)을 알기 위해/ 너희를 위한,
//(그것은) 선하고 즐겁고(ple--) 그리고 완벽한(per--).

Then you will learn to know God's will for you,
which is good and pleasing and perfect.

- Do not conform any longer to the pattern of this world,
- but be transformed by the renewing of your mind.
- Then you will be able to test and approve
  what God's will is-- his good, pleasing and perfect will.

15) (의)는 ('s)를 뜻한다: God's

□ 추수를 할 때에 밭의 구석구석까지 (레위기 23:22)

(When harvesting, to every corner of the field)

너희는 너희 땅에서 추수를 할 때에 밭의 구석구석까지 다 거두어들이지 마라. 그리고 거두어들이다가 곡식이 밭에 떨어졌더라도 줍지 말고, 너희 땅에 사는 가난한 사람과 외국인이 주워 갈 수 있도록 그냥 내버려두어라. 나는 너희 하나님 여호와이다.

너희가 너희 밭(들)을 추수할(har---) 때,/
곡식(gr---)을 거두지[자르지] 마라/
그 밭(들)의 모서리(들)(ed---:)에 있는,

When you harvest your fields,
do not cut the grain at the edges of the fields,

그리고 돌아가지 마라/
이삭(들)[곡식의 머리(들)]을 주우려[자르려]//
남아 있는: 그것들을 내버려두라/ 가난힌 사람들을 위해/
그리고 외국인들(을 위해). 주님은 너의 하나님이시다.

and do not go back to cut the heads of grain that were left;
leave them for poor people and foreigners.
The LORD is your God.

- When you harvest the crops of your land,
- do not harvest the grain along the edges of your fields, and do not pick up what the harvesters drop.

- Leave it for the poor and the foreigners living among you.
- I am the Lord your God."

□ 그가 찔림은 우리의 허물 때문이요 (이사야 53:5)

(He was pierced for our transgressions.)

"그가 찔림은 우리의 허물 때문이요 그가 상함은 우리의 죄악 때문이라 그가 징계를 받으므로 우리는 평화를 누리고 그가 채찍에 맞으므로 우리는 나음을 받았도다"

그는 찔렸다(+ pie---)/ 우리의 죄(들)(trans---)를 위해,/
그는 부서졌다(+ cru---)/ 우리의 죄악(들)(iniqu---)을 위해;

But he was pierced for our transgressions,
he was crushed for our iniquities;

그 형벌(pun---)은// 우리에게 평화를 가져다 준(bro---)/
그에게 닥쳤다[있었다](+ u--- +),/ 그리고
그의 상처(들)(wo---)로[의해]/ 우리는 치유되어진다(+ hea---).

the punishment that brought us peace
was upon him, and by his wounds we are healed.

- But he was pierced for our rebellion, crushed for our sins.
- He was beaten so we could be whole.
- He was whipped so we could be healed.

○ pierce [piərs] 피어싱, 뚫다, 꿰뚫다, 관통하다(stab); 찔리다[꽂히다]

pierce a person with a spear 창으로 남을 찌르다
○ transgression [trænsgréʃən] 위반, 범죄, (종교상의) 죄.
Transgression of the rules is met with severe punishment.
규칙의 위반은 엄격한 처벌을 받는다.
○ crush [krʌʃ] 분쇄하다, 부서지다, 으깨다, 박살내다, [과즙] 짜내다
crush stone into gravel 돌을 부수어 자갈로 만들다.
○ iniquity [iníkwəti] (격식) 죄악, 부정[불법, 사악]한 행위, 나쁜 짓;
a den of iniquity (익살) 악의 소굴.
○ whip [hwip] 때리다, 채찍질하다, 휘몰아치다, 다수당의 원내대표
whip a horse on 채찍질하여 말을 몰다
a majority whip 다수당 원내 총무

□ 염려하지 말고, 기도와 간구로 (빌립보서 4:6)
(Pray about everything)

"아무 것도 염려하지 말고 다만 모든 일에 기도와 간구로,
너희 구할 것을 감사함으로 하나님께 아뢰라"

걱정하지 말라/ 아무 일(any--)에 대해; 대신에(ins--),/ 모든 일(eve---)에 대해 기도하라.

Don't worry about anything; instead,
pray about everything[16].

하나님께 말하라/ 네가 필요한 것을,/ 그리고 그에게 감사하라/ 모든 것(all)에 대해/ 그가 행하신(+ d---).

16) everything / all 비교 (부록 참조)

Tell God what you need,
and thank him for all he has done.

- Do not be anxious about anything,
- but in everything, by prayer and petition, with thanksgiving, present your requests to God.

□ 가장 중요한 계명 (누가복음 10:25-29)
(The Most Important Commandment)

25. 어떤 율법교사가 일어나 예수를 시험하여 이르되 선생님 내가 무엇을 하여야 영생을 얻으리이까 (26) 예수께서 이르시되 율법에 무엇이라 기록되었으며 네가 어떻게 읽느냐

한 때[경우: occ--]에/
한 율법학자[법률의 전문가]가 일어섰다(st--- +)/
예수님을 시험하기 위해. "무엇을 제가 해야 합니까(mu--)/
영생(ete--- +)을 상속 받으려면(inh---)?"

On one occasion an expert in the law stood up
to test Jesus.
"what must I do to inherit eternal life?"

"율법에 무엇이 쓰여져 있느냐?"
"너는 그것을 어떻게 읽느냐?"

"What is written in the Law?"
"How do you read it?"

- stood up to test Jesus by asking him this question:
- a lawyer stood up to put him to test.

○ stand up to someone 누구에게 맞서다, 대항하다.
○ inherit [inhérit] 물려받다, 유전되다, 이어받다, 상속하다.
He inherited his wavy hair from his mother.
그는 곱슬머리를 어머니한테서 물려받았다.
○ on one occasion 어느 때, 일찍이, 한 때, 한 번은 (=once)

27. 대답하여 이르되 네 마음을 다하며 목숨을 다하며 힘을 다하며
뜻을 다하여 주 너의 하나님을 사랑하고 또한 네 이웃을
네 자신 같이 사랑하라 하였나이다

'주 너의 하나님을 사랑하라/ 너의 모든 가슴으로/
그리고 너의 모든 영혼으로/ 너의 모든 힘(str--)으로/
그리고 너의 모든 마음으로';
그리고, '네 이웃을 사랑하라/ 네 자신같이.'

'Love the Lord your God with all your heart
and with all your soul and with all your strength
and with all your mind';
and, 'Love your neighbor as yourself.'

28. 예수께서 이르시되 네 대답이 옳도다 이를 행하라 그러면 살리라
하시니 (29) 그 사람이 자기를 옳게 보이려고 예수께 여짜오되
그러면 내 이웃이 누구니이까

"너는 정확히(corr--) 대답하였다(have +)."
"이것을 행하라/ 그러면 너는 살 것이다."
그러나 그는 그 자신을 정당화하기(jus--)를 원하였다;
그래서 그는 예수께 물었다. "내 이웃은 누구입니까?"

"You have answered correctly,"
"Do this and you will live." But he wanted to justify himself, so he asked Jesus, "And who is my neighbor?"

□ 믿음, 소망, 사랑 (고린도전서 13:13)
(Faith, hope and love)

그런즉 믿음, 소망, 사랑, 이 세 가지는 항상 있을 것인데
그 중의 제일은 사랑이라

그런즉(And now)/ 이들 세 가지가 남는다: 믿음, 희망, 그리고 사랑. 그러나 가장 위대한 것은/ 이것들 (중)의/ 사랑이다.

And now[17] these three remain: faith, hope and love. But the greatest of these is love.

- Three things will last forever.
- So faith, hope, love abide, these three;

17) "now" is used to get somebody's attention before changing the subject or asking them to do something.

□ 너희 안에 이 마음을 품으라 (빌립보서 2:5-11)

(Have the Attitude of Christ)

5. 너희 안에 이 마음을 품으라 곧 그리스도 예수의 마음이니 (6) 그는 근본 하나님의 본체시나 하나님과 동등됨을 취할 것으로 여기지 아니하시고

너희 태도(att--)는 똑 같아야 한다/ 그리스도 예수의 것(th--)과 같이:

Your attitude should be the same
as that of Christ Jesus:

그는(Who), 바로 본성(nat--)이 하나님이시지만 (be--- in ve-- nat--- God),/ 생각[고려]하지 않았다/ 하나님과 동등됨(equ--)을/ 무언가/ 붙잡아야(gras--) (할) 것으로(+ +),

Who, being in very nature God,
did not consider equality with God
something to be grasped,

- You must have the same attitude that Christ Jesus had. Though he was God, he did not think of equality with God as something to cling to.
- Have this mind among yourselves, which is yours in Christ Jesus, who, though he was in the form of God, did not count equality with God a thing to be grasped,

○ Her smile was as pure and innocent as that of a child.
그녀의 웃음은 어린아이처럼 티 없이 맑았다.
○ grasp [græsp] 이해하다, 파악하다, 잡다.
grasp at an opportunity 기회를 붙잡으려 하다.
○ something to be grasped = something to cling to

7. 오히려 자기를 비워 종의 형체를 가지사 사람들과 같이 되셨고 (8) 사람의 모양으로 나타나사 자기를 낮추시고 죽기까지 복종하셨으니 곧 십자가에 죽으심이라

오히려(but) 그 자신을 만들었다/ 아무 것도 아닌 (것으로),/
취하며(ta--)/ 종(ser--)의 바로(v---) 본성(na--)을,/

but made himself nothing,
taking the very nature of a servant,

만들어지며(be-- ma--)/ 인간 같이(in hum-- lik--).
그리고 발견되면서(be-- fou--)/
형상에서(+ appe--)/ 사람으로서,

being made in human likeness.
And being found in appearance as a man,

그는 그 자신을 낮추었다(hum--)/
그리고 복종하였다(bec--- obe--)/ 죽기까지
-- 죽음에 조차/ 십자가 (위)에서!

he humbled himself and became obedient to death--
even death on a cross!

- Instead, he gave up his divine privileges;
- he took the humble position of a slave and was born as a human being. When he appeared in human form, he humbled himself in obedience to God and died a criminal's death on a cross.
- but emptied himself, taking the form of a servant, being born in the likeness of men. And being found in human form he humbled himself and became obedient unto death, even death on a cross.

○ obedient [oubí:diənt] 순종[복종]하는, 공손한, 얌전한

9. 이러므로 하나님이 그를 지극히 높여 모든 이름 위에 뛰어난 이름을 주사 (10) 하늘에 있는 자들과 땅에 있는 자들과 땅 아래에 있는 자들로 모든 무릎을 예수의 이름에 꿇게 하시고 (11) 모든 입으로 예수 그리스도를 주라 시인하여 하나님 아버지께 영광을 돌리게 하셨느니라

그러므로 하나님이 그를 높이셨다(exa--)/
가장 높은 곳(pl--)으로
그리고 그에게 그 이름을 주셨다//
모든(ev--) 이름 위에 있는,// 예수의 이름에/
모든(ev---) 무릎이 절해야(bo-) 하는(sho--),/

Therefore God exalted him to the highest place
and gave him the name that is above every name,
that at the name of Jesus every knee should bow,

하늘에서 그리고 땅 위에 그리고 땅 아래에서,
그리고 모든 입(ton--)이 고백하다(con--)//

예수 그리스도는 주님이시라고,/
영광으로[에]/ 하나님 아버지의.

in heaven and on earth and under the earth,
and every tongue (should) confess that
Jesus Christ is Lord, to the glory of God the Father.

- Therefore, God elevated him to the place of highest honor and gave him the name above all other names,
- Therefore God has highly exalted him and bestowed on him the name which is above every name, that at the name of Jesus every knee should bow, in heaven and on earth and under the earth, and every tongue confess that Jesus Christ is Lord, to the glory of God the Father.

○ exalt [igzɔ́:lt] (지위·명예 등을) 높이다(elevate), 칭찬/강화하다
be exalted to the position of president 사장으로 승진되다.

□ 예수의 탄생 (누가복음 2:1-7)
(The Birth of Jesus)

1. 그 때에 가이사 아구스도가 영을 내려 천하로 다 호적하라 하였으니
(2) 이 호적은 구레뇨가 수리아 총독이 되었을 때에 처음 한 것이라

그 때에(3)/ 로마 황제,/ 아우구스투스(Augustus)가,/
선포[포고]하였다(decr---)//

인구조사(cen---)가 행해져야 한다고(sh--- + ta---)/
로마 제국 전역에서(thro---).

At that time the Roman emperor, Augustus, decreed that a census should be taken throughout the Roman Empire.

(이것은 첫 인구조사였다/ 행해진(ta---)/ 퀴리니우스(Quirinius)가 시리아(Syria)의 총독(gov---)이었을 때에.)

(This was the first census taken
when Quirinius was governor of Syria.) (NLT)

- In those days Caesar Augustus issued a decree that
- a census should be taken of the entire Roman world.
- (This was the first census that took place)

○ decree [dikríː] 조례, 명령, 포고, 천명
(법령, 판결 등에 따라) 명하다[결정하다]
○ Caesar [síːzər] 시저, 카이사르, 로마 황제

3. 모든 사람이 호적하러 각각 고향으로 돌아가매 (4) 요셉도 다윗의 집 족속이므로 갈릴리 나사렛 동네에서 유대를 향하여 베들레헴이라 하는 다윗의 동네로

모두가 돌아갔다(ret--)/ 그들의 자신 조상(ance---) 마을(들)로/
등록하려고/ 이 인구조사를 위해. 그리고
요셉은 다윗 왕의 후손(des---)이었기 때문에,/

All returned to their own ancestral towns
to register for this census. And
because Joseph was a descendant of King David,

그는 베들레헴으로 가야 했다(had)/ 유대(Judea)에 있는,/
다윗(의) 옛[고대: anc---] 고향(인).
그는 그곳으로(the--) 여행했다(tra---)/
나사렛(Nazareth)의 마을(vil--)로부터/ 갈릴리(Galilee)에 있는.

he had to go to Bethlehem in Judea, David's ancient home. He traveled there from the village[18] of Nazareth in Galilee.

- to Bethlehem the town of David,
- because he belonged to the house and line of David.

○ ancestral [ænséstrəl] 조상[선조]의; 대대로 내려오는
an ancestral abode 대대로 살아온 집
○ Nazareth [nǽzərəθ] 나자렛
(이스라엘 북부의 도시; 예수가 소년 시절을 보냈음)

5. 그 약혼한 마리아와 함께 호적하러 올라가니 마리아가 이미 잉태하였더라 (6) 거기 있을 그 때에 해산할 날이 차서

그는 그와 함께 마리아(Mary)를 데리고 갔다,//(+ whom)
그가 약혼했던(+ eng---),//(그녀는)
곧(now) 아이를 기대하고 있었다.

He took with him Mary, to whom[19] he was engaged, who was now expecting a child.

그리고 그들이 거기에 있었을 동안,/
시간이 되었다[왔다]/ 그녀의 아기가/ 태어날(+ be b---).

18) village / town 비교 (부록 참조)
19) he was engaged to Mary.

And while they were there,
the time came for her baby to be born.

▪ who was pledged to be married to him

○ expecting (a child) 임신 중이다, 임신하고 있다(완곡한 표현)

7. 첫아들을 낳아 강보로 싸서 구유에 뉘었으니
이는 여관에 있을 곳이 없음이러라

그녀는 낳았다(g--- b--- +)/ 그녀의 첫째[먼저 태어난] 아들(을). 그녀는 그를 포근히(snu---) 감쌌다(wra---)/ 헝겊[천]의 조각(들)[띠: str---]으로[에서]/

She gave birth to her firstborn son.
She wrapped him snugly in strips of cloth

그리고 그를 눕혔다(la--)/ 구유[여물통: man---]에,/ (거기에) 묵을 숙소가 없었기(+ no lod---) 때문에/ 그들에게 이용 가능한(ava---).

and laid him in a manger,
because there was no lodging available for them.

▪ she gave birth to her firstborn, a son.
She wrapped him in cloths and placed him in a manger,
because there was no room for them in the inn. (NIV)
▪ she gave birth to her first-born son
and wrapped him in swaddling cloths, (RSV[20])

○ snugly [snʌgli] 아늑하게, 포근하게, 편안하게
(snugly = securely = cosily)
The little town nestles snugly at the foot of the hill.
그 작은 도시는 산자락에 아늑하게 자리잡고 있다.
○ manger [méindʒər] 여물통, 구유
○ lodging [lɑ́dʒiŋ] 숙박. 숙소, 제출하다

□ 성전에서 토론하시다 (누가복음 2:41-52)
(Jesus Discusses with the Teachers)

41. 그의 부모가 해마다 유월절이 되면 예루살렘으로 가더니 (42) 예수께서 열두 살 되었을 때에 그들이 이 절기의 관례를 따라 올라갔다가

매년/ 그의 부모님(들)은 예루살렘으로 갔다/
유월절(Pass---)의 축제(Fea--)를 위해. 그가 열두 살이었을 때,/
그들은 그 축제로 올라갔다(2)/ 그 관습(cu---)에 따라(acc--- +).

Every year his parents went to Jerusalem
for the Feast of the Passover. When he was twelve years old,
they went up to the Feast, according to the custom.

- Jesus' parents went to Jerusalem for the Passover festival.
- they attended the festival as usual. (NLT)

○ Feast [fi:st] (주로 종교적인) 축제, 향연, 축하연, 잔치
a wedding feast 결혼 피로연
○ the Passover 유월절
이집트 탈출을 기념하는 유대인의 대축제.

20) Revised Standard Version (RSV)

43. 그 날들을 마치고 돌아갈 때에 아이 예수는 예루살렘에 머무셨더라 그 부모는 이를 알지 못하고

그 축제가 끝난(+ ov--) 후에,/
그의 부모님이 집으로 돌아가는(+ ret--) 동안,/
소년 예수는 뒤에 남았다(st--- beh--)/ 예루살렘에,/
그러나 그들은 그것을 알지 못했다(+ unaw--- +).

After the Feast was over,
while his parents were returning home,
the boy Jesus stayed behind in Jerusalem,
but they were unaware of it.

- After the celebration was over, they started home to Nazareth,
- His parents didn't miss him at first,

44. 동행 중에 있는 줄로 생각하고 하룻길을 간 후 친족과 아는 자 중에서 찾되 (45) 만나지 못하매 찾으면서 예루살렘에 돌아갔더니

생각하면서/ 그가 그들의 일행(comp--) 중[속]에 있다고,/
그들은 하루 동안 (계속) 여행을 했다(tra--- +). 그리고 나서 (Then)/ 그들은 그를 찾기(look--- +) 시작했다/
그들의 친척들(rel---)과 친구들 사이에서.

Thinking he was in their company,
they traveled on for a day.
Then they began looking for him
among[21] their relatives and friends.

그들이 그를 찾지(f--) 못했을 때,/
그들은 예루살렘으로 돌아갔다(+ b---)/
그를 찾으려고(lo-- +).

When they did not find him,
they went back to Jerusalem to look for him.

- because they assumed he was among the other travelers.
- when he didn't show up that evening, they started looking for him among their relatives and friends.
- When they couldn't find him, they went back to Jerusalem to search for him there.

46. 사흘 후에 성전에서 만난즉 그가 선생들 중에 앉으사 그들에게 듣기도 하시며 묻기도 하시니 (47) 듣는 자가 다 그 지혜와 대답을 놀랍게 여기더라

사흘 후에,/ 그들[부모들]은 그를 발견했다/
성전(tem--) 마당(들)(co---)에서,/
선생들 사이에 앉아 있는,/ 그들[선생님들]을 들으며(lis--- +)
그리고 그들에게 질문(들)을 하면서(ask--- + ques---).

After three days they found him in the temple courts, sitting among the teachers, listening to them and asking them questions.

21) between / among 비교 (부록 참조)

모두(Eve---)가// 그를[그의 말을] 들었던/
놀랐다(+ ama--- +)/ 그의 이해와 그의 대답(들)에.

Everyone who heard him was amazed at
his understanding and his answers.

- Three days later they finally discovered him in the Temple,
- All who heard him were amazed at his understanding and his answers.

48. 그의 부모가 보고 놀라며 그의 어머니는 이르되
아이야 어찌하여 우리에게 이렇게 하였느냐 보라
네 아버지와 내가 근심하여 너를 찾았노라

그의 부모님(들)이 그를 보았을 때,/
그들은 깜짝 놀랐다(+ asto---).
그의 어머니가 그에게 말했다,

When his parents saw him, they were astonished.
His mother said to him,

"아들아, 너는 왜 우리를 취급했느냐(have)/ 이처럼?
네 아버지와 나는/
너를 애타게(anxi---) 찾고(sea-- +) 있었다(have +)."

"Son, why have you treated us like this?
Your father and I have been anxiously searching for you."

- “why have you done this to us?
- Your father and I have been frantic, searching for you everywhere.”

○ astonish [əstániʃ] 놀라운, 놀라게 하다.
○ frantic [frǽntik] 미친 듯한, 제정신이 아닌, 굉장한
frantic cheering 열광적인 갈채

49. 예수께서 이르시되 어찌하여 나를 찾으셨나이까 내가 내 아버지 집에 있어야 될 줄을 알지 못하셨나이까 하시니 (50) 그 부모가 그가 하신 말씀을 깨닫지 못하더라

"왜 당신은 나를 찾고(sear--- +) 있었습니까(were)?"
"당신은 모르셨나요/
내가 나의 아버지(의) 집에 있어야 했다는(had) 걸?"

"Why were you searching for me?" (he asked.)
"Didn't you know I had to be in my Father's house?"

그러나 그들은 이해하지 못했다/
그가 말하고 있었던 것을/ 그들에게.

But they did not understand
what he was saying to them.

- “But why did you need to search?”
“Didn’t you know that I must be in my Father’s house?”
- But they didn’t understand what he meant.

51. 예수께서 함께 내려가사 나사렛에 이르러 순종하여 받드시더라 그 어머니는 이 모든 말을 마음에 두니라 (52) 예수는 지혜와 키가 자라가며 하나님과 사람에게 더욱 사랑스러워 가시더라

그리곤 그는 그들과 함께 나사렛(Nazareth)으로 내려갔다(2)/
그리고 그들에게 순종하였다(+ obe--).

Then he went down to Nazareth with them
and was obedient to them.

하지만 그의 어머니는 간직하였다(trea---)/
이들 모든 것(들)을/ 그녀의 마음 속에.
예수는 자랐다/ 지혜와 체격(sta--)에서,/
그리고 마음에 들었다(+ fa--- +)/ 하나님과 사람들(m--)(의).

But his mother treasured all these things in her heart.
And Jesus grew in wisdom and stature,
and in favor with God and men[22].

- his mother stored all these things in her heart.

○ treasure [tréʒər] 보물, 부, 소중히 하다.
my most treasured possession 내가 가장 아끼는 소유물
○ stature [stǽtʃər] 명성, 평판, 위업; 신장, 키
Growing in stature and international recognition,
국제적 명성과 인정이 높아짐에 따라
a man of ordinary [tall, middle, small] stature
보통 키의[키가 큰, 중키의, 키가 작은] 사람
○ in favor with ~ 의 마음에 들어

22) 하나님과 사람들로부터 은총을 받았다.

(in favor with = well-liked by = highly regarded by)
He is high in favor with his Sovereign. 그는 왕에게 신임이 높다.

□ 예수의 유혹 (누가복음 4:1-13)
(The Temptation of Jesus)

1. 예수께서 성령의 충만함을 입어 요단 강에서 돌아오사
광야에서 사십 일 동안 성령에게 이끌리시며

예수님은,/ 성령(H--- Sp---)이 충만한(fu-- +)./
요단(강)에서 돌아오셨다(ret--)/
그리고 성령(Sp---)에 의해 이끌리셨다(+ le-)/ 광야[사막]에서.

Jesus, full of the Holy Spirit, returned from the Jordan and was led by the Spirit in the desert,

- He was led by the Spirit in the wilderness,

2. 마귀에게 시험을 받으시더라 이 모든 날에 아무 것도 잡수시지 아니하시니 날 수가 다하매 주리신지라 (3) 마귀가 이르되 네가 만일 하나님의 아들이어든 이 돌들에게 명하여 떡이 되게 하라

//(거기서) 40일 동안/
그는 악마(dev--)에 의해 유혹을 받았다(+ tem--).
그는 아무것도 먹지 않았다(+ not---)/
그(those) 날 동안[내내],/

where for forty days he was tempted by the devil.
He ate nothing during those days,

그리고 그 날들(them)의 끝 (무렵)에는/
그는 배가 고팠다.
"만약 네가 하나님의 아들이면,/
이 돌에게 말하라/ 빵이 되라고."

and at the end of them he was hungry.
"If you are the Son of God,
tell this stone to become bread."

- he ate nothing in those days;
  and when they were ended, he was hungry.
- Jesus became very hungry.
- tell this stone to become a loaf of bread."

○ devil [dévl] 악마, 마귀

4. 예수께서 대답하시되 기록된 바 사람이 떡으로만 살 것이 아니라 하였느니라 (5) 마귀가 또 예수를 이끌고 올라가서 순식간에 천하 만국을 보이며

'사람은 빵으로만 사는 것이 아니다.'
악마(de--)는 그를 높은 곳(pl---)으로 이끌었다/ 그리고
그에게 보여주었다/ 순식간에(+ an ins---)/
세상의 모든 왕국(들)을.

'Man does not live on bread alone.'
The devil led him up to a high place and
showed him in an instant all the kingdoms of the world.

- 'People do not live by bread alone.'
- Then the devil took him up and revealed to him all the kingdoms of the world in a moment of time.

○ in an instant 곧, 당장, 즉시, 순식간에, 눈 깜짝할 사이
The flammeous light flashed and disappeared in an instant.
불타는 듯한 빛이 번쩍 비추었다가 순식간에 사라졌다.

6. 이르되 이 모든 권위와 그 영광을 내가 네게 주리라
이것은 내게 넘겨 준 것이므로 내가 원하는 자에게 주노라
(7) 그러므로 네가 만일 내게 절하면 다 네 것이 되리라

"나는 너에게 줄 것이다/
그들의 모든 권위(auth--)와 영광(sple--)을,/
그것은 나에게 주어진 것이기 때문에(has + +)(for),/ 그리고

"I will give you all their authority and splendor,
for it has been given to me, and

나는 그것을 줄 수 있다/ 누구에게나(any--)/ 내가 원하는.
그러니(So) 만약 네가 나를 숭배한다면(wor--),/
그것이 모두 네 것이 될 것이다."

I can give it to anyone I want to.
So if you worship me, it will all be yours."

- "I will give you the glory of these kingdoms and authority over them,"
- "To you I will give all this authority and their glory; for it has been delivered to me, and I give it to whom I will.
- "because they are mine to give to anyone I please.
- I will give it all to you if you will worship me."

○ authority [əθɔ́:rəti, əθάrəti] 당국, 권한, 권위, 권위자, 권력

8. 예수께서 대답하여 이르시되 기록된 바 주 너의 하나님께 경배하고 다만 그를 섬기라 하였느니라 (9) 또 이끌고 예루살렘으로 가서 성전 꼭대기에 세우고 이르되 네가 만일 하나님의 아들이어든 여기서 뛰어내리라

주 너의 하나님을 경배하라(Wor--)/
그리고 그(him)만을 섬기라.
악마는 그를 예루살렘으로 이끌었다/
그리고 그를 서게(st--) 하였다/
성전의 가장 높은 지점(poi--)에.

Worship the Lord your God and serve him only.
The devil led him to Jerusalem and had him stand[23)]
on the highest point of the temple.

"만약 네가 하나님의 아들이라면,"/
"네 스스로[자신을] 뛰어내려라(th--- + d---)/
여기로부터."

23) made him stand / caused him to stand

"If you are the Son of God," (he said,)
"throw yourself down from here."

■ If you are the Son of God, jump off!

10. 기록되었으되 하나님이 너를 위하여 그 사자들을 명하사 너를 지키게 하시리라 하였고 (11) 또한 그들이 손으로 너를 받들어 네 발이 돌에 부딪치지 않게 하시리라 하였느니라

'그는 그의 천사들에게 명할(comm--) 것이다/
너를 염려하는(conc--)/
너를 조심스럽게(care---) 지키려고(gua--);

'He will command his angels concerning you
to guard you carefully;

그들이 너를 들어 올릴(li-- +) 것이다/
그들의 손[들]으로[안에],/ 그래서(2)
너는 네 발을 부딪히지(str--) 않을 것이다/
돌에 대해(ag---).

they will lift you up in their hands[24],
so that you will not strike your foot against a stone[25].

■ He will order his angels to protect and guard you.

---

24) raise you in their hands / raise you with their hands
25) 네 발이 돌에 부딪히지 않을 것이다. You will not hit your foot on a stone. You will not stumble over a stone with your foot.

- they will hold you up with their hands
  so you won't even hurt your foot on a stone.

○ against 반대하여, 거슬러; [규칙 등에] 반하여; 불리한;
적대[저항]하여; (시합 등에서) 상대하여
evidence against the police 경찰에 불리한 증거
대비하여, 고려하여; 당하지 않도록, 하지 않도록
an insurance against fire 화재 보험
[흐름·유행 등과] 반대 방향에, ...에 거슬러
swim[row] against the current 흐름에 거슬러 헤엄치다[노를 젓다].
기대어; 향하여, 대하여; 갖다 대어, 부딪쳐
lean against the door 문에 기대다.
배경으로 하여, 등지고; 대조를 이루어
The picture looks good against that light wall.
그 그림은 밝은 벽과 대조되어 멋져 보인다.

12. 예수께서 대답하여 이르시되 주 너의 하나님을 시험하지 말라 하였느니라 (13) 마귀가 모든 시험을 다 한 후에 얼마 동안 떠나니라

주 너의 하나님을 두지 말라/ 시험에.
악마가 이 모든 유혹을 끝냈을(had fini---) 때,/
그는 그를 떠났다/ 적절한(oppor--) 때가 되기까지(4)

Do not put the Lord your God to the test.
When the devil had finished all this tempting,
he left him until an opportune time.

- You must not test the Lord your God.
- When the devil had finished tempting Jesus,
  he left him until the next opportunity came.

○ opportune [ɑ̀pərtjúːn] 적절한, 시의에 맞는, 형편이 좋은
an opportune act [remark, announcement]

시의 적절한 행동[발언, 발표].
○ a suitable moment / a favorable occasion

□ 소금과 등불 (마태복음 5:13-16)
(Teaching about Salt and Light)

13. 너희는 세상의 소금이니 소금이 만일 그 맛을 잃으면 무엇으로 짜게 하리요 후에는 아무 쓸 데 없어 다만 밖에 버려져 사람에게 밟힐 뿐이니라

"너희는 세상(ear--)의 소금이다.
그러나 만약에 소금이 잃으면/ 그것의 소금기(salt---)를,/

"You are the salt of the earth.
But if the salt loses its saltiness,

어떻게 짜게(sal--) 만들어질 수 있을까(can it be +)/ 다시?
그것은 더 이상(+ lon--) 좋지 않다/ 어느 것에든(+ any---),/
제외하고/ 버려지고(+ be thr--- +)/ 그리고
짓밟히는(tram---)/ 사람들(m--)에 의해.

how can it be made salty again?
It is no longer good for anything,
except to be thrown out and trampled by men.

- what good is salt if it has lost its flavor?
- It will be thrown out and trampled underfoot as worthless.

○ She could taste the saltiness of her tears.
그녀는 눈물의 짭짤한 맛이 느껴졌다.

○ trample [trǽmpl] 짓밟다, 유린하다, 밟아 뭉개다.
The children trampled over my garden. 짓밟아 버렸다.

14. 너희는 세상의 빛이라 산 위에 있는 동네가 숨겨지지 못할 것이요 (15) 사람이 등불을 켜서 말 아래에 두지 아니하고 등경 위에 두나니 이러므로 집 안 모든 사람에게 비치느니라

"너희는 세상의 빛이다. 언덕 위에 있는 동네[도시]가/
숨겨질 수 없다(+ + hid---).
또한(Nei---) 사람들은 램프를 켜지(lig--) 않는다(do)/
그리고 (움푹 패인) 그릇(bo--) 아래에 그것을 둔다.

"You are the light of the world.
A city on a hill cannot be hidden.
Neither do people light a lamp
and put it under a bowl.

대신에/ 그들은 그것을 둔다/ 그것의 스탠드 위에,/
그리고 그것이 빛을 비친다[준다]/
모든 사람(eve---)에게/ 그 집에 있는.

Instead they put it on its stand, and
it gives light to everyone in the house.

- a city on a hilltop that cannot be hidden.
- No one lights a lamp and then puts it under a basket.

○ Neither is [are] absent. 두 사람이 다 결석하지 않았다.

○ Neither of them helps out with anything, and they have no respect for me.
그들 중 어느 누구도 나를 도와주지 않고 나를 존경하려 들지도 않는다.

○ bowl [boul] 그릇, 볼링, 볼, 사발, 주발
a rice bowl 밥사발; a bowl of soup 수프 한 그릇.

16. 이같이 너희 빛이 사람 앞에 비치게 하여 그들로 너희 착한 행실을 보고 하늘에 계신 너희 아버지께 영광을 돌리게 하라

같은 방법으로,/ 너희 빛을 비치게[빛나게: shi--] 하라/
사람들(m--) 앞에서,//
그들이 너희 선행(들)(+ de---)을 볼지도 모른다(may)/
그리고 너희 아버지를 찬양한다/ 하늘(he---)에 계신.

In the same way, let your light shine before men, that they may see your good deeds and
praise your Father in heaven.

- let your good deeds shine out for all to see,

□ 형제에게 노하지 말라 (마태복음 5:22-24)
(Teaching about Anger)

22. 나는 너희에게 이르노니 형제에게 노하는 자마다 심판을 받게 되고 형제를 대하여 라가[26]라 하는 자는 공회에 잡혀가게 되고 미련한 놈이라 하는 자는 지옥 불에 들어가게 되리라

26) 골빈 놈(Raca: 히브리인의 욕설)

나는 너희에게 말한다// 누구든지(any--)//
그의 형제에게 화가 난/
받게(sub---) 될 것이다/ 심판을[에]. 다시 (말하지만),

But I tell you that anyone who is angry with his brother will be subject to judgment. Again,

누구든지// 그의 형제에게 말하는(s---),/ '라카(Raca)'(라고),/
책임이 있다(+ answ--- +)/ 산헤드린[27](Sanhedrin)에게.
그러나 누구든지(any--)// 말하는,/ "너 바보야!"(라고)/
위험에 처할 것이다(+ be + dan--- +)/ 지옥(h--)의 불의.

anyone who says to his brother, 'Raca,'
is answerable to the Sanhedrin.
But anyone who says, 'You fool!'
will be in danger of the fire of hell.

- If you call someone an idiot,
you are in danger of being brought before the court.
- if you curse someone, you are in danger of the fires of hell.

○ is answerable to: 책임이 있다.
He is answerable to me for his conduct.
그의 행위에 대해 내게 책임이 있다.
○ be in danger of: 위험에 있다.
The building is in danger of collapsing.
그 건물은 붕괴될 위험에 있다.

27) 산헤드린(Sanhedrin): 고대 유대 사회에서 최고 재판권을 지니고 있던 종교적, 정치적 자치조직

23. 그러므로 예물을 제단에 드리려다가 거기서 네 형제에게 원망들을 만한 일이 있는 것이 생각나거든 (24) 예물을 제단 앞에 두고 먼저 가서 형제와 화목하고 그 후에 와서 예물을 드리라

"그러므로, 만약 너희가 너희 선물을 드리려고 하면(+ off---)/
제단(alt--)에서/ 그리고 거기서 기억하라//
너의 형제가 뭔가를 가지고 있다/ 너에 대해(ag--).

"Therefore, if you are offering your gift
at the altar and there remember that
your brother has something against you,

네 선물을 거기에 남겨두라(lea--)/ 제단 앞에(+ fr--- +).
먼저 가라/ 그리고 화해하라(+ recon---)/ 네 형제에게;
그리곤 와서/ 그리고 네 선물을 드려라(off--).

leave your gift there in front of the altar.
First go and be reconciled to your brother;
then come and offer your gift.

- if you are presenting a sacrifice at the altar in the Temple you suddenly remember that someone has something against you,
- leave your sacrifice there at the altar.

○ altar [ɔ́:ltər] 제단, 분향소, 변기
○ reconcile [rékənsàil] 화해하다, 조화시키다, 화합하다.
He was reconciled with his former enemy.
그는 옛날의 적과 화해했다.
○ First go and be reconciled with your brother; OK

□ 간음하지 말라 (마태복음 5:27-30)
(Teaching about Adultery)

27. 또 간음하지 말라 하였다는 것을 너희가 들었으나 (28) 나는 너희에게 이르노니 음욕을 품고 여자를 보는 자마다 마음에 이미 간음하였느니라

"너희는 들어왔다(+ he---)// 그것은 말해졌다(+ sa--),/
'간음(adu---)을 범하지(com--) 말라.' 내가 너희에게 말한다//

"You have heard that it was said,
'Do not commit adultery.' But I tell you that

누구든지(any--)// 여자를 바라보는(lo--- +)/
욕망으로(lust---)/ 이미 간음을 범하였다(has)/
그녀에게/ 그의 마음 속에.

anyone who looks at a woman lustfully
has already committed adultery with her in his heart.

▪ anyone who even looks at a woman with lust

○ adultery [ədʌltəri] 간통, 부정, 간음
commit adultery with ~ 와 간통하다.
○ lustfully [lʌstfəl] 욕망이 강한, 탐내는, 갖고 싶어하는
an emperor lustful of power 권세욕이 강한 황제.

29. 만일 네 오른 눈이 너로 실족하게 하거든 빼어 내버리라 네 백체 중 하나가 없어지고 온 몸이 지옥에 던져지지 않는 것이 유익하며

만약 네 오른쪽 눈이/ 너를 죄 짓게 야기하면(cau--),/
그것을 빼어 내라(go--- + +)/ 그리고
그것을 내버려라(th--- + a---).

If your right eye causes you to sin,
gouge it out and throw it away.

(그것이) 더 낫다/ 네가/ 한 부분(pa--)을 잃는 게/
네 몸의/ 보다도/ 네 온(wh---) 몸이(4)/
버려지는(+ be thr---)/ 지옥(속)으로.

It is better for you to lose one part
of your body than for your whole body
to be thrown into hell.

- causes you to lust
- gouge it out = pluck it out

○ gouge [gaudʒ] 도려내다, 후벼내다, 파내다.
gouge a person's eyes out 남의 안구를 도려내다.
○ pluck [plʌk] 깃털[머리털]을 잡아뽑다; [잡초를] 뽑아내다.
pluck a bird 새털을 뽑다

30. 또한 만일 네 오른손이 너로 실족하게 하거든 찍어 내버리라 네 백체 중 하나가 없어지고 온 몸이 지옥에 던져지지 않는 것이 유익하니라

만약 네 오른 손이/ 너를 죄 짓게 야기하면(cau--),/
그것을 잘라 내라/ 그리고 그것을 내버려라(th--- + a---).
그것이 더 낫다/ 네가/ 한 부분(pa--)을 잃는 게/ 네 몸의/
보다도/ 네 온(wh---) 몸이(4)/ 지옥(속)으로 (들어)가는.

And if your right hand causes you to sin,
cut it off and throw it away.
It is better for you to lose one part of your body
than for your whole body to go into hell.

□ 맹세하지 말라 (마태복음 5:33-36)
(Teaching about Vows)

33. 또 옛 사람에게 말한 바 헛 맹세를 하지 말고 네 맹세한 것을 주께 지키라 하였다는 것을 너희가 들었으나 (34) 나는 너희에게 이르노니 도무지 맹세하지 말지니 하늘로도 하지 말라 이는 하나님의 보좌임이요

"다시,/ 너희는 들어왔다(2)//
그것은 말해졌다(+ sa--)/ 그 사람들에게/ 오래 전에,/
'너희 맹세(oa--)를 깨지(br--) 말라,/

"Again, you have heard that
it was said to the people long ago,
'Do not break your oath,

그러나 그 맹세(들)를 지켜라(k---)/ 네가 만들었던(2)/ 주님께.'
맹세하지(swe--) 말라/ 절대로[전혀]: 하늘(he--)로도(eit-- +),/
그것은 하나님(의) 왕좌(thr---)이기 때문(f--)이다;

but keep the oaths you have made to the Lord.'
Do not swear at all:

either by heaven, for it is God's throne;

- You have also heard that our ancestors were told; you must carry out the vows you make to the Lord.
- do not make any vows! Do not say, 'By heaven!' because heaven is God's throne.

○ oath [ouθ] 선서, 맹세
○ swear [swɛər] 욕하다, 맹세하다, 단언하다.
swear by [before, to] God 하느님의 이름으로 맹세하다.
○ throne [θroun] 왕위, 왕좌, 보좌, 즉위
He is the second in line to the throne of England.
그는 현재 영국 왕위 계승 순위 2위이다.

35. 땅으로도 하지 말라 이는 하나님의 발등상임이요 예루살렘으로도 하지 말라 이는 큰 임금의 성임이요 (36) 네 머리로도 하지 말라 이는 네가 한 터럭도 희고 검게 할 수 없음이라

또는 땅으로도(by +),/
그것은 그의 발판(foot---)이기 때문(f--)이다;
또는 예루살렘으로도,/
그것은 대왕(Gr--- K---)의 성[도시]이기 때문이다.

or by the earth, for it is his footstool;
or by Jerusalem, for it is the city of the Great King.

그리고 맹세하지 말라/ 네 머리로도,/
너는 만들 수 없기 때문(f--)이다/
머리카락 하나라도(e---)/ 하얗거나 검게.

And do not swear by your head,

for you cannot make even one hair white or black.

- because the earth is his footstool
- for you can't turn one hair white or black.

○ footstool 발판, 발 얹는 대, 휴대용 발판

□ 원수를 사랑하라 (마태복음 5:43-46)
(Teaching about Love for Enemies)

43. 또 네 이웃을 사랑하고 네 원수를 미워하라 하였다는 것을 너희가 들었으나 (44) 나는 너희에게 이르노니 너희 원수를 사랑하며 너희를 박해하는 자를 위하여 기도하라

'네 이웃을 사랑하라 그리고 네 적을 미워하라.'
그러나 나는 너희에게 이르노니: 네 적(들)을 사랑하라/
그리고 저들(tho--)을 위해 기도하라// 너희를 핍박하는(perse---).

'Love your neighbor and hate your enemy.'
But I tell you: Love your enemies
and pray for those who persecute you,

○ persecute [pə́:rsikjù:t] 박해하다, 고통받다, 처벌하다.
They have been persecuted for their beliefs.
그들은 신앙 때문에 박해받았다.

45. 이같이 한즉 하늘에 계신 너희 아버지의 아들이 되리니 이는 하나님이 그 해를 악인과 선인에게 비추시며 비를 의로운 자와 불의한 자에게 내려주심이라

// 너희는 아들(들)이 되리라(may +)/
하늘에 계시는 네 아버지의.
그는 그의 태양을 떠오르게(ri--) (야기) 하신다/
악인(+ ev--)과 선인(+ go--)에게,/
그리고 비를 내리신다[보낸다]/
의로운 자(들)(+ righ---)와 불의한 자(들)(+ unrigh---)에게.

that you may be sons of your Father in heaven.
He causes his sun to rise on the evil and the good,
and sends rain on the righteous and the unrighteous.

- you will be acting as true children of your Father in heaven.
- he gives his sunlight to both the evil and the good
- he sends rain on the just and the unjust alike.

○ righteous [ráiʧəs] 정의, 대의, 올바른, 정당한, 옳은, 공정한
righteous behavior 올바른 태도.

46. 너희가 너희를 사랑하는 자를 사랑하면 무슨 상이 있으리요
세리도 이같이 아니하느냐

만약 너희가 저들(tho--)을 사랑하면// 너희를 사랑하는,/
어떤 보상(rew---)을/ 너희가 받을(g--) 것인가?
세리[세금 징수원들(coll---)]조차도 그렇게(that)
하고 있지 않느냐(Are not ev--)?

If you love those who love you,
what reward will you get?
Are not even the tax collectors doing that?

- what reward is there for that?
- Even corrupt tax collectors do that much.

□ 은밀히 도우라 (마태복음 6:1-4)
(Teaching about Giving to the Needy)

1. 사람에게 보이려고 그들 앞에서 너희 의를 헹하지 않도록 주의하라 그리하지 아니하면 하늘에 계신 너희 아버지께 상을 받지 못하느니라

"주의하라(2)/ 하지 않도록(3)/ 너희 행동(들)(ac--)을/
의로움(rig--)의/ 사람들(m--) 앞에서,/

"Be careful not to do your 'acts of righteousness'
before men,

그들에 의해 보여지려고(+ be s---)./ 만약에 네가 (행)하면,/
너는 보상(rew--)을 가지지 못할 것이다(+ have no)/
너의 아버지로부터/ 하늘(he---)에 계시는.

to be seen by them. If you do,
you will have no reward
from your Father in heaven.

- "Watch out! Don't do your good deeds publicly, to be admired by others, for you will lose the reward from your Father in heaven.

2. 그러므로 구제할 때에 외식하는 자가 사람에게서 영광을 받으려고 회당과 거리에서 하는 것 같이 너희 앞에 나팔을 불지 말라 진실로 너희에게 이르노니 그들은 자기 상을 이미 받았느니라

"그래서/ 네가 줄 때(3)/ 가난한 자(들)(+ nee--)에게,/
그것을 알리지(anno--) 말라/ 나팔[트럼펫들]로,/
위선자(들)(hyp----)가 하는 것 같이(4)/
회당(들)(synago---)에서/

"So when you give to the needy,
do not announce it with trumpets,
as the hypocrites do in the synagogues

그리고 거리(들)에서,/ 존경(hon--)되어지려고(3)/
사람들(m--)에 의해. 그들은 받아왔다(+ rec--)/
그들의 보상(rew--)을/ 온전히[가득히: 2].

and on the streets[28)], to be honored by men.
they have received their reward in full.

- When you give to someone in need, don't do as the hypocrites do--blowing trumpets in the synagogues and streets to call attention to their acts of charity!
- they have received all the reward they will ever get.

○ the needy 빈곤자
○ hypocrite [hípəkrit] 위선자, 착한 체하는 사람
The newspapers branded her a hypocrite.
신문들이 그녀를 위선자로 낙인찍었다.

---

28) on the streets / in the streets 비교 (부록 참조)

○ synagogue [sínəgɑ̀g] 유대교의 예배당, 공회당
○ Payment will be remitted to you in full.
지불금은 당신에게로 전액 송금될 겁니다.
The address must be printed in full.
주소는 빠짐없이 인쇄해야 한다.

3. 너는 구제할 때에 오른손이 하는 것을 왼손이 모르게 하여 (4) 네 구제 함을 은밀하게 하라 은밀한 중에 보시는 너의 아버지께서 갚으시리라

그러나 네가 줄 때/ 가난한 자(들)(+ nee--)에게,/
하게 하지 말라(+ + let)/ 너의 왼 손이 알도록/
너의 오른 손이 하고 있는 것을, 그래서(2)/

But when you give to the needy,
do not let your left hand know
what your right hand is doing, so that

너희 주는 것(giv--)이/ (아마도) (것)이다(2)/ 은밀한(+ sec--).
그러면 너희 아버지,// 보시는/ 행해진 것을(3)/ 은밀히,/
너희에게 보상할 것이다.

your giving may be in secret. Then your Father,
who sees what is done in secret, will reward you.

- But when you give to someone in need,
- Give your gifts in private,

○ The meeting was held in secret. 그 회의는 비밀리에 열렸다.
The family left the town in secret during the night.
그 가족은 밤새 소리 소문도 없이 마을을 떠났다.

□ 조용히 기도하라 (마태복음 6:5-8)

(Teaching about Prayer and Fasting)

5. 또 너희는 기도할 때에 외식하는 자와 같이 하지 말라 그들은 사람에게 보이려고 회당과 큰 거리 어귀에 서서 기도하기를 좋아하느니라 내가 진실로 너희에게 이르노니 그들은 자기 상을 이미 받았느니라

"네가 기도할 때,/ 위선자(들)(hypo--)와 같이 하지 말라(4),
왜냐하면(f--)/ 그들은 기도하기를 좋아한다(lo--)/ 서서/
회당(들)(sy--)에서/

"And when you pray, do not be like the hypocrites,
for they love to pray standing in the synagogues

그리고 거리 모퉁이(들)에서/ 보여지는(3)/ 사람들(m--)에 의해.
그들은 받아왔다(+ rec--)/ 그들의 보상(rew--)을/ 가득히(2).

and on the street corners to be seen by men.
they have received their reward in full.

- who love to pray publicly on street corners and in the synagogues where everyone can see them.

6. 너는 기도할 때에 네 골방에 들어가 문을 닫고 은밀한 중에 계신 네 아버지께 기도하라 은밀한 중에 보시는 네 아버지께서 갚으시리라

네가 기도할 때,/ 너의 방(속)으로 들어가라,/ 문을 닫으라/
그리고 네 아버지께 기도하라,// 보이지 않는(unse--).

But when you pray, go into your room, close the door and pray to your Father, who is unseen.

그러면 너희 아버지,// 보시는/ 행해진 것을/ 은밀히(2),/ 너희에게 보상할 것이다.

Then your Father, who sees what is done in secret, will reward you.

- go away by yourself, shut the door behind you, and pray to your Father in private.
- Then your Father, who sees everything, will reward you.

7. 또 기도할 때에 이방인과 같이 중언부언하지 말라 그들은 말을 많이 하여야 들으실 줄 생각하느니라 (8) 그러므로 그들을 본받지 말라 구하기 전에 너희에게 있어야 할 것을 하나님 너희 아버지께서 아시느니라

네가 기도할 때,/ 하지 말라(2)/ 계속하여(ke-- +)/ 중얼중얼(babb--)/ 이방인들(pag--)과 같이,/ 왜냐하면(f--) 그들은 생각한다/ 그들은 들려질(+ hea--) 것이다/ 그들의 많은 말(들)(wo--) 때문에(2).

And when you pray, do not keep on babbling
like pagans, for they think
they will be heard because of their many words.

그들과 같이 되지 말라(5),/ 왜냐하면(for) 너희 아버지께서 아신다/ 네가 필요한 것을/ 네가 그에게 요청하기(as-) 전에.

Do not be like them, for your Father knows
what you need before you ask him.

- don't babble on and on as the Gentiles do.
- their prayers are answered merely by repeating their words again and again.

o babble [bæbl] 중얼거림, 허튼 소리, 재잘거리다.
The two friends babbled on for hours.
두 친구는 여러 시간 재잘거렸다.

□ 보여주기 금식을 하지 말라 (마태복음 6:16-18)
(Do not fast to be seen by others)

16. 금식할 때에 너희는 외식하는 자들과 같이 슬픈 기색을 보이지 말라 그들은 금식하는 것을 사람에게 보이려고 얼굴을 흉하게 하느니라 내가 진실로 너희에게 이르노니 그들은 자기 상을 이미 받았느니라

"네가 금식할 때,/ 침울하게(som--) 보이지(lo--) 말라/
위선자(들)(hypo---)가 하는 것 같이,/

"When you fast, do not look somber
as the hypocrites do,

왜냐하면(for) 그들은 보기 흉하게 만든다(disfi--)/
그들의 얼굴(들)을/ 사람들(m--)에게 보이려고(sh--)/
그들이 금식하고 있다(3)(는 것을).
그들은 받아왔다(+ rec--)/ 그들의 보상(rew--)을/
온전히[가득히: 2].

for they disfigure their faces
to show men they are fasting.
they have received their reward in full.

- don't make it obvious
- do not look dismal
- they try to look miserable and disheveled
  so people will admire them for their fasting.

○ fast 빨리, 빠른, 단식하다, 단식일, 깊게
The Science Behind Intermittent Fasting.
간헐적 단식 뒤에 숨어있는 과학
○ somber [sάmbər] 침울한 , 어두컴컴한, 수수한
somber scenery 어두컴컴한 풍경. somber brown 암갈색
He came to me with a somber look on his face.
그는 어두운 표정으로 나를 찾아왔다.
○ disfigure [disfígjər] 외관을 손상시키다, 보기 사납게 만들다.
They use an axe and disfigure the rhino's face.
그들이 도끼로 코뿔소의 얼굴을 망쳐놓았다.

17. 너는 금식할 때에 머리에 기름을 바르고 얼굴을 씻으라 (18) 이는 금식하는 자로 사람에게 보이지 않고 오직 은밀한 중에 계신 네 아버지께 보이게 하려 함이라 은밀한 중에 보시는 네 아버지께서 갚으시리라

네가 금식할 때,/ 기름을 너희 머리에 바르라[두라]/
그리고 너희 얼굴을 씻으라. 그래서(2)/
(그것은) 분명하지(obv--) 않을 것이다/
사람들(m--)에게// 네가 금식하고 있다(는 것이),

But when you fast, put oil on your head
and wash your face,

so that it will not be obvious
to men that you are fasting,

그러나 오로지 너희 아버지께,// 보이지 않는(+ unse--); 그리고 너희 아버지는,// 보시는/ 행해진 것을/ 은밀히,/ 너희에게 보상할 것이다.

but only to your Father, who is unseen;
and your Father, who sees what is done in secret,
will reward you.

- comb your hair / annoint your head
- Then no one will notice that you are fasting

□ 보물을 하늘에 쌓아두라 (마태복음 6:19-21)
(Teaching about Money and Possessions)

19. 너희를 위하여 보물을 땅에 쌓아 두지 말라 거기는 좀과 동록이 해하며 도둑이 구멍을 뚫고 도둑질하느니라

"쌓아두지(sto-- +) 말라/ 네 자신들을 위해/ 땅에 보물(들)(treas--)을,// (거기에는) 나방(mot-)과 녹(ru--)이 파괴한다(des--),/ 그리고// 도둑(들)(thie--)이 깨고 들어온다(bre-- +)/ 그리고 훔친다.

"Do not store up for yourselves treasures on earth,
where moth and rust destroy, and
where thieves break in and steal.

- where moths eat them and rust destroys them

○ break in 침입하다.
○ moth [mɔ:θ] 나방; tiger moth 불나방

20. 오직 너희를 위하여 보물을 하늘에 쌓아 두라 거기는 좀이나 동록이 해하지 못하며 도둑이 구멍을 뚫지도 못하고 도둑질도 못하느니라 (21) 네 보물 있는 그 곳에는 네 마음도 있느니라

그러나 쌓으라(sto-- +)/ 네 자신(들)을 위하여/ 하늘에 보물(들)을,//
(거기에는) 나방(mot--)과 녹(ru--)이/ 파괴하지(des--) 못한다,
그리고// 도둑(들)(thie--)이/ 깨고 들어오지(bre-- +) 못한다/
그리고 훔친다. 왜냐하면(For) 네 보물이 있는 곳에,/
거기에/ 네 마음(he---)이 있을 것이다/ 또한.

But store up for yourselves treasures in heaven,
where moth and rust do not destroy,
and where thieves do not break in and steal.
For where your treasure is, there your heart will be also.

- Store your treasures in heaven,
- there the desires of your heart will also be.

21. 네 보물 있는 그 곳에는 네 마음도 있느니라 (22) 눈은 몸의 등불이니 그러므로 네 눈이 성하면 온 몸이 밝을 것이요

왜냐하면(For) 네 보물이 있는 곳에,/
거기에/ 네 마음(he---)이 있을 것이다/ 또한.
"눈은 몸의 등불(la--)이다. 만약에 네 눈(들)이 좋으면,/
네 온(wh--) 몸이/ 빛으로[빛의] 가득 찰(fu-- +) 것이다.

For where your treasure is,
there your heart will be also.
"The eye is the lamp of the body. If your eyes are good,
your whole body will be full of light.

- there the desires of your heart will also be.
- Your eye is like a lamp that provides light for your body.
- When your eye is healthy, your whole body is filled with light.

□ 하나님이 짝지어 주신 결혼 (마태복음 19:4-6)
(A marriage that God has joined together)

4. 예수께서 대답하여 이르시되 사람을 지으신 이가
본래 그들을 남자와 여자로 지으시고

"너희는 읽지 않았느냐(Haven't)// 처음에는(3)/
창조주(Cre--)께서 그들을 '남자(male)와 여자로 만드셨다,'

"Haven't you read that at the beginning[29)]
the Creator 'made them male and female,'

5. 말씀하시기를 그러므로 사람이 그 부모를 떠나서 아내에게 합하여 그 둘이 한 몸이 될지니라 하신 것을 읽지 못하였느냐

'이 이유로(For + rea--)/
남자가 그의 아버지와 어머니를 떠날 것이다/
그리고 그의 아내와 결합할 것이다(+ uni--- +),/
그리고 그 둘은 한 몸(fle--)이 될 것이다'?

'For this reason
a man will leave his father and mother
and be united to his wife, and
the two will become one flesh'?

6. 그런즉 이제 둘이 아니요 한 몸이니 그러므로 하나님이 짝지어 주신 것을 사람이 나누지 못할지니라 하시니

그래서 그들은 더 이상 둘이 아니다,/ 그러나 하나(이다).
그러므로/ 하나님이 결합하신(+ jo---) 것을/ 함께(tog--),
사람이 분리하지(sep---) 못하게 하라(let)."

So they are no longer two, but one.
Therefore what God has joined together,
let man not separate."

- "They record that from the beginning
'God made them male and female.'

29) 'at the beginning' / 'in the beginning' 비교 (부록 참조)

- "'This explains why a man leaves his father and mother and is joined to his wife, and the two are united into one.'
- let no one split apart what God has joined together."
- So they are no longer two but one flesh.
  What therefore God has joined together,
  let not man put asunder."

□ 교회가 그리스도에게 하듯이 (에베소서 5:22-25)
(Spirit-Guided Relationships: Wives and Husbands)

22. 아내들이여 자기 남편에게 복종하기를 주께 하듯 하라 (23)
이는 남편이 아내의 머리 됨이 그리스도께서 교회의 머리 됨과
같음이니 그가 바로 몸의 구주시니라

아내들이여, 너희 남편(들)에게 복종하라(sub--)/
주님에게 하듯이(as). 이는(For) 남편이 아내의 머리이다/
그리스도가 교회의 머리인 것과 같이,/
그의 몸(인),//(+ which) 그가 구원자(Sav--)이다.

Wives, submit to your husbands as to the Lord.
For the husband is the head of the wife
as Christ is the head of the church,
his body, of which[30] he is the Savior.

30) Christ is the Savior of the church

- For a husband is the head of his wife
  as Christ is the head of the church.
  He is the Savior of his body, the church.

○ submit [səbmít] 제출하다, 제시하다, 굴복하다, 복종하다.

24. 그러므로 교회가 그리스도에게 하듯 아내들도 범사에 자기 남편에게 복종할지니라 (25) 남편들아 아내 사랑하기를 그리스도께서 교회를 사랑하시고 그 교회를 위하여 자신을 주심 같이 하라

그러므로(Now) 교회가 그리스도께 복종하는 것처럼,/
그래서 또한/ 아내들도 복종해야(sub--) 한다/
그들의 남편들에게/ 모든 일(eve--)에.

Now as the church submits to Christ,
so also wives should submit to their husbands
in everything.

남편들이여, 너희 아내(들)를 사랑하라,/
그리스도께서 교회를 사랑하셨던 것처럼(2)/ 그리고
교회[그녀]를 위해 그 자신을 바친[포기한: gave +].

Husbands, love your wives,
just as Christ loved the church
and gave himself up for her

- For husbands, this means love your wives, just
  as Christ loved the church. He gave up his life for her

□ 구하라, 찾으라, 두드리라 (누가복음 11:9)

(Ask, Seek and Knock)

내가 또 너희에게 이르노니 구하라 그러면 너희에게 주실 것이요 찾으라 그러면 찾아낼 것이요 문을 두드리라 그러면 너희에게 열릴 것이니

"구하라(A--) 그러면 그것은 너희에게 주어질 것이다;
찾으라(se--) 그러면 너희는 찾을 것이다;
두드리라 그러면 문이 너희에게 열릴 것이다.

"Ask and it will be given to you;
seek and you will find;
knock and the door will be opened to you.

- Keep on asking, and you will receive what you ask for.
  Keep on seeking, and you will find.
  Keep on knocking, and the door will be opened to you.

□ 말씀이 육신이 되시다 (요한복음 1:1-5)

(The Word became Flesh)

1. 태초에 말씀이 계시니라 이 말씀이 하나님과 함께 계셨으니 이 말씀은 곧 하나님이시니라

태초에(+ + beg--)/ 말씀(W--)이 있었다[도치],/

그리고 그 말씀은 하나님과 함께 있었다,/
그리고 그 말씀은 하나님이었다.

In the beginning was the Word,
and the Word was with God, and the Word was God.

■ In the beginning the Word already existed.

2. 그가 태초에 하나님과 함께 계셨고 (3) 만물이 그로 말미암아
지은 바 되었으니 지은 것이 하나도 그가 없이는 된 것이 없느니라

그[예수님]가 하나님과 함께하셨다/ 태초에(3).
그를 통해/ 모든 것들이 만들어졌다; 그(him) 없이는/
아무것(not--)도 만들어졌다[31]// 만들어진(has b--- m---).(것은)

He was with God in the beginning.
Through him all things were made; without him
nothing was made that has been made.

■ God created everything through him,
and nothing was created except through him.

4. 그 안에 생명이 있었으니 이 생명은 사람들의 빛이라
(5) 빛이 어둠에 비치되 어둠이 깨닫지 못하더라

그(him) 안에/ 생명이 있었고,/ 그리고
그(th--) 생명은 사람들(m--)의 빛이었다.

31) 아무것도 만들어지지 않았다

빛은 어둠 속에서 빛난다(shi--),
그러나 어둠은 그것을 이해하지 못했다(has +).

In him was life, and that life was the light of men.
The light shines in the darkness,
but the darkness has not understood it.

- The Word gave life to everything that was created, and his life brought light to everyone.
- the darkness can never extinguish it.

□ **신발끈을 풀기도 감당하지 못한다** (요한복음 1:26-28)

(Not worthy to untie the straps of his sandal)

26. 요한이 대답하되 나는 물로 세례를 베풀거니와
너희 가운데 너희가 알지 못하는 한 사람이 섰으니

"나는 물로 세례를 한다," "그러나 너희 가운데는/
한 분(one)이 서있다/ 너희가 모르는.

"I baptize with water,"
"but among you stands one you do not know[32].

- but right here in the crowd is someone you do not recognize.

32) 'There is one standing among you whom you do not know.'

27. 곧 내 뒤에 오시는 그이라 나는 그의 신발끈을 풀기도 감당하지 못하겠노라[33] 하더라 (28) 이 일은 요한이 세례 베풀던 곳 요단 강 건너편 베다니에서 일어난 일이니라

그는 그 분(one)이다// 내 뒤에 오시는,/
(그) 끈(들)(tho---)을/ 그의(whose) 신발(들)(san---)의/
나는 자격[가치: wor---]이 없다/ 풀(unt--)."

He is the one who comes after me,
the thongs of whose sandals I am not worthy to untie."

이 모든 (것은) 일어났다(hap--)/ 베다니(Bethany)에서/
요단 (강)의 건너편에(+ the ot--- si--).//
요한이 세례를 주고 있었던(2).

This all happened at Bethany
on the other side of the Jordan,
where John was baptizing.

- Though his ministry follows mine,
- I'm not even worthy to be his slave
  and untie the straps of his sandal."
- This encounter took place in Bethany, an area east of the Jordan River, where John was baptizing.

○ thong [θɔːŋ] 가죽끈, 고무 슬리퍼, 비키니

33) 그 사람은 내가 따라갈 수 없을 만큼 대단하다

□ 성령이 비둘기 같이 (요한복음 1:32-34)
(The Spirit comes down as a dove)

32. 요한이 또 증언하여 이르되 내가 보매 성령이 비둘기 같이 하늘로부터 내려와서 그의 위에 머물렀더라

그리고 요한은 이 증언을 주었다: "나는 성령(Sp--)을 보았다/ 하늘(he--)로부터 내려온(c--- d---)/ 비둘기(do--) 같이/ 그리고 그에게 머물다(rem--).

Then John gave this testimony: "I saw the Spirit come down from heaven as a dove and remain on him.

- I saw the Holy Spirit descending like a dove from heaven and resting upon him.

33. 나도 그를 알지 못하였으나 나를 보내어 물로 세례를 베풀라 하신 그이가 나에게 말씀하시되 성령이 내려서 누구 위에든지 머무는 것을 보거든 그가 곧 성령으로 세례를 베푸는 이인 줄 알라 하셨기에 (34) 내가 보고 그가 하나님의 아들이심을 증언하였노라 하니라

나는 그를 알지 못했을 것이다(wou-- + h--- kn---),/ 제외하면// 그 분(one)이// 나를 보내신/ 물로 세례하도록/ 내게 말씀하셨다(to--),/

I would not have known him[34],

34) 나는 그를 알지 못했을 것이다. (과거의 가정적인 또는 조건적인 상황)

except that the one who sent me
to baptize with water told me,

'그 사람은//(+ wh--: 누구 위에) 네가 보는/
성령(Sp--)이/ 내려오고(c--- d---)(것을)/
그리고 머무는(rem--)/ 그(he)이다

'The man <u>on whom</u> you see the Spirit come down[35)]
and remain is he[36)]

// 성령(H--- Sp--)으로 <u>세례를 주실</u>(w--- bap--).'
나는 보아왔고 그리고 나는 증언한다//
<u>이 분</u>(this)이 하나님의 아들이다."

who will baptize with the Holy Spirit.'
I have seen and I testify that this is the Son of God."

- I didn't know he was the one,
  but when God sent me to baptize with water, he told me,
- 'The one <u>on whom</u> you see the Spirit descend and rest
  is the one who will baptize with the Holy Spirit.'
- I saw this happen to Jesus,
  so I testify that he is the Chosen One of God."

---

35) The Spirit will come down ON the man. (onto the man)
36) 'The man <u>on whom</u> you see the Spirit come down and remain is he:
성령이 내려와 머무는 사람이 그이다

□ 가나의 혼인 잔치 (요한복음 2:1-10)

(The Wedding at Cana)

1. 사흘째 되던 날 갈릴리 가나에 혼례가 있어 예수의 어머니도
거기 계시고 (2) 예수와 그 제자들도 혼례에 청함을 받았더니

셋째 날에는/ 결혼식(1)이 열렸다(t--- pl--)/
갈릴리(Galilee)의 가나(Cana)에서[37].

On the third day a wedding took place
at Cana in Galilee.

예수(의) 어머니가 거기 계셨다. 그리고
예수와 그의 제자들(disci--)이/
<u>또한</u> 결혼식에 초대<u>되었다</u>(had + been).

Jesus' mother was there, and
Jesus and his disciples
had also been invited to the wedding.

- there was a wedding celebration in the village of Cana in Galilee.

3. 포도주가 떨어진지라 예수의 어머니가 예수에게 이르되 저들에게
포도주가 없다 하니 (4) 예수께서 이르시되 여자여
나와 무슨 상관이 있나이까 내 때가 아직 이르지 아니하였나이다

---

37) 갈릴리(Galilee)에 있는 가나(Cana)에서

포도주가 떨어[사라]졌을(+ g--) 때,/
"그들은 포도주가 더 이상 없다(have)."
"사랑하는(De--) 여자여,

When the wine was gone, (Jesus' mother said to him,)
"They have no more wine." "Dear woman,

당신은 왜 나를 끌어들이십니까(invo--)?"(라고)
"내 때가 아직(y--) 오지 않았습니다."

why do you involve me?" (Jesus replied,)
"My time has not yet come."

- The wine supply ran out during the festivities,
- "Dear woman, that's not our problem,"

○ When the sun was gone, the world turned dark.
(해가 지면 세상이 어두워진다.)
The cake was gone before I had a chance to taste it.
(내가 맛을 볼 기회도 없이 케이크가 다 떨어졌다.)

5. 그의 어머니가 하인들에게 이르되 너희에게 무슨 말씀을 하시든지 그대로 하라 하니라 (6) 거기에 유대인의 정결 예식을 따라 두세 통 드는 돌항아리 여섯이 놓였는지라

그의 어머니가 하인들(ser---)에게 말하였다(sa--).
"무엇이든(wha---) 해라/ 그가 너희에게 말씀하시는 (것은)."

His mother said to the servants,
"Do whatever he tells you."[38)]

근처에는(Nea---)/ 6(개의) 돌 물 항아리(ja--)가 놓였다(sto--),/
(그런) 종류(ki--)/ 유대인들에 의해 사용되는
정결 예식(cere--- was--)을 위한,/
각각 담는(hol---)/ 20에서 30 갤런을.

Nearby stood six stone water jars,
the kind used by the Jews
for ceremonial washing,
each holding from twenty to thirty gallons.

- But his mother told the servants,
  "Do whatever he tells you."
- Standing nearby were six stone water jars,
  used for Jewish ceremonial washing.
- Each could hold twenty to thirty gallons.

○ servant [sə́:rvənt] 하인, 종, 노예, 공무원
○ ceremonial [sèrəmóuniəl] 의식, 기념식, 식전, 정식의, 형식적인

7. 예수께서 그들에게 이르시되 항아리에 물을 채우라 하신즉 아귀까지 채우니 (8) 이제는 떠서 연회장에게 갖다 주라 하시매 갖다 주었더니

"그 항아리(들)를 채워라/ 물로"; 그래서
그들은 그것들을 채웠다/ 가장자리까지(+ the br--).
"자 이제(Now) (물을) 좀(so--) 퍼내어(dr-- +)/ 그리고
그것을 주인(ma--)에게 가져가라/ 그 잔치(ban--)의."

"Fill the jars with water";
so they filled them to the brim.

38) `그가 시키는 대로 해라.'

"Now draw some out and take it to the master of the banquet." (They did so,)

- "Now dip some out, and take it to the master of ceremonies."

○ brim [brim] 넘치려 하다, 가득 붓다, 챙, 가장자리
to the brim 넘치도록
two wine glasses, filled to the brim 잔을 가득 채운 포도주 두 잔
She poured the cup of tea to the brim.
The truck was loaded to the brim with boxes.
○ draw [액체 등을] (그릇에서) 퍼내다, (우물에서) 퍼 올리다
draw a beer (맥주 통에서) 맥주 한 잔을 따르다
draw (out) a thorn 가시를 빼내다
Let's draw some blood. 혈액을 좀 뽑아내자.
○ draw out all errors from the manuscript.
원고에서 틀린 것을 모두 제거해라.
○ dip out soup with a ladle 주걱으로 국을 푸다.
○ banquet [bǽŋkwit] 연회, 축하연

9. 연회장은 물로 된 포도주를 맛보고도 어디서 났는지 알지 못하되 물 떠온 하인들은 알더라 연회장이 신랑을 불러

그리고 잔치(ban--)의 주인은 그 물을 맛보았다(tas---)//
포도주로 <u>변해졌었던(had + tu--- +)</u>.

and the master of the banquet tasted the water that had been turned into wine.

그는 깨닫지(rea---) 못했다/
어디서 그것이 <u>왔는지(had + fr--)</u>,/
비록 하인들은/ 누가 물을 길렀는지(had dr--)/ 알았지만.
그리곤 그는 신랑(brid---)을 한쪽으로 불렀다(ca--- + + as---).

He did not realize where it had come from,
though the servants who had drawn the water knew[39].
Then he called the bridegroom aside

- When the master of ceremonies tasted the water that was now wine, not knowing where it had come from, he called the bridegroom over.

10. 말하되 사람마다 먼저 좋은 포도주를 내고 취한 후에
낮은 것을 내거늘 그대는 지금까지 좋은 포도주를 두었도다 하니라

"모두(Ev---)가 고급(ch--) 포도주를 가져온다(br--- +)/ 먼저/
그리고 나서(th--)/ 더 값싼(ch---) 와인을/
그 손님들이 너무 많이 마신(have + too + to dri--) 후에;
그러나 너희는 가장 좋은 (것을) 아껴 두었다(have sav--)/
지금까지(ti-- +)."

"Everyone brings out the choice wine first
and then the cheaper wine
after the guests have had too much to drink[40];
but you have saved the best till now."

- "A host always serves the best wine first,"
- "Then, when everyone has had a lot to drink, he brings out the less expensive wine. But you have kept the best until now!"

---

39) the servants knew who had drawn the water.
40) too much to drink 술을 너무 많이 마신다

○ Flight attendants will bring out the duty free cart.
승무원들이 나중에 면세품 카트를 가지고 나갈 것입니다.
○ choice 좋은 것; 최상품, 일품(逸品); 안성맞춤인 사람; 특선품
a fine choice of wines 특선 포도주.

□ 성전을 깨끗하게 하시다 (요한복음 2:13-16)
(Jesus Clears the Temple)

13. 유대인의 유월절41)이 가까운지라 예수께서 예루살렘으로 올라가셨더니 (14) 성전 안에서 소와 양과 비둘기 파는 사람들과 돈 바꾸는 사람들이 앉아 있는 것을 보시고

시간이 거의 다 되었을(it was alm--) 때/ 유대인 유월절을 위한,/ 예수님은 예루살렘으로 올라가셨다. 성전 마당(들)(cou--)에서/

When it was almost time for the Jewish Passover, Jesus went up to Jerusalem. In the temple courts

그는 사람들(m--)을 발견했다/ 팔고 있는/
소(cat--), 양과 비둘기(들)(do--), 그리고 다른 이들은/
테이블(들)에 앉아서/ 돈을 교환하는(exc--).

he found men selling cattle, sheep and doves, and others sitting at tables exchanging money.

---

41) 유월절은 이스라엘 사람들의 조상이 이집트에서 탈출한 것을 기념하는 유대인의 축제일이다.

- It was nearly time for the Jewish Passover celebration, so Jesus went to Jerusalem.
- In the Temple area he saw merchants selling cattle, sheep, and doves for sacrifices; he also saw dealers at tables exchanging foreign money.

15. 노끈으로 채찍을 만드사 양이나 소를 다 성전에서 내쫓으시고
돈 바꾸는 사람들의 돈을 쏟으시며 상을 엎으시고

그래서 그는 채찍(wh--)을 만드셨고/ 끈(들)으로(out + cor--),/
그리고 모두 몰아내셨다(dro--)/ 성전 구역(ar--)으로부터,/
양과 소(cat--) 둘 다(bo--)를;

So he made a whip out of cords, and
drove all from the temple area, both sheep and cattle;

그는 그 동전(들)(co--)을 흩뜨셨다(sca--)/ 돈 교환자들의/
그리고 그들의 테이블(들)을 뒤엎으셨다(overtu---).

he scattered the coins of the money changers
and overturned their tables.

- Jesus made a whip from some ropes and chased them all out of the Temple.
- He drove out the sheep and cattle, scattered the money changers' coins over the floor, and turned over their tables.

○ whip [hwip] 때리다, 휘몰아치다, 다수당의 원내대표
whip a horse on 채찍질하여 말을 몰다

○ scatter [skǽtər] 분산시키다, 흩어지다, 뿌리다, 흩어버리다
scatter seeds over the field 밭에 씨를 뿌리다
○ he made a whip out of cords = he made a whip from cords,

16. 비둘기 파는 사람들에게 이르시되 이것을 여기서 가져가라
내 아버지의 집으로 장사하는 집을 만들지 말라 하시니

저들(tho--)에게// 비둘기(들)를 팔았던/ 그는 말했다,
"이것들을 치워라(Get)/ 여기에서(+ + he--)! 어떻게 감히(da--)/
너희는 바꾸느냐(tu--)/ 내 아버지(의) 집을/ 시장으로."

To those who sold doves he said,
"Get these out of here!
How dare you turn my Father's house into a market!"

- Then, going over to the people who sold doves, he told them,
- Stop turning my Father's house into a marketplace!"

□ **예수와 니고데모** (요한복음 3:1-5)
(Jesus and Nicodemus)

1. 그런데 바리새인 중에 니고데모라 하는 사람이 있으니
유대인의 지도자라

그 당시(Now)/ 한 사람이 있었다(there)/
바리새인들(Pharisees) (중)의/ 니고데모(Nicodemus)라는(na--),/
유대인 통치(rul--) 평의회(cou--)의 멤버인.

Now there was a man
of the Pharisees named Nicodemus,
a member of the Jewish ruling council.

- There was a man named Nicodemus, a Jewish religious leader who was a Pharisee.

○ Pharisee [fǽrisìː] 바리새인, 바리새파 유대교도, 독실한 체하는 사 사람
○ council [káunsəl] 위원회, 의회, 협의회, 평의회, 공회

2. 그가 밤에 예수께 와서 이르되 랍비여 우리가 당신은 하나님께로부터 오신 선생인 줄 아나이다 하나님이 함께 하시지 아니하시면 당신이 행하시는 이 표적을 아무도 할 수 없음이니이다

그는 밤에 예수께 와서/ 말하였다,/ "랍비여, 우리는 압니다/
당신은 선생이십니다// 하나님께로부터 오신(has +).

He came to Jesus at night and said, "Rabbi, we know you are a teacher who has come from God.

아무도(no one) 행할(per---) 수 없었기에(For)/
그 기적적인 표적(들)을/ 당신이 하고 있는/
만약에 하나님이 그와 함께 하지 않았다면."

For no one could perform the miraculous signs
you are doing if God were not with him."

- After dark one evening, he came to speak with Jesus.
- "we all know that God has sent you to teach us.

▪ Your miraculous signs are evidence that God is with you."

○ rabbi [rǽbai] 유대인 율법학자

3. 예수께서 대답하여 이르시되 진실로 진실로 네게 이르노니
사람이 거듭나지 아니하면 하나님의 나라를 볼 수 없느니라

답변(rep--)에서/ 예수께서 말씀[선포: dec---]하셨다,/
"아무도(no one) 하나님의 나라[왕국]를 볼 수 없다[있다]/
그가 다시 태어나지 않으면(unle--)."

In reply Jesus declared, ("I tell you the truth,)
no one can see the kingdom of God
unless he is born again."

4. 니고데모가 이르되 사람이 늙으면 어떻게 날 수 있사옵나이까
두 번째 모태에 들어갔다가 날 수 있사옵나이까

"어떻게 사람이 태어날 수 있습니까//
그가 늙었을 때?" "분명히(Sur--)/
그는 두번 째 들어갈(ent--) 수 없습니다/
그의 어머니(의) 자궁(w--) 속으로/ 태어나기 위해(to + +)."

"How can a man be born when he is old?"
"Surely he cannot enter a second time
into his mother's womb to be born!"

▪ "How can an old man go back into his mother's womb and be born again?"

5. 예수께서 대답하시되 진실로 진실로 네게 이르노니 사람이 물과 성령으로 나지 아니하면 하나님의 나라에 들어갈 수 없느니라

아무도(no one) 하나님의 나라에 들어갈 수 없다[있다]/
그가 태어나지(+ b--- +) 않으면(unle--)/ 물과 성령으로.

no one can enter the kingdom of God
unless he is born of water and the Spirit.

- "I assure you, no one can enter the Kingdom of God without being born of water and the Spirit.

○ He was *born of* [to] German parents.
독일인 부모에게서 태어났다.
[unless he is born with water (X)]

□ 죄 없는 자가 먼저 돌로 치라 (요한복음 8:3-9)

(The innocent shall strike first with a stone.)

3. 서기관들과 바리새인들이 음행중에 잡힌 여자를 끌고 와서 가운데 세우고 (4) 예수께 말하되 선생이여 이 여자가 간음하다가 현장에서 잡혔나이다.

율법의 선생들과 바리새인들이/
한 여자를 데려왔다(bro--- +)/ 간음으로 잡힌(cau--).
그들은 그녀를 서게 했다[만들었다]/ 그 그룹 앞에,
"선생님, 이 여자는 간음의 현장(act)에서 잡혔습니다.

The teachers of the law and the Pharisees
brought in a woman caught in adultery.
They made her stand before the group
"Teacher, this woman was caught in the act of adultery.

- As he was speaking, the teachers of religious law and the Pharisees brought a woman who had been caught in the act of adultery. They put her in front of the crowd. (NLT)
- Teacher, this woman has been caught in the act of adultery. (RSV)

○ caught [kɔ:t] 잡았다, 잡혔다, 붙잡혔다 (catch, caught)
○ in the act of 현장에서, ~ 하고 있는 중에, 막 ~ 하려는 참에.
He was caught in the very act of stealing it.
그는 그것을 도둑질하던 현장에서 잡혔다.
He was in the very act of jumping.
그는 막 점프하려던 참이었다.

5. 모세는 율법에 이러한 여자를 돌로 치라 명하였거니와 선생은 어떻게 말하겠나이까 (6) 그들이 이렇게 말함은 고발할 조건을 얻고자 하여 예수를 시험함이러라 예수께서 몸을 굽히사 손가락으로 땅에 쓰시니

율법에서/ 모세는 우리에게 명령했습니다(comm--)/
그런 여자들을 돌로 치라고(sto--)

In the Law Moses commanded us
to stone such women.

그들은 이 질문을 사용하고 있었다/ 함정(tr--)으로서,/
근거(bas--)를 마련하기[가지기] 위해(+ or--- +)/
그를 고발할(+ accu--).

They were using this question as a trap,
in order to have a basis for accusing him.

그러나 예수님은 (허리를) 굽히시고(bent +)/ 그리고
그의 손가락으로 땅(gr--)에 (글을) 쓰기 시작했다.

But Jesus bent down and
started[42] to write on the ground with his finger.

- The law of Moses says to stone her. What do you say?"
- They were trying to trap him into saying something they could use against him, but Jesus stooped down and wrote in the dust with his finger.
- This they said to test him, that they might have some charge to bring against him. Jesus bent down and wrote with his finger on the ground. (RSV)

○ command [kəmǽnd] 명령하다, 지휘/지시하다, 사령부
○ stone 돌을 던지다; 돌을 던져서 죽이다[박해하다]
○ trap [træp] 가두다, 덫, 잡다, 빨아들이다, 과속 감시 장치
○ Tradition forms a basis for the acquiring of literary taste.
전통은 문학 취미를 얻게 하는 기초를 이룬다.
○ stoop [stu:p] 몸을 구부리다/굽히다, 웅크리다[down]
stoop for [to pick up] a button 몸을 굽혀 단추를 줍다

42) begin / start 비교 (부록 참조)

7. 그들이 묻기를 마지 아니하는지라 이에 일어나 이르시되
너희 중에 죄 없는 자가 먼저 돌로 치라 하시고

그들이 그[예수]를 계속(kept +) 심문했을(que--) 때,/
그는 (허리를) 펴시고(straigh--- +)/ 그들에게 말씀하셨다,'

When they kept on questioning him,
he straightened up and said to them,

"만일 너희 중 어느 누가(+ one)/ 죄가 없으면(+ with--- +),
그로 하여금 첫 번째가 되게 하라(let)/
그녀에게 돌을 던지는(thr--)."

"If any one of you is without sin,
let him be the first to throw a stone at her."

- Let the one who has never sinned throw the first stone!" [NLT]
  "Let him who is without sin among you be the first to throw a stone at her." [RSV]
- They kept demanding an answer, so he stood up again.

○ straighten [stréitn] 펴다, 곧게[바르게] 하다, 바로잡다
She straightened up in her seat. 의자에서 자세를 바르게 했다.

8. 다시 몸을 굽혀 손가락으로 땅에 쓰시니 (9) 그들이 이 말씀을 듣고
양심에 가책을 느껴 어른으로 시작하여 젊은이까지 하나씩 하나씩
나가고 오직 예수와 그 가운데 섰는 여자만 남았더라

다시 그는 (허리를) 굽혀(stoo--- +)/ 땅에 (글을) 썼다.
이 말에(At this)/ 저들은// 들었던/ 떠나가기(go +) 시작했다/

Again he stooped down and wrote on the ground.
At this, those who heard began to go away

한번에 한 명씩(one + a +),/ 더 나이 든 사람들(ones) 먼저,/
예수님만 남을(+ left) 때까지,/ 그 여자와 함께/
거기에 여전히 서있는.

one at a time, the older ones first,
until only Jesus was left, with the woman
still standing there.

- Then he stooped down again and wrote in the dust.
- When the accusers heard this, they slipped away one by one, beginning with the oldest, until only Jesus was left in the middle of the crowd with the woman.

□ 포로 된 자에게 자유를 (누가복음 4:18)
(Freedom to the captive)

주의 성령이 내게 임하셨으니 이는 가난한 자에게 복음을 전하게 하시려고 내게 기름을 부으시고 나를 보내사 포로 된 자에게 자유를, 눈 먼 자에게 다시 보게 함을 전파하며 눌린 자를 자유롭게 하고

"주님의 영이 나에게 임하신다,/
그가 나를 기름부었기(has ano--) 때문에/
복음[좋은 소식]을 전[설교: pre--]하도록/
가난한 사람들(the +)에게.

"The Spirit of the Lord is on me,
because he has anointed me
to preach good news to the poor.

그는 자유를 선언하도록(pro--) 나를 보냈다(has +)/
포로[죄인: pri--]들을 위하여/
그리고 시력(si--)의 회복을/ 눈 먼 자(들)(+ bl--)를 위해,/
억압받는 자(들)(+ oppr--)를 풀어주려고(rele--),

He has sent me to proclaim freedom
for the prisoners
and recovery of sight for the blind,
to release the oppressed,

- for he has anointed me to bring Good News to the poor.
- He has sent me to proclaim that captives will be released, that the blind will see, that the oppressed will be set free,

○ proclaim [proukléim] 선포하다, 선언하다, 주장, 공표하다.
○ a recovery of sight (올바른 문법적 표현)
the recovery of sight (가장 정확한 표현)

□ 깊은 데로 가서 그물을 내려라 (누가복음 5:3-6)

(Put out into deep water and let down the nets)

3. 예수께서 한 배에 오르시니 그 배는 시몬의 배라 육지에서 조금 떼
기를 청하시고 앉으사 배에서 무리를 가르치시더니 (4) 말씀을 마치시
고 시몬에게 이르시되 깊은 데로 가서 그물을 내려 고기를 잡으라

그는 배(들) 중 하나에 올라타셨다(got +),/
시몬(Simon)에게 속한 배(one),/
그리고 그에게 요청하셨다(as--)/

He got into one of the boats,
the one belonging to Simon, and asked him

해안(sh--)에서부터 조금(li--) (더) 나아가도록(put +).
그리곤 그는 앉아서/ 배에서(부터) 사람들을 가르치셨다.

to put out a little from shore.
Then he sat down and
taught the people from the boat.

그가 말씀하시기(spe--)를 마쳤을(had fin--) 때,/
"깊은 물 속으로 나아가라(Put +), 그리고
그물(들)을 내리자(let do--)/ (물고기를) 잡기(cat--) 위해."

When he had finished speaking, (he said to Simon,)
"Put out into deep water,
and let down the nets for a catch."

- Stepping into one of the boats, Jesus asked Simon, its owner, to push it out into the water.
  So he sat in the boat and taught the crowds from there.
- "Now go out where it is deeper, and let down your nets to catch some fish."

○ He got into one of the boats
(got into = boarded = entered = stepped onto)
○ shore [ʃɔ:r] 해안, 강화하다, 육지, 기슭
to put out a little from a shore. [OK]
○ put out 끄다, 내놓다, 바다로 나아가다, 노력하다
Move away from shore a little: 해안으로부터 약간 멀어져라.

5. 시몬이 대답하여 이르되 선생님 우리들이 밤이 새도록 수고하였으되 잡은 것이 없지마는 말씀에 의지하여 내가 그물을 내리리이다 하고 (6) 그렇게 하니 고기를 잡은 것이 심히 많아 그물이 찢어지는지라

"선생님Mas--), 우리는 밤새도록 열심히 일했습니다(have),/
그리고 아무것도(any--) 잡지(cau--) 못했습니다(haven't).
그러나 당신이 그렇게 말씀하시니(beca--),
내가 그물(들)을 내리겠습니다(let +)."

"Master, we've worked hard all night
and haven't caught anything.
But because you say so, I will let down the nets."

그들이 그렇게 했을(had +) 때,/ 그들은 잡았다(cau--)/
아주(su--) 많은(lar--) 수의 물고기(num--- + fi--)를//
그들의 그물(들)이 찢어지기(bre--) 시작했다.

When they had done so,
they caught such a large number of fish that
their nets began to break.

- "we worked hard all last night and didn't catch a thing. But if you say so, I'll let the nets down again."
- And this time their nets were so full of fish they began to tear!

□ 네 눈 속의 들보를 보라 (누가복음 6:39-45)
(Look at the plank in your own eye)

39. 또 비유로 말씀하시되 맹인이 맹인을 인도할 수 있느냐 둘이 다 구덩이에 빠지지 아니하겠느냐 (40) 제자가 그 선생보다 높지 못하나 무릇 온전하게 된 자는 그 선생과 같으리라

그는 또한 그들에게 이런 비유를 말씀하셨다:
"장님이 장님을 인도할 수 있는가?

He also told them this parable:
"Can a blind man lead a blind man?

그들 둘 다(bo--) 구덩이(p--) 속에 빠지지 않을까
(Will they not + +)?
제자[학생]는 그의 선생 위에 있지 않다,/

Will they not both fall into a pit?
A student is not above his teacher,

그러나 누구나(eve--)// 충분히(ful--) 훈련된(3)/ 그의 선생과 같을 것이다.

but everyone who is fully trained
will be like his teacher.

- "Can one blind person lead another?
  Won't they both fall into a ditch?
- Students are not greater than their teacher.

○ parable [pǽrəbl] 우화, 비유, 비유로 이야기하다
speak in parables 비유해서 말하다.

41. 어찌하여 형제의 눈 속에 있는 티는 보고 네 눈 속에 있는 들보는 깨닫지 못하느냐

"어찌하여 너희는 보느냐(look +)/ 톱밥(saw--)의 얼룩(spe--)을/ 네 형제(의) 눈에 있는/ 그리고 관심을 두지 않느냐(pay + att--)/ 네 자신 눈 속에 있는 널빤지(pla--)에?

"Why do you look at the speck of sawdust
in your brother's eye and pay no attention to
the plank in your own eye?

- "And why worry about a speck in your friend's eye
  when you have a log in your own?

○ speck [spek] 점, 작은 반점, 얼룩, 흠
a speck of blood 피 묻은 얼룩; a speck of grit 미세한 모래알.
○ sawdust [sɔ'dəˌst] 톱밥
○ pay no attention 고려하지 않다, 유의하지 않다
○ plank [plæŋk] 널빤지, 판자

42. 너는 네 눈 속에 있는 들보를 보지 못하면서 어찌하여 형제에게 말하기를 형제여 나로 네 눈 속에 있는 티를 빼게 하라 할 수 있느냐 외식하는 자여 먼저 네 눈 속에서 들보를 빼라 그 후에야 네가 밝히 보고 형제의 눈 속에 있는 티를 빼리라

어떻게 너희가 네 형제에게 말할 수 있느냐, '형제여,
나로 (하여금) 그 티[얼룩]를 빼게(ta--) 하라/ 네 눈에서(out +),'/
너희 자신이 그 널빤지를 보기를 실패할 때/
네 자신 눈 속에 있는?

How can you say to your brother, 'Brother,
let me take the speck out of your eye,'
when you yourself fail to see the plank
in your own eye?

너 위선자(hypo--)야,/ 먼저 네 눈에서 널빤지를 빼라./
그리고 나서/ 너희는 또렷이 볼 것이다/
그 티(sp--)를 없애려고(rem--)/ 네 형제(의) 눈에서[부터].

You hypocrite, first take the plank out of your eye,
and then you will see clearly
to remove the speck from your brother's eye.

■ How can you think of saying, 'Friend, let me help you

get rid of that speck in your eye,' when you can't see past the log in your own eye?

- then you will see well enough to deal with the speck in your friend's eye.

○ hypocrite [hípəkrit] 위선자, 사이비, 가장

43. 못된 열매 맺는 좋은 나무가 없고 또 좋은 열매 맺는 못된 나무가 없느니라 (44) 나무는 각각 그 열매로 아나니 가시나무에서 무화과를, 또는 찔레에서 포도를 따지 못하느니라

"좋은 나무는 나쁜 열매를 맺지(be--) 않으며(No),
나쁜 나무는 좋은 열매를 맺지 않는다(nor does).

"No good tree bears bad fruit,
nor does a bad tree bear good fruit.

각각 나무는 그것의 자신의 열매로 인식되어진다.
사람들은 무화과(들)(fi--)를 따지[줍지] 않고,/
가시덤불(들)(thorn--)에서,
또는 가시나무(들)(bri--)로부터 포도(들)를.

Each tree is recognized by its own fruit.
People do not pick figs from thornbushes,
or grapes from briers.

- "A good tree can't produce bad fruit, and a bad tree can't produce good fruit.
- A tree is identified by its fruit. Figs are never gathered from thornbushes, and grapes are not

picked from bramble bushes.

○ bear [bɛər] 곰, 부담하다, 참다, 맺다, 낳다
bear fruit 열매를 맺다
○ fig [fig] 무화과, 복장, 옷차림
○ thornbush [θɔ́:rnbùʃ] 가시나무 수풀, 가시나무 덤불
○ brier [bráiər] 가시나무, (특히) 들장미

45. 선한 사람은 마음에 쌓은 선에서 선을 내고 악한 자는 그 쌓은 악에서 악을 내나니 이는 마음에 가득한 것을 입으로 말함이니라

선한 사람은 선한 것(들)을 가져온다/ 선함에서(out +)/
그의 마음 속에 쌓아둔(sto--- +),/

The good man brings good things out of the good stored up in his heart,

그리고 악한(ev--) 사람은 악한 것(들)을 가져온다/
악함(ev--)에서/ 그의 마음에 쌓아둔[저장해 둔],/
이는(For) 그의 마음의 넘침(overfl--)으로부터(out +)/
그의 입이 말하기 (때문이다).

and the evil man brings evil things
out of the evil stored up in his heart.
For out of the overflow of his heart
his mouth speaks.

- A good person produces good things from the treasury of a good heart, and an evil person produces evil things from the treasury of an evil heart. What you say flows from what is in your heart.

○ overflow [강 등이] 범람하다, [그릇이] 넘치다(run over);
[물·사람 등이] 넘쳐 나오다[into ..], 가득차다
My heart overflows with gratitude.
내 마음은 고마움으로 가득 차 있다.

○ Out of the overflow of the heart, the mouth speaks.
마음에 품은 생각은 입으로 나오기 마련이다.

□ 백부장의 종을 고치시다 (누가복음 7:1-10)
(The Faith of a Roman Officer)

1. 예수께서 모든 말씀을 백성에게 들려 주시기를 마치신 후에 가버나움으로 들어가시니라 (2) 어떤 백부장의 사랑하는 종이 병들어 죽게 되었더니

예수께서 마치셨을(had fin--) 때/
이 모든 (것을) 말씀하시기(say--)를/
사람들의 들음(hea--)에서[43],/
그는 가버나움으로 들어가셨다(ent--).

When Jesus had finished saying all this
in the hearing of the people,
he entered Capernaum.

거기에/ 한 백부장(의: centu--) 하인이,//(그를)
그의 주인(ma--)이 높이 평가하였던(val--),/
아팠고/ 죽으려 했다(about).

43) 사람들이 듣는 데서

There a centurion's servant,
whom his master valued highly,
was sick and about to die.

- At that time the highly valued slave of a Roman officer was sick and near death.

○ centurion [sentjúəriən] 백부장, 100인 대장
○ value [vǽlju:] 가치, 가치관, 가격, 평가, 중시하다
value honor above[beyond] riches
명예를 부보다도 높이 평가하다
○ be about to 막 ~하려고 하다, ~하려는 참이다. 곧 ~한다.

3. 예수의 소문을 듣고 유대인의 장로 몇 사람을 예수께 보내어 오셔서 그 종을 구해 주시기를 청한지라 (4) 이에 그들이 예수께 나아와 간절히 구하여 이르되 이 일을 하시는 것이 이 사람에게는 합당하니이다

그 백부장(centu--)은 예수님의 (소식을) 들었고(heard +),/
유대인들의 장로(들)(eld--) 몇명(some)을 그에게 보내었다,/
그에게 요청하면서(as--)/ 오셔서/ 그의 종을 치유해 주기를.

The centurion heard of Jesus and
sent some elders of the Jews to him,
asking him to come and heal his servant.

그들이 예수께 다가왔을(came) 때,/
그들은 그에게 간절히(earn--) 간청하였다(plea--),/
"이 사람은 자격이 있습니다(dese--)/
당신으로 하여금 이렇게(this) 하게 할(+ have + do +).

When they came to Jesus,
they pleaded earnestly with him,
"This man deserves to have you do this,

- When the officer heard about Jesus, he sent some respected Jewish elders to ask him to come and heal his slave.
- So they earnestly begged Jesus to help the man. "If anyone deserves your help, he does," they said,

○ hear of (소문 등으로) ~에 대해 듣다, 소식을 듣다
○ elder [éldər] 노인, 어른, 연장자, 장로, 고참
○ plead [pli:d] 애원/호소하다, 주장/간청하다, 설득하다

5. 그가 우리 민족을 사랑하고 또한 우리를 위하여 회당을 지었나이다 하니 (6) 예수께서 함께 가실새 이에 그 집이 멀지 아니하여 백부장이 벗들을 보내어 이르되 주여 수고하시지 마옵소서 내 집에 들어오심을 나는 감당하지 못하겠나이다

왜냐하면 그가 우리 민족(nat--)을 사랑하시고,/
우리 회당을 지으셨습니다(has)."
그래서 예수님은 그들과 함께 가셨다.

because he loves our nation and
has built our synagogue."
So Jesus went with them.

그가 그 집에서 멀지(far) 않은 (곳에) 있었다/
백부장이 친구들을 보내셨을 때/ 그에게 말하려고:

He was not far from the house
when the centurion sent friends to say to him:

"주님, 괜히 수고하지 마십시오(don't tro--- yourself),/
왜냐하면(for) 저는 자격이 없습니다(do not des--)/
당신을 오시게 할(have + co--)/ 내 지붕 아래.

"Lord, don't trouble yourself,
for I do not deserve
to have you come under my roof.

- "for he loves the Jewish people and even built a synagogue for us."
- But just before they arrived at the house, the officer sent some friends to say, "Lord, don't trouble yourself by coming to my home, for I am not worthy of such an honor.

○ trouble oneself (걱정으로) 머리를[속을] 썩이다, 고민하다
trouble oneself to do 일부러 ~ 하다

7. 그러므로 내가 주께 나아가기도 감당하지 못할 줄을 알았나이다 말씀만 하사 내 하인을 낫게 하소서 (8) 나도 남의 수하에 든 사람이요 내 아래에도 병사가 있으니 이더러 가라 하면 가고 저더러 오라 하면 오고 내 종더러 이것을 하라 하면 하나이다

그것이(That) ~ 이유(w--)이다/
나는 내 자신을 고려하지도(even) 않았다/
가치 있다고(wor--)/ 당신에게 나아갈.

That is why I did not even consider myself worthy to come to you.

하지만 말씀만 하소서(3),/
그러면(and) 내 종이 나을(hea--) 겁니다.
나 자신은 권한(auth--) 하에 있는 사람이기 때문에(For),/
내 아래(에 있는) 병사들과 (함께).
내가 이 사람(one)에게 말한다,/

But say the word,
and my servant will be healed.
For I myself am a man under authority,
with soldiers under me. I tell this one,

'가라' 하면 그는 가고; 저 사람(that +)은,/
'오라' 하면 그가 옵니다. 내가 내 종에게 말하기를,/
'이걸 하라'하면 그는 그것을 합니다."

'Go,' and he goes; and that one,
'Come,' and he comes. I say to my servant,
'Do this,' and he does it."

- I am not even worthy to come and meet you. Just say the word from where you are,
- I know this because I am under the authority of my superior officers, and I have authority over my soldiers. I only need to say,

○ that is why: 그래서 (결과)이다
that is because: ~한 (이유)다

9. 예수께서 들으시고 그를 놀랍게 여겨 돌이키사 따르는 무리에게 이르시되 내가 너희에게 이르노니 이스라엘 중에서도 이만한 믿음은 만나보지 못하였노라 하시더라 (10) 보내었던 사람들이 집으로 돌아가 보매 종이 이미 나아 있었더라

예수께서 이것을 들었을 때,
그는 그에게 놀라워했다(+ ama--),/
그리고 무리에게 돌아서면서/ 그를 따르는,/
"나는 발견하지 못했다(have +)/
이렇게(su--) 큰(gr--) 믿음을/ 이스라엘에서조차.

When Jesus heard this,
he was amazed at him,
and turning to the crowd following him,
I have not found
such great faith even in Israel."

그리곤 그 사람들(m--)이// 보내졌었던(had +)/
그 집으로 돌아왔다(ret--)/ 그리고
알게 되었다(fou--)/ 그 종이 나은 것을.

Then the men who had been sent
returned to the house
and found the servant well.

- Turning to the crowd that was following him,
  I haven't seen faith like this in all Israel!"
- And when the officer's friends returned to his house,
  they found the slave completely healed.

□ 과부의 아들을 살리시다 (누가복음 7:12-15)

(Jesus Raises a Widow's Son)

12. 성문에 가까이 이르실 때에 사람들이 한 죽은 자를 메고 나오니 이
는 한 어머니의 독자요 그의 어머니는 과부라 그 성의 많은 사람도 그
와 함께 나오거늘 (13) 주께서 과부를 보시고 불쌍히 여기사 울지 말라
하시고

그가 성문[마을 문]에 다가갔을(appro--) 때(as),/
한 죽은 사람(per--)이 실려 나가고 있었다(+ being carr-- +) --
그의 어머니의 유일한 아들,/ 그리고 그녀는 과부였다.

As he approached the town gate[44],
a dead person was being carried out --
the only son of his mother, and she was a widow.

마을에서 온 많은(lar--) 무리가/ 그녀와 함께 있었다.
주께서 그녀를 보았을 때,/ 그의 마음이 그녀에게 가셨고(w--- +)/
그는 말씀하셨다,/ "울지 말아라."

And a large crowd from the town was with her.
When the Lord saw her, his heart went out to her
and he said, "Don't cry."

- A funeral procession was coming out as he approached the village gate. The young man who

44) 그가 성문에 다가가시는 동안

had died was a widow's only son,

- his heart overflowed with compassion.

○ widow [wídou] 미망인, 홀아비

14. 가까이 가서 그 관에 손을 대시니 멘 자들이 서는지라 예수께서 이르시되 청년아 내가 네게 말하노니 일어나라 하시매 (15) 죽었던 자가 일어나 앉고 말도 하거늘 예수께서 그를 어머니에게 주시니

그때 그가 올라가서(+ +)/ 관(coff--)을 만지셨고,/ 그리고
저들은/ 그것을 나르는/ 가만히(sti--) 서 있었다.

Then he went up and touched the coffin, and
those carrying it stood still. (He said,)

"젊은이여, 일어나라!"
죽은 사람이 일어나 앉이(sat +)/ 말하기 시작했다,/ 그리고
예수님이 그를 그의 어머니에게 돌려주셨다(gave him +).

"Young man, get up!"
The dead man sat up and began to talk, and
Jesus gave him back to his mother.

- Then he walked over to the coffin and touched it, and the bearers stopped.
- Then the dead boy sat up and began to talk!

○ coffin [kɔ́(:)fin] 관

16. 모든 사람이 두려워하며 하나님께 영광을 돌려 이르되 큰 선지자가 우리 가운데 일어나셨다 하고 또 하나님께서 자기 백성을 돌보셨다 하더라

그들 모두는 가득하였고(+ fil--)/ 경외심(a--)으로/
하나님을 찬양하였다.
"위대한 선지자가 나타났다(has appe--)/ 우리 가운데,"
"하나님은 그의 백성을 도우러 오셨다(has)."

They were all filled with awe and praised God.
"A great prophet has appeared among us,"
"God has come to help his people."

- Great fear swept the crowd, and they praised God, saying, "A mighty prophet has risen among us," and "God has visited his people today."

○ risen [rízn] 오른, 증가한, 상승한, 늘어난, 일어난 [rise, rose, risen]

□ 한 여자가 예수께 향유를 붓다 (누가복음 7:37-50)
(Jesus Anointed by a Sinful Woman)

37. 그 동네에 죄를 지은 한 여자가 있어 예수께서 바리새인의 집에 앉아 계심을 알고 향유 담은 옥합을 가지고 와서

때에/ 한 여자가// 죄 많은 삶을 살았던(had)/
그(that) 마을에서/ 알았다[배웠다]//
예수께서 바리새인(의) 집에서 먹고 계셨다(는 것을),/
그녀는 향수의 옥합(alaba--- jar)을 가져 왔다.

When a woman who had lived a sinful life
in that town learned that

Jesus was eating at the Pharisee's house,
she brought an alabaster jar of perfume,

- When a certain immoral woman from that city heard he was eating there, she brought a beautiful alabaster jar filled with expensive perfume.

○ alabaster [æləbæstər] 부드럽고 고운 결정질을 가진, 투명하고 흰색 또는 연한 색상의 재료로서 향수나 오일들 담는 용기나 병에 사용된다.
○ alabaster jar 옥합 ○ perfume 향수, 향기

38. 예수의 뒤로 그 발 곁에 서서 울며 눈물로 그 발을 적시고
자기 머리털로 닦고 그 발에 입맞추고 향유를 부으니

그녀가 그(him) 뒤에 서있었을 때(as)/ 그의 발(들)에/
울면서(wee--),/ 그녀는 그의 발(들)을 적시기(we-) 시작했다/
그녀의 눈물(들)로:

and as she stood behind him at his feet weeping,
she began to wet his feet with her tears.

그리곤 그녀는 그녀의 머리카락으로 그것들을 닦았고(wip--),/
그것들에 입 맞추었고/ 그리고
그것들에 향수(per--)를 부었다(po--).

Then she wiped them with her hair,
kissed them and poured perfume on them.

- Then she knelt behind him at his feet, weeping. Her tears fell on his feet, and she wiped them off with her hair. Then she kept kissing his feet and putting perfume on them.

○ weep [wi:p] 울다, 눈물을 흘리다, 슬퍼하다.

39. 예수를 청한 바리새인이 그것을 보고 마음에 이르되 이 사람이 만일 선지자라면 자기를 만지는 이 여자가 누구며 어떠한 자 곧 죄인인 줄을 알았으리라 하거늘

때에/ 바리새인이// 그를 초청하였던(had)/ 이것을 보았을,/
그는 그 자신에게 말하였다,/ "만약 이 사람이 선지자라면,/

When the Pharisee who had invited him saw this,
he said to himself[45], "If this man were a prophet,

그는 알 것이다(would)/ 누가 그를 만지고 있는지/ 그리고
어떤 여자(what kind of +)인지 그녀가--// 그녀는 죄인이다."

he would know who is touching him and
what kind of woman she is--that she is a sinner."

- he would have known who and what sort of woman this is who is touching him, for she is a sinner."

40. 예수께서 대답하여 이르시되 시몬아 내가 네게 이를 말이 있다 하시니 그가 이르되 선생님 말씀하소서 (41) 이르시되 빚 주는 사람에게 빚진 자가 둘이 있어 하나는 오백 데나리온을 졌고 하나는 오십 데나리온을 졌는데

---

45) 그는 혼잣말처럼 말했다

"시몬아, 내가 네게 말할 게 있다."
"선생님, 제게 말씀하소서,"
"두 남자가 어떤 빚쟁이(money--)에게 돈을 빚을 졌다(ow--).

"Simon, I have something to tell you."
"Tell me, teacher,"
"Two men owed money to a certain moneylender.

하나는 그에게 오백 데나리온(denarii)을 빚졌고,
그리고 다른 하나는 오십 (데나리언을 빚졌다).

One owed him five hundred denarii,
and the other fifty.

- "Go ahead, Teacher," Simon replied.
- "A man loaned money to two people--
500 pieces of silver to one and 50 pieces to the other.

○ moneylender 대금업자, 전당포 업자, 빚주는 사람
○ denarius [dinέəriəs] 고대 로마의 은화, 데나리우스

42. 갚을 것이 없으므로 둘 다 탕감하여 주었으니 둘 중에 누가 그를 더 사랑하겠느냐 (43) 시몬이 대답하여 이르되 내 생각에는 많이 탕감함을 받은 자니이다 이르시되 네 판단이 옳다 하시고

그들(them)의 둘 다(Neither) 돈이 없었다(had)/
그에게 갚을(+ + back),/
그래서 그는 둘(bo--)의 채무(들)(de--)를 탕감[취소]하였다.
그러면(Now) 그들 중의 누가(which)/ 그를 더 사랑할 것인가?"

Neither of them had the money to pay him back,
so he canceled the debts of both.
Now which of them will love him more?"

"내가 생각하기는(supp--)/ 그 사람(one)// 더 큰 채무를 가졌던/ 탕감[취소]된(cance---)." "네가 옳게(corr--) 판단하였다(have),"

"I suppose the one
who had the bigger debt canceled."
"You have judged correctly,"

- But neither of them could repay him, so he kindly forgave them both, canceling their debts. Who do you suppose loved him more after that?"
- "I suppose the one for whom he canceled the larger debt." "That's right," Jesus said.

○ debt [det] 부채, 빚, 채무, 부족
○ He canceled the larger debt for him.

44. 그 여자를 돌아보시며 시몬에게 이르시되 이 여자를 보느냐 내가 네 집에 들어올 때 너는 내게 발 씻을 물도 주지 아니하였으되 이 여자는 눈물로 내 발을 적시고 그 머리털로 닦았으며

그리곤 그는 그 여자에게 향하여 돌아서서/ 시몬에게 말씀하셨다, "너희는 이 여자를 보느냐? 나는 너희 집에 들어왔다(came).

Then he turned toward the woman and said to Simon,
"Do you see this woman? I came into your house.

너희는 나에게 어느 물도 주지 않았지만/ 내 발(들)을 위해,/
그러나 그녀는 그녀의 눈물로 내 발(들)을 적시고/
그것들을 그녀의 머리카락으로 닦아 주었다.

You did not give me any water for my feet,
but she wet my feet with her tears
and wiped them with her hair.

- "Look at this woman kneeling here. When I entered your home, you didn't offer me water to wash the dust from my feet, but she has washed them with her tears and wiped them with her hair.

45. 너는 내게 입맞추지 아니하였으되 그는 내가 들어올 때로부터 내 발에 입맞추기를 그치지 아니하였으며 (46) 너는 내 머리에 감람유도 붓지 아니하였으되 그는 향유를 내 발에 부었느니라 (47) 이러므로 내가 네게 말하노니 그의 많은 죄가 사하여졌도다 이는 그의 사랑함이 많음이라 사함을 받은 일이 적은 자는 적게 사랑하느니라

너희는 나에게 입맞춤을 주지 않았지만[46],/
이 여자는,/ 내가 들어간(ent--) 때부터(3),/
내 발(들)에 입맞춤하는 것을 멈추지 않았다(has).

You did not give me a kiss,
but this woman, from the time I entered,
has not stopped kissing my feet.

---

46) 나에게 입맞춤울 하지 않았지만

너희는 내 머리에 기름을 바르지(put) 않았지만,/
그러나 그녀는 내 발(들)에 향수를 뿌렸다(pou--).

You did not put oil on my head,
but she has poured perfume on my feet.

그녀의 많은 죄(들)가 용서 받았다(have + +)--
그녀가 많이 사랑하였기에(for).
그러나 그는// 적게 용서받은(has + +)/ 적게 사랑한다."

her many sins have been forgiven--
for she loved much.
But he who has been forgiven little loves little."

- You didn't greet me with a kiss, but from the time I first came in, she has not stopped kissing my feet.
- You neglected the courtesy of olive oil to anoint my head, but she has anointed my feet with rare perfume.
- her sins--and they are many--have been forgiven, so she has shown me much love. But a person who is forgiven little shows only little love."

48. 이에 여자에게 이르시되 네 죄 사함을 받았느니라 하시니 (49) 함께 앉아 있는 자들이 속으로 말하되 이가 누구이기에 죄도 사하는가 하더라 (50) 예수께서 여자에게 이르시되 네 믿음이 너를 구원하였으니 평안히 가라 하시니라

"네 죄(들)가 용서 되었다[되어지다]."
다른 손님들은 그들 자신들 가운데[47] 말하기 시작했다,/
"이 분(this)이 누구시냐// 심지어 죄(들)를 용서하시는(even +)?"
"너의 믿음이 너를 구원하였다(has); 평안히 가라."

"Your sins are forgiven."
The other guests began to say among themselves,
"Who is this who even forgives sins?"
"Your faith has saved you; go in peace."

- The men at the table said among themselves,
  "Who is this man, that he goes around forgiving sins?"

□ 땅에 떨어진 네 가지 씨 비유 (누가복음 8:4-8)
(Parable of the Farmer Scattering Seed)

4. 각 동네 사람들이 예수께로 나아와 큰 무리를 이루니 예수께서 비유로 말씀하시되 (5) 씨를 뿌리는 자가 그 씨를 뿌리러 나가서 뿌릴새 더러는 길 가에 떨어지매 밟히며 공중의 새들이 먹어버렸고

큰 무리가 모여 들고(gath--) 있었는 동안(Wh--),/ 그리고
사람들이 예수께로 오고 있었을 (동안)/
마을마다(from + after +), 그는 이 비유를 말씀하셨다:

47) among oneselve = with each other (서로서로)

While a large crowd was gathering and
people were coming to Jesus from town after town,
he told this parable:

"한 농부가 <u>그의 씨를</u> 뿌리러(so-) 나갔다(2). 그가 씨앗을 <u>흩뿌리고(scatt--) 있었을</u> 때(As),/ 일부는 <u>길(pa--)을 따라</u> 떨어졌다;

"A farmer went out to sow his seed.
As he was scattering the seed,
some fell along the path;

그것은 짓밟혔고(+ tram--- +),/ 그리고 공중의 새들이 <u>그것을 먹어 치웠다</u>(+ it +).

it was trampled on, and
the birds of the air ate it up.

- One day Jesus told a story in the form of a parable to a large crowd that had gathered from many towns to hear him:
- "A farmer went out to plant his seed. As he scattered it across his field, some seed fell on a footpath, where it was stepped on, and the birds ate it.

○ trample [træmpl] 짓밟다, 유린하다, 밟아 뭉개다
The children trampled over my garden.
아이들이 정원을 마구 짓밟아 버렸다.

○ eat up 열중하다, 다 먹어치우다
be eaten up with success 성공에 도취해 있다.

6. 더러는 바위 위에 떨어지매 싹이 났다가 습기가 없으므로 말랐고 (7) 더러는 가시떨기 속에 떨어지매 가시가 함께 자라서 기운을 막았고

일부(Some)는 바위에 떨어졌고,/ 그리고
그것이 올라올(came +) 때,/ 그 식물(들)이 시들었다(with--)/
그것들은 수분(moi--)이 없었기(had no) 때문에.

Some fell on rock, and when it came up,
the plants withered because they had no moisture.

다른 씨앗은 가시덤불(들)(tho--) 사이에 떨어졌는데,//
(그것은) 그것과 함께 자라났다(2)/ 그리고
그 식물(들)을 질식시켰다(cho--).

Other seed fell among thorns,
which grew up with it and choked the plants.

- Other seed fell among rocks. It began to grow, but the plant soon wilted and died for lack of moisture.
- and choked out the tender plants.

○ thorn [θɔ:rn] 가시, 고통을 주는 것
○ choke [ʧouk] 질식시키다, 막히다, 억누르다

8. 더러는 좋은 땅에 떨어지매 나서 백 배의 결실을 하였느니라 이 말씀을 하시고 외치시되 들을 귀 있는 자는 들을지어다

그러나(Still) 다른 씨앗은 좋은 땅(so--)에 떨어졌다.
그것은 올라와서(2)/ 작물(cr--)을 생산하였다[내었다: yie--],/

뿌려진 것(+ so--)보다 백 배 더."
"사람(He)은// 귀(들)를 가진/ 들을,/ 그를 듣게 하라[48]."

Still[49] other seed fell on good soil. It came up
and yielded a crop,
a hundred times more than was sown[50]."
"He who has ears to hear, let him hear."

- Still other seed fell on fertile soil. This seed grew and produced a crop that was a hundred times as much as had been planted!"
  "Anyone with ears to hear should listen and understand."

○ yield [ji:ld] [농산물 등을] 산출하다, 내다, 낳다, 가져오다
○ crop [krap] 작물, 농작물, 수확, 곡물, 곡식
○ "I know it's late, still, I want to finish this work before going to bed."
(늦은 시간이긴 하지만, 잠자기 전에 이 일을 끝내고 싶다.)
"The weather was bad, still, we decided to go on the hike."
(날씨가 나쁘긴 했지만, 우리는 하이킹을 가기로 결정했다.)

□ 비유를 설명하시다 (누가복음 8:9-15)
(The meaning of the parable)

9. 제자들이 이 비유의 뜻을 물으니 (10) 이르시되 하나님 나라의 비밀을 아는 것이 너희에게는 허락되었으나 다른 사람에게는 비유로 하나니 이는 그들로 보아도 보지 못하고 들어도 깨닫지 못하게 하려 함이라

48) 그로 하여금 듣게 하라.
49) "Still"은 "그럼에도 불구하고" 또는 '하지만'의 의미를 가진 접속사이다.
50) as much as had been planted

그의 제자들은 그에게 물었습니다/
이 비유가 무엇을 의미하였는지.
"하나님 나라의 비밀(들)의 지식이[51)]/
너희에게 주어졌다(has + +),/

His disciples asked him what this parable meant.
"The knowledge of the secrets of the kingdom of God has been given to you,

그러나 다른 이들(oth--)에게/ 나는 비유(들)로 말한다(sp--),"/
그래서(2),/ '보더라도(though see--), 그들이 보지 못하고(may);
들을지라도(tho--- hea---), 그들이 이해하지 못할 것이다(may).'

but to others I speak in parables[52)]"
so that, 'though seeing, they may not see;
though hearing, they may not understand.'

- "You are permitted to understand the secrets of the Kingdom of God. But I use parables to teach the others so that the Scriptures might be fulfilled:
- 'When they look, they won't really see.
  When they hear, they won't understand.'

11. 이 비유는 이러하니라 씨는 하나님의 말씀이요 (12) 길 가에 있다는 것은 말씀을 들은 자니 이에 마귀가 가서 그들이 믿어 구원을 얻지 못하게 하려고 말씀을 그 마음에서 빼앗는 것이요

51) 하나님 나라의 비밀을 아는 것은
52) I speak with parables. (OK)

"이것이 비유의 의미이다:
그 씨앗은 하느님의 말씀이다.
저들은/ 길(pa--)을 따라(있는)/ 그 사람들(ones)이다//
(말씀을) 듣는,/ 그리고 나서(then)/ 악마(dev--)가 와서/

"This is the meaning of the parable:
The seed is the word of God.
Those along the path are the ones who hear,
and then the devil comes and

그 말씀을 빼앗아 간다(ta--- +)/ 그들의 마음(들)에서,/
그래서(2) 그들이 믿지 않고(may)/ 구원되지(+ sa--) (못한다).

takes away the word from their hearts,
so that they may not believe and be saved.

- The seed is God's word.
- The seeds that fell on the footpath represent those who hear the message, only to have the devil come and take it away from their hearts and prevent them from believing and being saved.

13. 바위 위에 있다는 것은 말씀을 들을 때에 기쁨(j--)으로 받으나 뿌리가 없어 잠깐 믿다가 시련을 당할 때에 배반하는 자요

저들은/ 바위 위에 (있는)/ 그 사람들(ones)이다//
기쁨(j--)으로 그 말씀을 받는(rec--)/ 그들이 그것을 들을 때,/

Those on the rock are the ones
who receive the word with joy when they hear it,

그러나 그들은 뿌리가 없다(+ no +).
그들은 잠시 동안(3) 믿지만,/
시련[시험]의 시간에서[53]/ 그들은 떨어진다(fall +).

but they have no root. They believe for a while,
but in the time of testing they fall away.

- The seeds on the rocky soil represent those who hear the message and receive it with joy. But since they don't have deep roots, they believe for a while, then they fall away when they face temptation.

○ fall away (수·양·크기가) 서서히 줄어들다, 사라지다
Sadly, the rocket's tip failed to fall away.
안타깝게도 (위성보호) 덮개인 페어링 한쪽이 분리되지 않았다.

14. 가시떨기에 떨어졌다는 것은 말씀을 들은 자이나 지내는 중 이생의 염려와 재물과 향락에 기운이 막혀 온전히 결실하지 못하는 자요

그 씨앗은// 가시덤불(들)(tho--) 사이에 떨어진/
저들을 나타낸다(sta--- +)// (말씀을) 듣는,/

The seed that fell among thorns
stands for those who hear,

53) 시련[시험]의 시간이 지나면

그러나 그들이 그들의 길을 가는 동안(as)
그들은 질식된다(+ cho---)/ 삶(의) 걱정(들)로,/
재물(들)(ric--), 그리고 쾌락(들)(plea--)(에 의해),/
그리고 그들은 성숙하지(mat--) 않다.

but as they go on their way they are choked
by life's worries[54], riches and pleasures,
and they do not mature[55].

- The seeds that fell among the thorns represent those who hear the message, but all too quickly the message is crowded out[56] by the cares and riches and pleasures of this life. And so they never grow into maturity.

○ stand for 나타내다, 상징하다, 대표하다
○ go on one's way 여정을 계속하다
She picked up her bag, and went on her way.
○ mature [mətjúər] 성숙하다: 충분히 발달하다; 성숙한, 숙성한,
butterflies which take two years to mature
성충이 되기까지 2년 걸리는 나비

15. 좋은 땅에 있다는 것은 착하고 좋은 마음으로 말씀을 듣고
지키어 인내로 결실하는 자니라

그러나 그 씨앗은/ 좋은 땅(so--)에 (떨어진)/
저들을 상징한다(sta--- +)/ 고귀하고(nob--) 선한 마음을 (가진),
//(그는) 그 말씀을 듣고,/

54) with life's worries (OK)
55) he does not mature. 다 자라지 않다. [동사]
he is not mature. 그는 미성숙하다. [형용사]
56) crowded out = overshadowed (가려지다) = drowned out (묻히다)

그것을 간직하고(ret--),/ 그리고 인내로써(+ persev---)/
작물(cr--)을 생산한다.

But the seed on good soil stands for those
with a noble and good heart, who hear the word,
retain it, and by persevering produce a crop.

- And the seeds that fell on the good soil represent honest, good-hearted people who hear God's word, cling to it, and patiently produce a huge harvest.

○ retain [ritéin] 유지하다, 보유하다, 가지다, 계속하다, 남겨두다
○ persevere [pə̀:rsəvíər] 인내하다, 이겨내다, 노력하다: persevere in one's efforts 끈질기게 노력하다; by persevering 끈기 있게

□ 등불은 등경 위에 (누가복음 8:16-18)
(Parable of the Lamp)

16. 누구든지 등불을 켜서 그릇으로 덮거나 평상 아래에 두지 아니하고 등경57) 위에 두나니 이는 들어가는 자들로 그 빛을 보게 하려 함이라

"아무도 등불을 켜서/ 그리고
그것을 항아리에 숨기지 않는다[숨긴다]/
또는 그것을 침대 밑에 두지 (않는다).

"No one lights a lamp and hides it in a jar
or puts it under a bed.

57) 등경: 촛대, lamp stand

대신, 그는 그것을 스탠드 위에 둔다,/ 그래서(2)/
저들은// 들어오는(2)/ 그 빛을 볼 수 있다.

Instead, he puts it on a stand, so that
those who come in can see the light.

- "No one lights a lamp and then covers it with a bowl or hides it under a bed. A lamp is placed on a stand, where its light can be seen by all who enter the house.

17. 숨은 것이 장차 드러나지 아니할 것이 없고 감추인 것이
장차 알려지고 나타나지 않을 것이 없느니라

(거기에는) 숨겨진 것이 없기에(not--- hid--)(For)//
드러나지(+ disclo--) 않을(will),/ 그리고
숨겨질게 없는(not--- conce--)// 알려지지 않을(will)/
또는 불러내지다(bro--- +)/ 공개적으로(+ the +).

For there is nothing hidden that
will not be disclosed, and
nothing concealed that will not be known
or brought out into the open[58].

- For all that is secret will eventually be brought into the open, and everything that is concealed will be brought to light and made known to all.

○ For there is nothing hidden that: For는 '이유를 설명하는 접속사'

---

58) be brought to light 알려지게 되다.

○ disclose [disklóuz] 공개하다, 밝히다, 발표하다, 드러내다, 제시하다
○ conceal [kənsíːl] [격식] 은폐하다, 숨기다, 감추다
○ bring out 출판하다, 꺼내다, 세상에 내놓다, 명백히 하다, 폭로하다;
bring out new evidence 새로운 증거를 내놓다
○ into the open 공공연하게, 공개적으로
They intend to bring their complaints out into the open.
* I wish he wouldn't talk behind our backs but bring his complaints out in the open. 공개적으로 불만(사항)을 제기하다
* It's important to bring the merger plans out into the open.
합병 계획을 공개적으로 꺼내는 것은 중요하다.

18. 그러므로 너희가 어떻게 들을까 스스로 삼가라 누구든지 있는 자는 받겠고 없는 자는 그 있는 줄로 아는 것까지도 빼앗기리라 하시니라

그러므로 주의깊게 고려하라/ 어떻게 너희가 들을지를(lis--).
누구든지(Who--) 가진 (자에게는)/ 더 받을[주어질] 것이다;
누구든지 가지지 않은 (자에게는),/ 그가 생각하는 것(wh--)조차/
그가 가진 (것으로)/ 그에게서 빼앗길(tak--) 것이다."

Therefore consider carefully how you listen.
Whoever has will be given more;
whoever does not have[59], even what he thinks
he has will be taken from him."

■ "So pay attention to how you hear. To those who listen to my teaching, more understanding will be given. But for those who are not listening, even what they think they understand will be taken away from them."

59) whoever has not,

□ 바람과 물결을 잔잔하게 하시다 (누가복음 8:22-25)
(Jesus Calms the Storm)

22. 하루는 제자들과 함께 배에 오르사 그들에게 이르시되
호수 저편으로 건너가자 하시매 이에 떠나

어느 날 예수께서 그의 제자들에게 말씀하셨다,/
"호수의 건너편(oth-- si--)으로 가자(Let's + +)."
그래서 그들은 배(bo--)에 올라타고(got +)/ 출발하였다(set +).

One day Jesus said to his disciples,
"Let's go over to the other side of the lake."
So they got into a boat and set out.

■ Let's cross to the other side of the lake."
So they got into a boat and started out.

○ set out 시작하다, 착수하다, (여행 등을) 떠나다, 출발하다
He set out to swim the English Channel. 횡단 수영을 시도했다.
I set out seeking adventure. 모험을 찾아나섰다.
So they got into a boat and set out.
○ set off 출발하다, 시작하게 하다, 폭발시키다
The newlyweds set off for their honeymoon in Bali. 떠났다.
he set off for a distant country
set the conversation off again 대화를 재개하다
○ set out / set off 의미상 차이가 없다.

23. 행선할 때에 예수께서 잠이 드셨더니 마침 광풍이 호수로
내리치매 배에 물이 가득하게 되어 위태한지라

그들이 항해하는(sai--) 중에(As),/ 그는 잠이 드셨다.
돌풍(squ--)이 호수에 내려왔다,/
그래서(2) 배가 (물에) 잠겼다(+ be--- swa---),/
그리고 그들은 큰 위험에 빠졌다[있었다].

As they sailed, he fell asleep.
A squall came down on the lake,
so that the boat was being swamped,
and they were in great danger.

- As they sailed across, Jesus settled down for a nap. But soon a fierce storm came down on the lake. The boat was filling with water, and they were in real danger.

○ squall [skwɔ:l] 돌풍(storm, tempest), 큰 소리로 울부짖다
○ swamp [swamp] 늪, 잠기다, 압도하는, 인파로 넘치는, 일이 많은

24. 제자들이 나아와 깨워 이르되 주여 주여 우리가 죽겠나이다 한 대 예수께서 잠을 깨사 바람과 물결을 꾸짖으시니 이에 그쳐 잔잔하여지더라

제자들이 가서/ 그를 깨웠다(wo--),/ 말하면서.
"주인님(Ma--), 주인님, 우리가 익사할(dro--) 것 같습니다."

The disciples went and woke him, saying,
"Master, Master, we're going to drown!"

그는 일어나서/ 꾸짖었다(reb--)/
바람과 사나운(rag--) 물결(들)(wa---)을;

폭풍우가 가라앉고(subsi--),/
그리고 모든 것이 잠잠해졌다(+ ca--).

He got up and rebuked the wind and the raging waters; the storm subsided, and all was calm.

- When Jesus woke up, he rebuked the wind and the raging waves. Suddenly the storm stopped and all was calm.

○ woke [wouk] (wake 과거) 일어났다, 의식있는, 깨달은, 각성한
○ drown [draun] 익사하다, 물에 빠지다, 잊다, 몰아내다
○ rebuke [ribjú:k] 비난하다, 꾸짖다, 심한 비난
○ raging [réidʒiŋ] 사납게 날뛰는, 격렬한, 극심한, 노발대발한.
a raging torrent 격류; a raging thirst 극심한 갈증
○ subside [səbsáid] 가라앉다, 침묵하다, 진정되다
○ all was calm = everything was calm

25. 제자들에게 이르시되 너희 믿음이 어디 있느냐 하시니 그들이 두려워하고 놀랍게 여겨 서로 말하되 그가 누구이기에 바람과 물을 명하매 순종하는가 하더라

"어디에 네 믿음이 있느냐?" 두려움과 놀라움(ama--) 속에서/
그들은 서로에게 물었다. "이 분이 누구시냐?

"Where is your faith?"
In fear and amazement they asked one another,
"Who is this?

그는 바람(들)과 물까지도 명령하시고(comm--),/
그리고 그것들이 그에게 복종한다(ob--)."

He commands even the winds[60]
and the water, and they obey him."

- The disciples were terrified and amazed.
  "When he gives a command,
  even the wind and waves obey him!"

○ amazement [əméizmənt] 놀라움

□ 예수의 옷에 손을 댄 여자 (누가복음 8:41-48)
(Jesus Heals in Response to Faith)

41. 이에 회당장인 야이로라 하는 사람이 와서
예수의 발 아래에 엎드려 자기 집에 오시기를 간구하니

그때 야이로(Jairus)라 하는 사람이,/ 회당의 지도자(ru--)인,/
와서/ 예수님(의) 발(들)에 엎드렸다,/
그에게 간청하면서(plea--- +)/ 그의 집으로 오시도록

Then a man named[61] Jairus, a ruler of the synagogue,
came and fell at Jesus' feet,
pleading with him to come to his house

- pleading with him to come home with him.

---

60) He commands even the wind and the water, OK
61) a man named Jairus (라 하는); a man called Jairus (라 불리는)

42. 이는 자기에게 열두 살 된 외딸이 있어 죽어감이러라 예수께서 가실 때에 무리가 밀려들더라

왜냐하면 그의 하나뿐인 딸,/ 약 12(살)의 소녀가,/
죽어가고(dy--) 있었기 (때문이다).
예수님이 그의 길을 가시는(+ his +) 동안(As),/
무리들이 거의(alm--) 그에게 쇄도하였다(cru--).

because his only daughter, a girl of about twelve,
was dying. As Jesus was on his way,
the crowds almost crushed him.

- His only daughter, who was about twelve years old, was dying. As Jesus went with him, he was surrounded by the crowds.

○ crush [krʌʃ] 분쇄하다, 부서지다, 으깨다, 포옹하다, 쇄도하다
crush into a bus 버스에 밀어닥치다.

43. 이에 열두 해를 혈루증으로 앓는 중에 아무에게도 고침을 받지 못하던 여자가 (44) 예수의 뒤로 와서 그의 옷 가에 손을 대니 혈루증이 즉시 그쳤더라

한 여자가 거기에 있었다//
출혈(blee--)에 시달려(subj--- +) 왔었던(had +)/
열두 해 동안,/ 그러나 아무도 그녀를 치유할 수 없었다(cou--).

And a woman was there
who had been subject to bleeding
for twelve years, but no one could heal her.

그녀가 그(him) 뒤로 다가왔다(came +)/ 그리고
그의 옷[외투: clo--]의 자락(ed--)을 (손) 대었고(tou--),/
그리고 즉시(imm--) 그녀의 출혈이 중지되었다.

She came up behind him and
touched the edge of his cloak,
and immediately her bleeding stopped.

- A woman in the crowd had suffered for twelve years with constant bleeding, and she could find no cure.
- Coming up behind Jesus, she touched the fringe of his robe. Immediately, the bleeding stopped.

○ subject to 대상이다, 해야 한다, 계획이다; 당하기(입기) 쉬운, 걸리기 쉬운, 따라야 하는, 지배를 받는, 종속된, 받아야 하는
We are subject to all kinds of temptation.
우리는 온갖 유혹을 당하기 쉽다.
○ come up 다가가다, 접근하다, 나타나다, 마련하다, 들어가다
[강·나무 등을] 오르다, [길을] 지나오다
○ cloak [klouk] 망토, 소매 없는 외투

45. 예수께서 이르시되 내게 손을 댄 자가 누구냐 하시니 다 아니라 할 때에 베드로가 이르되 주여 무리가 밀려들어 미나이다 (46) 예수께서 이르시되 내게 손을 댄 자가 있도다 이는 내게서 능력이 나간 줄 앎이로다 하신대

"누가 내게 (손을) 대었느냐?" 그들 모두가 그것을 부인했을 때,/
"주인님, 사람들이 몰려와서(+ cro--)/ 그리고
당신에 대해(ag--) 압박하고(pres--) 있습니다."

"Who touched me?" When they all denied it,
"Master, the people are crowding
and pressing against you[62]."

"누군가가 내게 (손을) 대었다; 나는 안다//
능력[힘]이 내게서 빠져나간 것을(has + +)."

"Someone touched me; I know
that power has gone out from me."

- Everyone denied it, and Peter said,
  "Master, this whole crowd is pressing up against you."
- "Someone deliberately touched me,
  for I felt healing power go out from me."

○ crowd into a room 방안으로 몰려들어가다

○ power has gone out from me [power 일반적 개념]
The political party gained power after winning the election.
He is being groomed for power. 권력자의 후보로 훈련되고 있다.
abuses of power 권력남용; a power grab 권력 장악

47. 여자가 스스로 숨기지 못할 줄 알고 떨며 나아와 엎드리어
그 손 댄 이유와 곧 나은 것을 모든 사람 앞에서 말하니 (48) 예수께서
이르시되 딸아 네 믿음이 너를 구원하였으니 평안히 가라 하시더라

그때 그 여자가,/ 알고서(see--)// 그녀는
눈에 띄지 않을 수(+ unnoti--) 없다는 (것을),/

62) pushing towards you. 당신을 밀어붙이고 있습니다.

Then the woman, seeing that[63)]
she could not go unnoticed[64)],

(벌벌) 떨며(trem--) 왔다/ 그리고 그의 발(들)에 엎드렸다.
모든 사람들 앞에서(+ the prese--- +)[65)],/ 그녀는 말했다/

came trembling and fell at his feet.
In the presence of all the people, she told

왜 그녀가 그를 (손) 대었는지(had +)/
그리고 어떻게 그녀가 즉시(insta--) 치유되었는지를(had +).
"딸아, 네 믿음이 너를 치유했다(has). 평안히 가라."

why she had touched him
and how she had been instantly healed.
"Daughter, your faith has healed you. Go in peace."

- When the woman realized that she could not stay hidden, she began to tremble and fell to her knees in front of him. The whole crowd heard her explain why she had touched him and that she had been immediately healed.

○ go unnoticed 눈에 띄지 않고 넘어가다
Without words, deeds are meaningless and go unnoticed.
말이 없으면 행동은 무의미하고 주목 받지 못한다.
○ in the presence of danger 위기에 직면하여.

63) seeing = realizing = acknowledging
64) go unnoticed = escape attention = pass by unnoticed
65) 모든 사람들이 지켜보는 가운데

□ 오천 명을 먹이시다 (누가복음 9:12-17)
(Jesus Feeds Five Thousand)

12. 날이 저물어 가매 열두 사도가 나아와 여짜오되 무리를 보내어
두루 마을과 촌으로 가서 유하며 먹을 것을 얻게 하소서
우리가 있는 여기는 빈 들이니이다

늦은 오후에/ 열두 (제자)가 그에게 다가와서/ 말하였다.
"그 무리를 보내소서[쫓아: Se-- +]/

Late in the afternoon the Twelve came to him and said,
"Send the crowd away

그래서 그들이 주변(surr--) 마을(들)(vil--)로 갈 수 있고/
그리고 시골(coun--)(로)/ 그리고 음식과 숙소(lod--)를 찾도록,/
왜냐하면 우리는 여기 외딴(rem--) 곳에 있습니다."

so they can go to the surrounding villages
and countryside and find food and lodging[66],
because we are in a remote place here."

- "Send the crowds away to the nearby villages and farms,
  so they can find food and lodging for the night.
  There is nothing to eat here in this remote place."

○ send away 쫓아내다, 쫓아보내다, 해고하다
send out (먼 곳으로) 내보내다, 파견하다.

---

66) lodging = accommodation = lodge

○ surround [səráund] 둘러싸다, 에워싸다
surround the enemy 적군을 포위하다
○ remote [rimóut] 원격의(distant), 먼, 외딴, 리모컨, 희박한
in the remote future 먼 장래에

13. 예수께서 이르시되 너희가 먹을 것을 주라 하시니 여짜오되 우리에게 떡 다섯 개와 물고기 두 마리밖에 없으니 이 모든 사람을 위하여 먹을 것을 사지 아니하고서는 할 수 없사옵나이다 하니

"너희가 그들에게 뭔가를 주어라/ 먹을 (것을)."
"우리는 단지 가지고 있습니다/
빵의 다섯 덩어리(lov--)와 물고기 두 마리를
-- 우리가 가서 음식을 사지 않는 한(unle--)/
이 모든 무리를 위해."

"You give them something to eat."
"We have only five loaves of bread and two fish--
unless we go and buy food for all this crowd."

- "Or are you expecting us to go and buy enough food for this whole crowd?"

14. 이는 남자가 한 오천 명 됨이러라 제자들에게 이르시되 떼를 지어 한 오십 명씩 앉히라 하시니 (15) 제자들이 이렇게 하여 다 앉힌 후

약 5천 명 사람들(m--)이 거기에 있었다.
"그들을 앉게 하라(Have)/ 각각 약 50명씩의 그룹(들)으로."
제자들이 그렇게 하였고,/ 그리고 모두(eve--)가 (자리에) 앉았다.

About five thousand men were there.
"Have them sit down in groups of about fifty each."
The disciples did so, and everybody sat down.

- For there were about 5,000 men there.
  "Tell them to sit down in groups of about fifty each."
- So the people all sat down.

16. 예수께서 떡 다섯 개와 물고기 두 마리를 가지사 하늘을 우러러 축사하시고 떼어 제자들에게 주어 무리에게 나누어 주게 하시니 (17) 먹고 다 배불렀더라 그 남은 조각을 열두 바구니에 거두니라

(빵) 다섯 덩어리(loa--)와 물고기 두 마리를 들고서(Tak--)/
그리고 하늘을 쳐다 보시면서(loo--- +),/
그는 감사(들)를 드리시고/ 그것들을 떼었다[깨뜨렸다].

Taking the five loaves and the two fish
and looking up to heaven,
he gave thanks and broke them.

그리곤 그는 그것들을 제자들에게 주셨습니다/
사람들 앞에 내려놓도록(set).

Then he gave them to the disciples
to set before the people.

그들은 모두 먹었고/ 만족하였다(+ satis--),/ 그리고
제자들은 열두 바구니(들)(basket---)를 (가득) 주웠다(pi-- +)/
부서진 조각(들)(pie--)의// 남겨졌던(+ left +).

They all ate and were satisfied, and
the disciples picked up twelve basketfuls
of broken pieces that were left over.

- Jesus took the five loaves and two fish, looked up toward heaven, and blessed them. Then, breaking the loaves into pieces, he kept giving the bread and fish to the disciples so they could distribute it to the people.
- They all ate as much as they wanted, and afterward, the disciples picked up twelve baskets of leftovers!

○ basketful [bǽskitfùl] 한 바구니분, 상당한 양, 한 바구니 가득
○ set before [물건·음식·술 등을] (앞에) 내놓다, [안 등을] 제시하다
set = place = position = arrange

□ 베드로의 고백, 죽음과 부활 예고 (누가복음 9:18-27)
(Peter's Declaration about Jesus and Jesus Predicts His Death)

18. 예수께서 따로 기도하실 때에 제자들이 주와 함께 있더니 물어 이르시되 무리가 나를 누구라고 하느냐 (19) 대답하여 이르되 세례 요한이라 하고 더러는 엘리야라, 더러는 옛 선지자 중의 한 사람이 살아났다 하나이다

한때(언젠가)/ 예수께서 홀로(+ priv--) 기도하고 계셨을 때/
그리고 그의 제자들이 그와 함께하였을 (때),
"그 무리들은 나를 누구라고 말하느냐(Who do)?"

Once when Jesus was praying in private
and his disciples were with him,
"Who do the crowds say I am?"

"일부(Some)는 세례자 요한이라고 말합니다;
다른 사람들(others)은 엘리야(Elijah)라고 말하고;
그리고 한편[여전히] 다른 이들은,//
선지자(들) 중의 한 사람(one)/ 오래 전의/
되돌아오신(has + +)/ 생명으로[67]."

"Some say John the Baptist; others say Elijah;
and still others, that one of the prophets
of long ago has come back to life."

- "some say John the Baptist, some say Elijah, and others say you are one of the other ancient prophets risen from the dead."

○ Baptist [bǽptist] 침례교도, 세례자; (the Baptist) 세례(자) 요한.
○ Elijah [iláidʒə] 엘리야

20. 예수께서 이르시되 너희는 나를 누구라 하느냐 베드로가 대답하여 이르되 하나님의 그리스도시니이다 하니 (21) 경고하사 이 말을 아무에게도 이르지 말라 명하시고

"그런데 너희는 어떠하나?"
"너희는 나를 누구라고 말하느냐(Who do you +)?"
"하나님의 그리스도."

67) 되살아나신

예수님은 그들을 엄격하게(stri--) 경고하셨다/
이것을 말하지 않도록/ 누구에게라도.

"But what about you?" (he asked.)
"Who do you say I am?" "The Christ of God."
Jesus strictly warned them not to tell this to anyone.

- Peter replied, "You are the Messiah sent from God!"
- Jesus warned his disciples not to tell anyone who he was.

○ strictly [stríktli] 엄격히, 철저히, 전적으로, 강력히

22. 이르시되 인자가 많은 고난을 받고 장로들과 대제사장들과 서기관들에게 버린 바 되어 죽임을 당하고 제삼일에 살아나야 하리라 하시고

"인자는 많은 일들을 고난 받아야 하고[68](mu-- suff--)/
그리고 배척[거절]당하며(+ rej--)/

"The Son of Man must suffer many things
and be rejected

장로들(eld--), 대제사장들과 율법학자들[69]로부터[의해],/
그리고 그는 반드시 죽어져야 하고/
제삼일에/ 살아나야 한다(+ rai--- + life)."

by the elders, chief priests and teachers of the law,
and he must be killed and
on the third day[70] be raised to life."

68) 인자는 많은 고난을 받아야 하고
69) teachers of the law

- He will be killed, but on the third day
  he will be raised from the dead."

23. 또 무리에게 이르시되 아무든지 나를 따라오려거든 자기를
부인하고 날마다 제 십자가를 지고 나를 따를 것이니라

"만일 누구든지(any--) 나를 따라오려면(would come +),/
그는 반드시 그 자신을 부인해야 하고/
날마다(dai--) 그의 십자가를 지고(take +)/
그리고 나를 따라와야 (한다).

"If anyone would come after me,
he must deny himself and
take up his cross daily and follow me.

- "If any of you wants to be my follower, you must give up your own way, take up your cross daily, and follow me.

24. 누구든지 제 목숨을 구원하고자 하면 잃을 것이요
누구든지 나를 위하여 제 목숨을 잃으면 구원하리라

(For) 누구든지(who--) 구하기를 원하는 (자는)/
그의 목숨을/ 그것을 잃을 것이다, 그러나
누구든지 나를 위해 그의 목숨을 잃는 (자는)/
그것을 구할 것이다.

For whoever wants to save his life
will lose it, but

---

70) the third day: OK

whoever loses his life for me will save it.

- If you try to hang on to your life, you will lose it. But if you give up your life for my sake, you will save it.

25. 사람이 만일 온 천하를 얻고도 자기를 잃든지 빼앗기든지 하면 무엇이 유익하리요

그것이 무슨 소용이냐(What + is it)/ 사람이/
온(wh--) 세상을 얻으려고(ga--),/ 그럼에도(and yet)/
그의 바로(ve--) 자신(se--)을 잃거나 상실하면(for--)?

What good is it for a man to gain the whole world, and yet lose or forfeit his very self?

- And what do you benefit if you gain the whole world but are yourself lost or destroyed?

○ What good is ~ ? 무슨 소용인가?,
○ forfeit [fɔ́:rfit] 몰수, 벌금, 상실하다
forfeit = sacrifice = abandon

26. 누구든지 나와 내 말을 부끄러워하면 인자도 자기와 아버지와 거룩한 천사들의 영광으로 올 때에 그 사람을 부끄러워하리라

만일 누구든지 나와 내 말(들)을 부끄러워하면(+ ash--- +),/
인자도 그를 부끄러워할 것이다(will + ash--- +)/

If anyone is ashamed of me and my words, the Son of Man will be ashamed of him

그가 올 때에/ 그의 영광 중에 그리고
아버지의 영광 중에/ 그리고 거룩한 천사들의.

when he comes in his glory and
in the glory of the Father and of the holy angels.

○ ashamed [əʃéimd] 부끄러워, 창피한, 수치스러운

27. 내가 참으로 너희에게 이르노니 여기 서 있는 사람 중에
죽기 전에 하나님의 나라를 볼 자들도 있느니라

어떤 이들(some)은// 여기에 서 있는
죽음을 맛보지 않을 것이다/
그들이 하나님의 나라를 보기 전에는."

some who are standing here
will not taste death
before they see the kingdom of God."

- some standing here right now will not die
  before they see the Kingdom of God."

□ 인자가 사람들의 손에 넘기시리라 (누가복음 9:43-45)
(Jesus Again Predicts His Death)

43. 그들이 다 그 행하시는 모든 일을 놀랍게 여길새 예수께서
제자들에게 이르시되 (44) 이 말을 너희 귀에 담아 두라 인자가
장차 사람들의 손에 넘겨지리라 하시되

그들은 모두 놀랐다(ama--)/ 하나님의 위대함에.
모두가(eve--) 경탄하고(marve--) 있었을 때에(Whi--)/
모든 일(all)에// 예수님이 하신,

And they were all amazed at the greatness of God.
While everyone was marveling at all that Jesus did,

"주의깊게 들어보라/
내가 너희에게 말하려고(about +) 하는 것(+ what)에:
인자는 배반당하게 될 것이다[71](going + be betr---)/
사람들(m--)의 손(들)에[속으로]."

"Listen carefully to what I am about to tell you:
The Son of Man is going to be betrayed
into the hands of men."

- Awe gripped the people as they saw this majestic display of God's power.
- "Listen to me and remember what I say.

○ marvel [má:rvəl] 경이로움, 놀라다, 경탄하다
a marvel of patience [beauty] 놀랄 만한[경이로운] 인내심[미]
○ betray [bitréi] 배신하다, 배반하다, 밀고하다, 저버리다
betray one's country (to the enemy) 조국을 (적에게) 팔다.
The Son of man is betrayed into the hands of sinners.
인자는 죄인의 손에 넘어간다.

45. 그들이 이 말씀을 알지 못하니 이는 그들로 깨닫지 못하게 숨긴 바 되었음이라 또 그들은 이 말씀을 묻기도 두려워하더라

71) 인자는 사람들의 손에 넘어갈 것이다.

그들은 이것이 무엇을 의미했는지 이해하지 못했다.
그것은 그들에게서 숨겨져 있었다(+ hid--),/ 그래서(2)
그들이 그것을 이해하지[잡지: gra--] 못했다,/ 그리고
그들은 두려워하였다(2)/ 그것에 대해 그에게 묻기를

But they did not understand what this meant.
It was hidden from them, so that
they did not grasp it, and
they were afraid to ask him about it.

- Its significance was hidden from them,
  so they couldn't understand it,

□ 하늘에서 가장 큰 사람 (누가복음 9:46-48)
(The Greatest in the Kingdom)

46. 제자 중에서 누가 크냐 하는 변론이 일어나니 (47) 예수께서
그 마음에 변론하는 것을 아시고 어린 아이 하나를 데려다가
자기 곁에 세우시고

논쟁(arg--)이 시작되었다/ 그 제자들 사이에서/ 관해서(as +)/
그들 중 누가(wh--)/ 가장 위대한가에(would).

An argument started among the disciples as to
which of them would be the greatest.

예수님은,/ 그들의 생각(들)을 아시고,/
한 어린(lit--) 아이를 데려다가/ 그리고
그를 그(him) 곁에(bes--) 서게 하셨다(had).

Jesus, knowing their thoughts, took a little child
and had him stand beside him.

- Then his disciples began arguing about which of them was the greatest[72].
- But Jesus knew their thoughts,
so he brought a little child to his side.

○ as to 관하여, ~ 에 따라서
(as to = regarding = concerning = about)
We differed as to the solution to the problem.
그 문제의 해결책에 관해서 우리는 의견을 달리했다

48. 그들에게 이르시되 누구든지 내 이름으로 이런 어린 아이를 영접하면 곧 나를 영접함이요 또 누구든지 나를 영접하면 곧 나를 보내신 이를 영접함이라 너희 모든 사람 중에 가장 작은 그가 큰 자니라

"누구든지(Who--) 이 어린[작은] 아이를 환영하면/
내 이름으로[에서]/ 나를 영접[환영]한다;/
그리고 누구든지 나를 영접하면/

"Whoever welcomes this little child
in my name welcomes me; and whoever welcomes me

72) 논쟁하고 있었다/ ~에 대해(about)/ 누가 가장 위대한지에

그 분(one)을 영접한다// 나를 보내신. 왜냐하면(For) 그는//
너희 모두 가운데 가장 작은 (자: lea--)인 -- 그는 가장 위대하다."

welcomes the one who sent me. For he who
is least among you all -- he is the greatest."

- "Anyone who welcomes a little child like this
  on my behalf welcomes me, and anyone who
  welcomes me also welcomes my Father who sent me.

○ For he who is the least among you all (더 일반적 표현)
  Last but not least, 마지막으로 (말하자면); 끝으로

□ 눈은 몸의 등불이다 (누가복음 11:33-35)

(Your eye is the lamp of your body)

33. 누구든지 등불을 켜서 움 속에나 말 아래에 두지 아니하고
등경 위에 두나니 이는 들어가는 자로 그 빛을 보게 하려 함이라

"아무도 등불을 켜서/ 그것을 둔다/ 곳(pla--)에//
그것이 숨겨질(will + hid--),/
또는 (움푹 패인) 그릇(bo--) 아래에.

"No one lights a lamp and puts it in a place
where it will be hidden, or under a bowl.

대신에 그는 그것을 그것의 받침대(sta--) 위에 놓는다,/
그래서(2) 들어오는 저들이[73]/ 빛을 볼 수 있게(may).

Instead he puts it on its stand,
so that those who come in may see the light.

- "No one lights a lamp and then hides it or puts it under a basket. Instead, a lamp is placed on a stand, where its light can be seen by all who enter the house.

34. 네 몸의 등불은 눈이라 네 눈이 성하면 온 몸이 밝을 것이요 만일 나쁘면 네 몸도 어두우리라 (35) 그러므로 네 속에 있는 빛이 어둡지 아니한가 보라

네 눈은 네 몸의 등불이다. 네 눈(들)이 좋으면(When),/
네 온 몸도 또한 빛으로 가득 찬다(full + +).

Your eye is the lamp of your body.
When your eyes are good,
your whole body also is full of light.

하지만 그것들이 나쁘면(when),
네 몸도 또한 어둠으로 가득 차 있다.
주의해라(See to it), 그러면,//
네 안에 있는 그 빛은/ 어둠이 아니다.

But when they are bad,
your body also is full of darkness.
See to it, then, that
the light within you is not darkness.

---

73) 저들이// 들어오는

- "Your eye is like a lamp that provides light for your body. When your eye is healthy, your whole body is filled with light. But when it is unhealthy, your body is filled with darkness.
- Make sure that the light you think you have is not actually darkness.

○ See to it = Ensure that = Make sure that

□ 열매 맺지 못하는 무화과 나무 비유

(누가복음 13:6-9) (Parable of the Barren Fig Tree)

6. 이에 비유로 말씀하시되 한 사람이 포도원에 무화과나무를 심은 것이 있더니 와서 그 열매를 구하였으나 얻지 못한지라

"한 사람이 무화과 나무를 가지고 있었다[가졌다],/
그의 포도원(vine--)에 심어진(plan--),/
그리고 그는 열매를 찾으러(look +) 갔다/ 그것(it)에,/
그러나 아무 것도(any) 찾지 못하였다.

"A man had a fig tree,
planted in his vineyard,
and he went to look for fruit on it,
but did not find any.

- "A man planted a fig tree in his garden and came again and again to see if there was any fruit on it, but he was always disappointed.

○ vineyard [vínjərd] 포도원, 활동의 장, 활동 범위
vine [vain] 포도나무
○ 'fruit'은 불가산 명사 (과일 전체를 나타내는 개념)
그러나 '개별적인 단위를 나타내기 위해 가산 명사로도 사용된다.'
a variety of fruits (다양한 과일), three different fruits

7. 포도원지기에게 이르되 내가 삼 년을 와서 이 무화과나무에서 열매를 구하되 얻지 못하니 찍어버리라 어찌 땅만 버리게 하겠느냐

그래서 그는 그 사람에게 말했다//
포도원을 돌보는(took c--- +),/
'3년 동안/ 지금까지(now)/
나는 열매를 찾으러(lo-- +) 오고 있다(+ been com---)/
이 무화과 나무에서/ 그리고

So he said to the man who took care of the vineyard, 'For three years now I've been coming to look for fruit on this fig tree and

(나는) 아무것도(any) 찾지 못했다(haven't). 그것을 잘라 버려라!
왜 그것이 흙을 (다) 써버려야(use +) 하는가(Why should)?'

haven't found any. Cut it down!
Why should it use up the soil?'

- Finally, he said to his gardener, 'I've waited three years, and there hasn't been a single fig! Cut it down. It's just taking up space in the garden.'

○ use up 고갈시키다, 기진 맥진케 하다, 쓸모없게 하다
(use up = consume = exhaust = deplete)

The soldiers were used up by the fighting.
군인들은 전투로 기진맥진했다.

8. 대답하여 이르되 주인이여 금년에도 그대로 두소서 내가 두루 파고 거름을 주리니 (9) 이 후에 만일 열매가 열면 좋거니와 그렇지 않으면 찍어버리소서 하였다 하시니라

" '한 해만 더(4) 그것을 내버려 두시면(3),/
내가 그(it) 주위를 파서(will d--)/
그것에 거름을 주겠습니다(ferti--).

'leave it alone for one more year,
and I'll dig around it and fertilize it.

만일 내년에 그것이 열매를 맺으면(be--),/
좋고요! 만약 아니면, 그때는 그것을 잘라 버리세요.' "

If it bears fruit next year,
fine! If not, then cut it down.' "

- "The gardener answered, 'Sir, give it one more chance. Leave it another year, and I'll give it special attention and plenty of fertilizer.
- If we get figs next year, fine. If not, then you can cut it down.'"

○ fertilize [fə́:rtəlàiz] 기름지게 하다, 비료를 주다, 수정시키다

□ 겨자씨와 누룩 비유 (누가복음 13:18-21)

(Parables of the Mustard Seed and the Yeast)

18. 그러므로 예수께서 이르시되 하나님의 나라가 무엇과 같을까 내가
무엇으로 비교할까 (19) 마치 사람이 자기 채소밭에 갖다 심은 겨자씨
한 알 같으니 자라 나무가 되어 공중의 새들이 그 가지에 깃들였느니라

"하나님의 나라는 무엇과 같은가(like)?
내가 그것을 무엇에 비교해야 할까(shall)?
그것은 겨자(mus--) 씨와 같다,// 한 사람이 가져다가(to--)/
그의 정원에 심었던(pla--).

"What is the kingdom of God like?
What shall I compare it to?
It is like a mustard seed, which a man took and
planted in his garden.

그것은 자라서 나무가 되었고,/ 그리고
공중의 새들이 그것의 나뭇가지들(bra--)에 앉았다(per--- +)."

It grew and became a tree, and
the birds of the air perched in its branches."

- How can I illustrate it?
- It is like a tiny mustard seed that a man planted in a garden; it grows and becomes a tree, and the birds make nests in its branches."

○ mustard [mʌstərd] 겨자
○ perch [pəːrʧ] 앉다, 자리잡다, 높은 곳, (사람·동물의) 쉴 곳
take one's perch [= alight on one's perch] (새가) 내려앉다.
the perch of fame 명성 있는 자리.
perched = rested = settled = roosted

20. 또 이르시되 내가 하나님의 나라를 무엇으로 비교할까 (21) 마치 여자가 가루 서 말 속에 갖다 넣어 전부 부풀게 한 누룩과 같으니라 하셨더라

"내가 하나님의 나라를 무엇에 비교해야 할까?(shall)
그것은 (마치) 누룩(yea--)과 같다// 한 여자가 가져다가/

"What shall I compare the kingdom of God to?
It is like yeast that a woman took and

많은(lar--) 양(amo--)의 밀가루(안)에 섞었다/
그것이 작용할(wo--) 때까지/
반죽 전체에 속속들이(all thro--- + dou--)."

mixed into a large amount of flour until it worked all through the dough."

- It is like the yeast a woman used in making bread. Even though she put only a little yeast in three measures of flour, it permeated every part of the dough."

○ work all through [바늘 등]을 꿰다, [법률 등] 통과시키다
We'd better work through lunch. 점심시간 동안 일하는 게 좋겠다.
○ Yeast acts on dough and makes it rise. [yeast; 불계수명사]
효모가 반죽에 작용하여 그것을 부풀게 한다.
○ dough [dou] 밀가루 반죽, 말랑한 덩어리, 돈, 현찰

throw one's dough around 돈을 낭비하다
○ permeate [pə́:rmièit] 스며들다, 퍼지다, 배어들다, 보급되다
The air is permeated with smoke. 대기는 연기로 충만해 있다
○ The flour dough swells [is rising]. 밀가루 반죽이 부풀다.

□ 잃은 양을 찾은 목자 비유 (누가복음 15:4-7)
(Parable of the Lost Sheep)

4. 너희 중에 어떤 사람이 양 백 마리가 있는데 그 중의 하나를 잃으면 아흔아홉 마리를 들에 두고 그 잃은 것을 찾아내기까지 찾아다니지 아니하겠느냐

가정해 보라(Supp--)/ 너희 중에 한 사람(one)이/
양 백 마리를 가지고 있고/ 그들 중 하나를 잃는다(라고).

"Suppose one of you
has a hundred sheep and loses one of them.

그가 내버려 두지(lea--) 않겠느냐(Does he not)/
아흔아홉 (마리를)/ 트인 들판(open country)에/
그리고 잃어버린 양을 뒤쫓아간다(go +)/
그가 그것을 찾을 때까지?

Does he not leave the ninety-nine in the open country and go after the lost sheep until he finds it?

- If a man has a hundred sheep and one of them gets lost, what will he do? Won't he leave the ninety-nine others in the wilderness and go to search for the one that is lost until he finds it?

5. 또 찾아낸즉 즐거워 어깨에 메고 (6) 집에 와서 그 벗과 이웃을 불러 모으고 말하되 나와 함께 즐기자 나의 잃은 양을 찾아내었노라 하리라

그가 그것을 찾을 때,/
그는 기쁘게(joy--) 그것을 둔다/
그의 어깨(들)에/ 그리고 집으로 간다.

And when he finds it, he joyfully puts it
on his shoulders and goes home.

그리곤 그는 그의 친구들과 이웃(들)을 함께 부른다,/
'나와 함께 기뻐하자(Rej--);
나는 나의 잃어버린 양을 찾았다(have).'

Then he calls his friends and neighbors together
'Rejoice with me; I have found my lost sheep.'

- And when he has found it,
  he will joyfully carry it home on his shoulders.
- When he arrives, he will call together his friends and neighbors, saying, 'Rejoice with me because I have found my lost sheep.'

7. 내가 너희에게 이르노니 이와 같이 죄인 한 사람이 회개하면 하늘에서는 회개할 것 없는 의인 아흔아홉으로 말미암아 기뻐하는 것보다 더하리라

같은 방법으로/
하늘에서 더 (큰) 기쁨(rej---)이 있을 것이다(there)/
한 죄인에 대한(ov--)// 회개하는(rep--)/ ~ 보다도/
아흔아홉 의로운 사람들(per--)에 대한// 회개할 필요가 없는.

in the same way
there will be more rejoicing in heaven
over one sinner who repents than
over ninety-nine righteous persons
who do not need to repent.

- In the same way, there is more joy in heaven over one lost sinner who repents and returns to God than over ninety-nine others who are righteous and haven't strayed away!

○ The news rejoiced him. 그 소식을 듣고 그는 기뻐했다
○ repent [ripént] 뉘우치다, 회개하다, 반성하다, 후회하다

□ 잃어버린 동전의 비유 (누가복음 15:8-10) (Parable of the Lost Coin)

8. 어떤 여자가 열 드라크마가 있는데 하나를 잃으면 등불을 켜고 집을 쓸며 찾아내기까지 부지런히 찾지 아니하겠느냐

"혹은 가정해보라/ 한 여자가 은화 열 개를 가지고 있고/
한 개를 잃는다고. 그녀는 등불을 켜지 않겠느냐(Does she not),/

집을 쓸고(swe--), 그리고 주의깊게 뒤지지(sea--)/
그녀가 그것을 찾을 때까지?

"Or suppose a woman has ten silver coins
and loses one. Does she not light a lamp,
sweep the house and search carefully
until she finds it?

- Won't she light a lamp and sweep the entire house and search carefully until she finds it?

9. 또 찾아낸즉 벗과 이웃을 불러 모으고 말하되 나와 함께 즐기자 잃은 드라크마를 찾아내었노라 하리라 (10) 내가 너희에게 이르노니 이와 같이 죄인 한 사람이 회개하면 하나님의 사자들 앞에 기쁨이 되느니라

그녀가 그것을 찾을 때,/
그녀는 그녀의 친구들과 이웃(들)을 함께 부른다,/
'나와 함께 기뻐하자(Rej--);
나는 나의 잃어버린 동전을 찾았다(have).'

And when she finds it,
she calls her friends and neighbors together
'Rejoice with me; I have found my lost coin.'

같은 방법으로,/ 기쁨(rej--)이 있다(there)/
하나님의 천사들 앞에서(+ the pres--- +)/
한 죄인을 두고(ov--)// 회개하는."

In the same way, (I tell you,) there is rejoicing
in the presence of the angels of God
over one sinner who repents."

- there is joy in the presence of God's angels
  when even one sinner repents."

○ in the presence of = before = in front of

□ 잃은 아들을 되찾은 아버지 비유 (누가복음 15:11-32)

(Parable of the Lost Son)

11. 또 이르시되 어떤 사람에게 두 아들이 있는데 (12) 그 둘째가 아버지에게 말하되 아버지여 재산 중에서 내게 돌아올 분깃을 내게 주소서 하는지라 아버지가 그 살림을 각각 나눠 주었더니

"두 아들을 가졌던 한 사람이 있었다(There)[74].
작은(you---) 아들(one)이 그의 아버지에게 말했다,/

"There was a man who had two sons.
The younger one said to his father,

'아버지, 재산(est--) 중의 내 몫(sha--)을 내게 주세요.'
그래서 그는 그들 가운데 그의 재산(pro--)을 나누었다(div--).

74) 한 사람이 있었다(There)// 두 아들을 가졌던

'Father, give me my share of the estate.'
So he divided his property between them.

- To illustrate the point further, Jesus told them this story: "A man had two sons.
- 'I want my share of your estate now before you die.' So his father agreed to divide his wealth between his sons.

○ estate [istéit] 재산, 소유권, 사유지, 토지, 부동산
a beautiful estate 훌륭한 저택

13. 그 후 며칠이 안 되어 둘째 아들이 재물을 다 모아 가지고
먼 나라에 가 거기서 허랑방탕하여 그 재산을 낭비하더니

그(that) 후 <u>오래지 않아</u>(+ long),/ 작은 아들이 <u>모든 것</u>(all)을 모았다(got tog--)/ 그가 가졌던,/ 먼(dis--) 나라로 출발했다(set +)/ 그리고 거기서/ <u>그의 재산(wea--)</u>을 낭비했다(squan--)/ 방탕한(wi--) 생활에.

"Not long after that,
the younger son got together all he had,
set off for a distant country and there
squandered his wealth in wild living.

- "A few days later this younger son packed all his belongings and moved to a distant land, and there he wasted all his money in wild living.

○ set off = embarked on = started out
○ squander [skwάndər] 낭비하다(waste), 헤프게 쓰다

squander one's opportunity 기회를 무익하게 하다
squander one's family fortune 가산을 탕진하다
squandered = wasted = spent recklessly

○ live [lead] a wild life 방탕한 생활을 하다
○ packed = gathered = collected
○ his wealth in wild living = his wealth on wild living

14. 다 없앤 후 그 나라에 크게 흉년이 들어 그가 비로소 궁핍한지라 (15) 가서 그 나라 백성 중 한 사람에게 붙여 사니 그가 그를 들로 보내어 돼지를 치게 하였는데

그가 모든 것(ev--)을 (다) 써버린(had sp--) 후에,/
극심한(sev--) 기근이 있었다(there)/ 그(that) 전(wh--) 나라에,/
그리고 그는 궁핍해지기(+ be + need) 시작했다.

After he had spent everything,
there was a severe famine in that whole country,
and he began to be in need.

그래서 그는 나가서/ 그 스스로 고용되고자(hir-- +)/
그(that) 나라의 한 시민에게,//(그는)
그를 그의 밭(들)으로 보냈다/ 돼지(들)를 먹이려고(fe--).

So he went and hired himself out[75]
to a citizen of that country,
who sent him to his fields to feed pigs.

- About the time his money ran out, a great famine swept over the land, and he began to starve.

75) 그 자신이 품꾼이 되었다

▪ He persuaded a local farmer to hire him, and the man sent him into his fields to feed the pigs.

○ severe [sivíər] 심각한, 무거운, 가차없는, 크게, 엄격한
○ famine [fǽmin] 기근, 기아, 굶주림
○ in need 어려움에 처한, 궁핍한[하여]
in need = needy = destitute
○ hired himself out (자신을 고용시키다) = made himself available for hire = made himself employable)
○ he went and hired himself out to a citizen of that country,
= he became employed by a citizen of that country,
○ ran out = was exhausted = was depleted

16. 그가 돼지 먹는 쥐엄 열매로 배를 채우고자 하되
주는 자가 없는지라

그는 <u>그의 배(sto--)를 채우기</u>를 갈망하였다(lon--)/ <u>쥐엄 열매</u>(pods)로// 돼지(들)가 먹고 있었던,/ 그러나 아무도 그에게 아무 것도(any--) 주지 않았다[주었다].

He longed to fill his stomach with the pods
that the pigs were eating,
but no one gave him anything.

▪ The young man became so hungry that even the pods he was feeding the pigs looked good to him.

○ long 간절히 바라다, 몹시 그리워하다, 갈망하다(yearn)
longed = yearned = craved
○ pod 누에고치, 메뚜기의 알주머니; 쥐엄 열매

17. 이에 스스로 돌이켜 이르되 내 아버지에게는 양식이 풍족한 품꾼이 얼마나 많은가 나는 여기서 주려 죽는구나

"그가 정신을 차렸을(came + his sen--) 때,
'얼마나 많은(How + +)/ 내 아버지(의) 품꾼들(hi--- m--)이/
음식을 가지고 있는가/ 여분으로(+ spa--),/
그리고 여기서/ 나는 굶어 죽을 지경이다(am star--)!

"When he came to his senses,
'How many of my father's hired men
have food to spare,
and here I am starving to death!

- 'At home even the hired servants have food enough to spare, and here I am dying of hunger!

○ father's hired men 아버지의 품꾼
○ come to one's senses 되찾다, 잠이 깨다, 의식을 회복하다
○ spare [spɛər] 예비의, 아끼다, 남은, 여가, 여분의
○ starve [sta:rv] 굶기다, 굶주리다, 굶어 죽다, 배고프다, 기아
starve to death 굶어죽다

18. 내가 일어나 아버지께 가서 이르기를 아버지 내가 하늘과 아버지께 죄를 지었사오니 (19) 지금부터는 아버지의 아들이라 일컬음을 감당하지 못하겠나이다 나를 품꾼의 하나로 보소서 하리라 하고

나는 (길을) 떠나서(will set +)/ 내 아버지께 돌아가서(go +)/
그에게 말할 것이다. 아버지,/ 저는 죄를 지었습니다(have)/
하늘에 대해(aga--) 그리고 당신에 대해(aga--).

I will set out and go back to my father
and say to him: Father,
I have sinned against heaven and against you.

나는 더 이상 자격이 없습니다(wor--)/
당신의 아들이라 불릴;
당신의 품꾼들의 하나처럼 나를 삼아[만들어] 주소서.'

I am no longer worthy to be called your son;
make me like one of your hired men.'

- I will go home to my father and say,
  "Father, I have sinned against both heaven and you,
- and I am no longer worthy of being called your son.
  Please take me on as a hired servant."

○ set out = embark on = commence

20. 이에 일어나서 아버지께로 돌아가니라 아직도 거리가 먼데
아버지가 그를 보고 측은히 여겨 달려가 목을 안고 입을 맞추니

그래서 그는 일어나서/ 그의 아버지에게 갔다. "그러나
그가 여전히 멀리 떨어져(lo-- w-- +) 있음에도(whi--),/
그의 아버지가 그를 보고,/
그에 대한 동정심(com--)으로 가득찼다(was +);

So he got up and went to his father.
"But while he was still a long way off,
his father saw him and
was filled with compassion for him;

그는 그의 아들에게 달려가서,/
그의 팔(들)을 던졌다(thr--)/ 그(him) 주위에[76]/
그리고 그에게 입을 맞추었다.

he ran to his son, threw his arms
around him and kissed him.

- "So he returned home to his father.
- Filled with love and compassion,
  he ran to his son, embraced him, and kissed him.

○ long way off 멀리 떨어져, 아직 한참 멀은, 아직 많이 남은
Scientists are still a long way off finding a cure.
과학자들이 치유법을 발견하려면 아직 한참 멀었다.
a long way off = far in the distance = at a considerable distance
○ throw one's arms around another's neck 남의 목을 끌어안다.
threw his arms around him = he embraced him tightly = hugged him

21. 아들이 이르되 아버지 내가 하늘과 아버지께 죄를 지었사오니
지금부터는 아버지의 아들이라 일컬음을 감당하지 못하겠나이다 하나
(22) 아버지는 종들에게 이르되 제일 좋은 옷을 내어다가 입히고
손에 가락지를 끼우고 발에 신을 신기라

'아버지, 저는 하늘과 당신에게 죄를 지었습니다.
저는 더 이상 당신의 아들이라고 불릴 자격[가치]이 없습니다.'

'Father, I have sinned against heaven and against you.
I am no longer worthy to be called your son.'

76) 그는 아들에게 달려가서 그를 안아주고 입을 맞추었다.

'어서(Qu--)! 가장 좋은 옷(ro--)을 가져와서/
그것을 그에게 입혀라.
그의 손가락에 반지를 끼우고/
그의 발(들)에는 샌들을 (신겨라).

'Quick! Bring the best robe and put it on him.
Put a ring on his finger and sandals on his feet.

- 'Quick! Bring the finest robe in the house and put it on him.
  Get a ring for his finger and sandals for his feet.

○ robe [roub] 옷, 예복, 가운, 무릎 덮개

23. 그리고 살진 송아지를 끌어다가 잡으라 우리가 먹고 즐기자 (24) 이 내 아들은 죽었다가 다시 살아났으며 내가 잃었다가 다시 얻었노라 하니 그들이 즐거워하더라

살진(fatt--) 송아지(ca--)를 끌어와서(Bri--)/
그것을 잡아라[죽여라].
잔치(fea--)를 마련하고(Let's ha--)/ 축하하자(cele--).

Bring the fattened calf and kill it.
Let's have a feast and celebrate.

이는(For) 이 아들은/ 나의(of +)/ 죽었다가(was +)/
다시 살아났고(is +); 그는 잃었다가/ 찾아졌다(is +).'
그래서 그들은 축하하기(cele--) 시작했다.

For this son of mine was dead and is alive again;
he was lost and is found.' So they began to celebrate.

- And kill the calf we have been fattening.
  We must celebrate with a feast,
- for this son of mine was dead and has now returned to life.
  He was lost, but now he is found.' So the party began.

○ fatten [fǽtn] 살찌우다, 살찌다, 비육하다
He's very thin after his illness but we'll soon fatten him up.
그는 병을 앓고 나서 몹시 말랐는데 우리가 곧 살찌게 할 것이다

25. 맏아들은 밭에 있다가 돌아와 집에 가까이 왔을 때에 풍악과 춤추는 소리를 듣고 (26) 한 종을 불러 이 무슨 일인가 물은대

"그 동안(Mean--), 큰(older) 아들은 들판에 있었다.
그가 집 근처에 왔을 때,/ 그는 음악과 춤을 들었다(hea--).

"Meanwhile, the older son was in the field.
When he came near the house,
he heard music and dancing.

그래서 그는 하인들 중 한 명(one)을 불러서/
그에게 무슨 일이 있었냐고 물었다.

So he called one of the servants and
asked him what was going on.

- "Meanwhile, the older son was in the fields working.

When he returned home, he heard music and dancing in the house,

- and he asked one of the servants what was going on.

27. 대답하되 당신의 동생이 돌아왔으매 당신의 아버지가 건강한 그를 다시 맞아들이게 됨으로 인하여 살진 송아지를 잡았나이다 하니 (28) 그가 노하여 들어가고자 하지 아니하거늘 아버지가 나와서 권한대

'당신의 아버지가 살진 송아지를 잡았습니다(has +)/
그가 그를 되찾았기(has + +) 때문에/
안전하고 무사하게(sou--).'

'and your father has killed the fattened calf
because he has him back safe and sound.'

"형(older +)은 화가 나서(bec--- +)/
들어가기(go +)를 거절하였다.
그래서 그의 아버지는 나가서(2)/
그를 설득[간청]하였다(ple--- +).

"The older brother became angry
and refused to go in.
So his father went out and pleaded with him.

- 'Your brother is back,' he was told, 'and your father has killed the fattened calf. We are celebrating because of his safe return.'
- "The older brother was angry and wouldn't go in. His father came out and begged him,

○ he has him back safe and sound. = he has his return safe and sound. = he has him home safe and sound.
○ sound [saund] [신체·정신 등이] 건전[건강]한
A sound mind in a sound body. 건강한 신체에 건전한 정신
[물건이] 완전한, 손상되지[썩지] 않은
sound bones 튼튼한 뼈 / a sound building 튼튼한 건물

29. 아버지께 대답하여 이르되 내가 여러 해 아버지를 섬겨 명을 어김이 없거늘 내게는 염소 새끼라도 주어 나와 내 벗으로 즐기게 하신 일이 없더니

'보소서! 이들 모든 세월 (동안)/
나는 당신을 위해 노예(처럼) 살아왔습니다(have + slaving)/

'Look! All these years
I've been slaving for you

그리고 거역한(disob--) 적이 없었습니다(never)/
당신의 지시(들)(ord--)를./ 하지만(Yet)/
당신은 나에게 결코 주지 않았습니다/ 어린(you--) 염소조차도/
그래서 내가 나의 친구들과 함께 축하할 수 있도록(could).

and never disobeyed your orders.
Yet you never gave me even a young goat
so I could celebrate with my friends.

- 'All these years I've slaved for you and never once refused to do a single thing you told me to. And in all that time you never gave me even one young goat for a feast with my friends.

○ disobey [dìsəbéi] 복종하지 않다, 위반하다, 거역하다
○ a single thing you told me. (OK)

30. 아버지의 살림을 창녀들과 함께 삼켜 버린 이 아들이 돌아오매 이를 위하여 살진 송아지를 잡으셨나이다 (31) 아버지가 이르되 얘 너는 항상 나와 함께 있으니 내 것이 다 네 것이로되

그러나 ~ 때에/ <u>이 아들이/ 당신의</u>(of +)//
<u>당신의 재산</u>(pro--)을 탕진한(+ squan--)/ 창녀들(pros--)과/
집으로 온 (때에),/

But when this son of yours
who has squandered your property with prostitutes
comes home,

당신은 <u>그를 위해</u> 살진 송아지를 잡았다[죽이다]!'
'너는 항상 나와 함께 있고,/
그리고 내가 가진 <u>모든 것</u>(eve--)은 너의 것이다.

you kill the fattened calf for him!'
'you are always with me,
and everything I have is yours.

- Yet when this son of yours comes back after squandering your money on prostitutes, you celebrate by killing the fattened calf!'
- <u>you have always stayed by me</u>, and everything I have is yours.

○ prostitute [prɑ́stətjù:t] 매춘부, 매춘하다, 창녀

○ you have always stayed by me, (내 곁에)
you have always stayed with me, (나와 함께)

32. 이 네 동생은 죽었다가 살아났으며 내가 잃었다가 얻었기로 우리가 즐거워하고 기뻐하는 것이 마땅하다 하니라

그러나 우리는 축하하고 기뻐해야(+ gl--) 한다(had),/
왜냐하면 이 형제는/ 너의(of +)/ 죽었고/ 다시 살아났다(is ali--);
그는 잃었다가/ 찾아졌다(is +).' "

But we had to celebrate and be glad,
because this brother of yours was dead and is alive again; he was lost and is found.' "

- We had to celebrate this happy day.
  For your brother was dead and has come back to life!

□ 하나님의 나라는 너희 안에 있다

(누가 17:20-21, 25, 33-34)

(The Kingdom of God is within you.)

20. 바리새인들이 하나님의 나라가 어느 때에 임하나이까 묻거늘 예수께서 대답하여 이르시되 하나님의 나라는 볼 수 있게 임하는 것이 아니요

한번은, 바리새인들에 의해 물었을 때(having + ask--)/
하나님의 나라가 언제 오느냐고(would +),/

"하나님의 나라는 오지 않는다/
너희의 주의 깊은[세심한] 관찰(obser--)로,

Once, having been[77] asked by the Pharisees
when the kingdom of God would come,
"The kingdom of God does not come
with your careful observation[78],

- One day the Pharisees asked Jesus,
  "When will the Kingdom of God come?"
  "The Kingdom of God can't be detected by visible signs.

○ Once, having been asked by the Pharisees
when the kingdom of God would come,
= When the Pharisees asked Jesus about the timing of the kingdom of God's arrival,

21. 또 여기 있다 저기 있다고도 못하리니 하나님의 나라는
너희 안에 있느니라 (25) 그러나 그가 먼저 많은 고난을 받으며
이 세대에게 버린 바 되어야 할지니라

사람들이 말하지 않을 것이다(nor will),/
'여기 있어요.' 또는 '저기 있어요,'/
하나님의 나라가 너희 안에 있기 때문이다."
하지만 먼저/ 그는 많은 일들을 겪어야(suff--) 하고/
이 세대에 의해 버림받아야(rej--) 한다.

nor will people say, 'Here it is,' or 'There it is,'

77) 설명 (부록 참조)
78) careful observation = cautious observation = meticulous observation

because the kingdom of God is within you."
But first he must suffer many things
and be rejected by this generation.

- You won't be able to say, 'Here it is!' or 'It's over there!' For the Kingdom of God is already among you."
- But first the Son of Man must suffer terribly and be rejected by this generation.

33. 무릇 자기 목숨을 보전하고자 하는 자는 잃을 것이요 잃는 자는 살리리라 (34) 내가 너희에게 이르노니 그 밤에 둘이 한 자리에 누워 있으매 하나는 데려감을 얻고 하나는 버려둠을 당할 것이요

누구든지 그의 목숨을 지키려 노력하는 (자는)/
그것을 잃을 것이고,/
누구든지 그의 목숨을 잃는 (자는)/
그것을 보존할(pre--) 것이다.

Whoever tries to keep his life will lose it,
and whoever loses his life will preserve it.

그날(that) 밤에/ 두 사람(들)이 한 침대에 (누워) 있을 것이며;
한 사람(one)은 끌려갈(tak--) 것이고/
다른 한 사람은 남겨질 (것이다).

on that night two people will be in one bed;
one will be taken and the other left.

- If you cling to your life[79], you will lose it,

and if you let your life go, you will save it.

- That night two people will be asleep in one bed; one will be taken, the other left.

○ preserve [prizə́:rv] 보존/유지/보호하다. 지키다, 보전하다
○ cling to your life = hold onto your life = grasp onto your life
○ if you let your life go = if you release your life
= if you surrender your life

□ 과부와 재판장 비유 (누가복음 18:1-8)
(Parable of the Persistent Widow)

1. 예수께서 그들에게 항상 기도하고 낙심하지 말아야 할 것을 비유로 말씀하여

그러자 예수님은 그의 제자들에게 비유를 말씀하셨다/
그들에게 보여주려고// 그들은 항상 기도해야 한다(sho---)/
그리고 포기하지 말아야 (한다).

Then Jesus told his disciples a parable
to show them that they should always pray
and not give up[80].

2. 이르시되 어떤 도시에 하나님을 두려워하지 않고 사람을 무시하는 한 재판장이 있는데 (3) 그 도시에 한 과부가 있어 자주 그에게 가서 내 원수에 대한 나의 원한을 풀어 주소서 하되

79) 만약 너희가 삶에 고수하면,
80) not to give up. (OK)

"어느(cer--) 마을에/ 한 재판관이 있었다(there)//
하나님을 두려워하지도 않았고(neither)/
사람들(m--)에게 관심 갖지도(ca--- ab--) 않았던(nor).

"In a certain town there was a judge
who neither feared God nor cared about men.

그리고 한 과부(wid--)가 있었다(there)/ 그(that) 마을에//
계속(ke--) 그에게 (찾아)왔다/ 간청하며(+ the pl--),/
'내게 정의를 내려주소서(Gra--)/ 내 적(adver--)에 대해(ag--).'

And there was a widow in that town
who kept coming to him with the plea,
'Grant me justice against my adversary.'

- A widow of that city came to him repeatedly, saying, 'Give me justice in this dispute with my enemy.'

○ care about 마음을 쓰다, 관심을 가지다
○ plea [pli:] 탄원. 호소, 답변, 진술
○ grant [grænt] 부여하다, 주다, 보조금, 허가하다, 승인하다
○ dispute [dispjú:t] 분쟁, 논쟁, 문제, 갈등, 쟁의

4. 그가 얼마 동안 듣지 아니하다가 후에 속으로 생각하되
내가 하나님을 두려워하지 않고 사람을 무시하나

"얼마 동안/ 그는 거절했다. 그러나 마침내(fin--)/
그는 스스로에게 (이렇게) 말했다,/
'비록(2) 나는 하나님을 두려워하지 않을지라도/
또는 사람들(m--)을 돌보지도(+ +),

"For some time he refused. But finally he said to himself, 'Even though I don't fear God or care about[81] men,

- The judge ignored her for a while, but finally he said to himself,

5. 이 과부가 나를 번거롭게 하니 내가 그 원한을 풀어 주리라 그렇지 않으면 늘 와서 나를 괴롭게 하리라 하였느니라

그러나 이 여자가 나를 미치게 하고 있다(dri--- + cr---). 나는 살펴보려고 한다(+ go--- + see)// 그녀가 정당한 판결(jus--)을 받는지(ge--),/

but this woman is driving me crazy.
I'm going to see that she gets justice,

왜냐하면 그녀가 나를 지치게(+ wea--- + +) 한다/ 그녀의 끊임없는(cons--) 요청(req--)으로!"

because she is wearing me out
with her constant requests!'" (NLT)

- yet because this widow keeps bothering me,
  I will see that she gets justice, so that
  she won't eventually wear me out with her coming!' (NIV)

○ get justice 공정한[정당한] 판결[대접]을 받다; 원한이 풀리다

81) care about 신경쓰다, 관심갖다, 걱정하다: I really care about my friends' well-being. (안녕을 걱정한다): She doesn't seem to care about the opinions of others. (의견에 관심이 없는 것 같다.)

That's a lot of women who don't get justice.
(A lot of women don't get justice)
많은 여성들이 공정한 판결을 받지 못하고 있다.

○ wear out (낡아서) 떨어지다[떨어뜨리다], 못쓰게 되다, 지치다

6. 주께서 또 이르시되 불의한 재판장이 말한 것을 들으라 (7) 하물며 하나님께서 그 밤낮 부르짖는 택하신 자들의 원한을 풀어 주지 아니하시겠느냐 그들에게 오래 참으시겠느냐

"부정직한(unj--) 재판관이 말하는 것을 들어라. 그리고
하나님이 정의를 가져다(br--- ab--) 주지 않을까(will not God)/
그의 선택된 자들(ones)에게,

"Listen to what the unjust judge says.
And will not God bring about justice for his chosen ones,

// 그에게 부르짖는(c-- +)/ 밤낮으로?
그가 그들에게 계속 연기할[82] 것인가(Will he)?
(keep pu--- them +)

who cry out to him day and night?
Will he keep putting them off?

- "Learn a lesson from this unjust judge.
- Even he rendered a just decision in the end.
- So don't you think God will surely give justice to his chosen people who cry out to him day and night?

82) 'Put off (= delay): 하나님께서 'delay'하실 거라는 의미는 '오래 참으실거라'는 의미로 볼 수 있다.

○ bring about justice 원한을 풀어주다; 원수를 갚아주다; 정의를 이루다
○ put off 연기하다, 출항하다
○ He put off coming here until Sunday.
○ 그는 여기에 오는 것을 일요일까지 연기했다.
○ They put off in a fishing boat. 그들은 어선을 타고 나갔다.

8. 내가 너희에게 이르노니 속히 그 원한을 풀어 주시리라
그러나 인자가 올 때에 세상에서 믿음을 보겠느냐 하시니라

그는 살펴볼(see) 것이다//
그들이 정당한 판결(jus--)을 받는지,/
그리고 빠르게(qu--). 그러나(H--), 인자가 오시면(when),/
그가 세상[땅]에서 믿음을 찾을 수 있겠느냐(will he)?"

he will see that they get justice, and quickly.
However, when the Son of Man comes,
will he find faith on the earth?"

- he will grant justice to them quickly!
- how many will he find on the earth who have faith?"

○ on the earth 세상[땅]에서

□ 바리새인과 세리 비유 (누가복음 18:9-14)
(Parable of the Pharisee and Tax Collector)

9. 또 자기를 의롭다고 믿고 다른 사람을 멸시하는 자들에게
이 비유로 말씀하시되 (10) 두 사람이 기도하러 성전에 올라가니
하나는 바리새인이요 하나는 세리라

사람들(so--)에게// 확신하였던(+ confi--- +)/
그들 자신의 의로움(rig--)을/ 그리고
다른 모든 사람(eve--- else)을[에] 깔보던(loo--- +),/

To some who were confident of their own righteousness and looked down on everybody else,

두 남자가 기도를 하러 성전에 올라갔는데,/
하나는 바리새인이고,/ 다른 하나는 세금 징수원(이었다).

"Two men went up to the temple to pray,
one a Pharisee and the other a tax collector.

- Then Jesus told this story to some who had great confidence in their own righteousness and scorned everyone else:
- the other was a despised tax collector.

○ looked down on everybody, (OK)

11. 바리새인은 서서 따로 기도하여 이르되 하나님이여
나는 다른 사람들 곧 토색, 불의, 간음을 하는 자들과
같지 아니하고 이 세리와도 같지 아니함을 감사하나이다

바리새인은 일어서서(st--- +)/ 그 자신에 대해 기도했다:
'하나님, 저는 당신에게 감사합니다//
나는 다른 사람들(m--)과 같지 않습니다 -- 강도(들),
악인(들)(evil--), 간통자(들), -- 또는 심지어 이 세금 징수원과 같은.

The Pharisee stood up and prayed about himself:
'God, I thank you that
I am not like other men--robbers,
evildoers, adulterers--or even like this tax collector.

- The Pharisee stood by himself and prayed this prayer:
- I'm certainly not like that tax collector!

○ evildoer. 악한, 악행자, 악인

12. 나는 이레에 두 번씩 금식하고 또 소득의 십일조를 드리나이다 하고 (13) 세리는 멀리 서서 감히 눈을 들어 하늘을 쳐다보지도 못하고 다만 가슴을 치며 이르되 하나님이여 불쌍히 여기소서 나는 죄인이로소이다 하였느니라

나는 일주일에 두 번 금식을 하고/ 내가 가진(get) 모든 것(all)의 10분의 1(ten--)을 드립니다.' "하지만 세금 징수원은 거리를 두고(+ a dis--) 서 있었다.

I fast twice a week and give a tenth of all I get.'
"But the tax collector stood at a distance.

그는 하늘을 우러러보지도(even + up) 못하고(would +)/ 그러나 그의 가슴(br--)을 쳤다(be--),/ '하나님, 나에게 자비를 베푸소서(have), 죄인인,'

He would not even look up to heaven,
but beat his breast,
'God, have mercy on me, a sinner.'

- I fast twice a week, and I give you a tenth of my income.'
- and dared not even lift his eyes to heaven as he prayed. Instead, he beat his chest in sorrow, saying, 'O God, be merciful to me, for I am a sinner.'

14. 내가 너희에게 이르노니 이에 저 바리새인이 아니고 이 사람이 의롭다 하심을 받고 그의 집으로 내려갔느니라 무릇 자기를 높이는 자는 낮아지고 자기를 낮추는 자는 높아지리라 하시니라

"이 사람은, 다른 사람(other)보다(rather +),/
집으로 (돌아)갔다/ 의롭게 여김을 받고(justi--)/ 하나님 앞에서.

"this man, rather than the other,
went home justified before God.

(For) 누구든지(eve---)// 그 자신을 높이는(exa--) (자는)/
낮아질(hum--) 것이고,/ 그리고 그(he)는//
그 자신을 낮추는(hum--) (자는)/ 높아질(exa--) 것이다."

For everyone who exalts himself will be humbled,
and he who humbles himself will be exalted."

- this sinner, not the Pharisee, returned home justified before God.
  For those who exalt themselves will be humbled, and those who humble themselves will be exalted."

○ went home 집으로 돌아갔다. came home 집으로 돌아왔다.

□ 가이사에게 바치는 세금 (누가복음 20:22-26)

(Taxes for Caesar)

22. 우리가 가이사에게 세를 바치는 것이 옳으니이까
옳지 않으니이까 하니 (23) 예수께서 그 간계를 아시고 이르시되

우리가 세금(들)을 내는 것이 맞습니까(Is it)/
가이사(Caesar)에게/ 아닙니까?"
그는 그들의 이중성(dupli--)을 간파하시고(saw thro--)/
그들에게 말씀하셨다.

Is it right for us to pay taxes to Caesar or not?"
He saw through their duplicity and said to them,

- He saw through their trickery and said,

○ Caesar [sí:zər] 시저, 카이사르, 로마 황제
○ duplicity [dju:plísəti] 불성실, 표리부동, 표리가 있음
○ see through 꿰뚫어 보다, 간파하다, 끝까지 지켜보다
She could see through my heart.
그녀는 내 마음을 꿰뚫고 있었다

24. 데나리온 하나를 내게 보이라 누구의 형상과 글이 여기 있느냐
대답하되 가이사의 것이니이다 (25) 이르시되 그런즉 가이사의 것은
가이사에게, 하나님의 것은 하나님께 바치라 하시니

"나에게 데나리온(denarius) 하나를 보이라.
누구의(Whose) 초상화(port--)와 비문(inscri--)이/
그(it) 위에 있느냐?"

"Show me a denarius.
Whose portrait and inscription are on it?"

"가이사(의) (것은)"
"그러면 가이사(의) 것(what)은 가이사[시저]에게 주고,/
그리고 하나님(의) 것은 하나님에게."

"Caesar's," "Then give to Caesar what is Caesar's,
and to God what is God's."

- "Show me a Roman coin. Whose picture and title are stamped on it?" "Caesar's," they replied.
- "give to Caesar what belongs to Caesar, and give to God what belongs to God."

○ portrait [pɔ́:rtrit] 초상화, 사진, 인물화
○ inscription [inskrípʃən] (새겨진) 비문, 글귀, 말, 표석

26. 그들이 백성 앞에서 그의 말을 능히 책잡지 못하고
그의 대답을 놀랍게 여겨 침묵하니라

그들은 그를 함정에 빠뜨릴(tr-- him +) 수 없었다(unable)/
그가 거기서 말했던 것에/ 공개적으로(+ pub--). 그리고
그의 대답에 놀라서(aston-- +),/ 그들은 침묵했다(bec-- sil--).

They were unable to trap him in
what he had said there in public. And
astonished by his answer, they became silent.

- So they failed to trap him by what he said in front of the people. Instead, they were amazed by his answer, and they became silent.

○ There is some truth in what he says.
그의 말에는 다소의 진리가 있다.
in what capacity 어떤 직책/직급으로, 어떤 역할을 하면서
○ trap him in a box; trap him in a car 가두다
○ in public 공개적으로

□ 부활 논쟁 (누가복음 20:27-36)
(Discussion about Resurrection)

27. 부활이 없다고 주장하는 사두개인 중 어떤 이들이 와서 (28)
물어 이르되 선생님이여 모세가 우리에게 써 주기를 만일 어떤
사람의 형이 아내를 두고 자식이 없이 죽으면 그 동생이
그 아내를 취하여 형을 위하여 상속자를 세울지니라 하였나이다

사두개인들(Sadducees) 중 일부(So--)는,// 말하는/
부활(resur--)이 없다고(there),/ 질문을 가지고 예수에게 왔다.
"모세는 우리에게 (글을) 썼다//

Some of the Sadducees, who say
there is no resurrection, came to Jesus with a question.
"Moses wrote for us that

만약 한 남자(의) 형제가 죽고/ 아내를 남겨두고(lea--)/
그러나 아이들이 없다면(no +),/
그 남자는 그 과부와 반드시 결혼을 하고/ 그리고
그의 형제를 위해 아이들을 낳아야[가져야] 한다고.

if a man's brother dies and leaves a wife
but no children,
the man must marry the widow
and have children for his brother.

- Then Jesus was approached by some Sadducees--religious leaders who say there is no resurrection from the dead.
- They posed this question: "Teacher, Moses gave us a law that if a man dies, leaving a wife but no children, his brother should marry the widow and have a child who will carry on the brother's name.

○ resurrection [rèzərékʃən] 부활, 되살아남, 재생

29. 그런데 칠 형제가 있었는데 맏이가 아내를 취하였다가 자식이 없이 죽고 (30) 그 둘째와 셋째가 그를 취하고 (31) 일곱이 다 그와 같이 자식이 없이 죽고

당시에(Now) 일곱 명의 형제가 있었다(there).
첫 번째 사람(one)은 한 여자와 결혼했고/ 아이 없이(1) 죽었다.

Now there were seven brothers.
The first one married a woman and died childless.

둘째와 그리곤 셋째는 그녀와 결혼했고,/ 그리고 같은 방식으로/ 일곱 명이 죽었다,/ 자식들을 남기지 않고(lea-- no +).

The second and then the third married her,
and in the same way the seven died, leaving no children.

- Well, suppose there were seven brothers.
  The oldest one married and then died without children.
- So the second brother married the widow,
  but he also died.
- Then the third brother married her. This continued
  with all seven of them, who died without children.

32. 그 후에 여자도 죽었나이다 (33) 일곱이 다 그를 아내로 취하였으니 부활 때에 그 중에 누구의 아내가 되리이까 (34) 예수께서 이르시되 이 세상의 자녀들은 장가도 가고 시집도 가되

마침내(Fin--), 그 여자도 죽었다.
이제 그러면,/ 부활할 때[부활에서]//
누구의(whose) 아내가/ 그녀는 될 것인가(will + +),/

Finally, the woman died too.
Now then, at the resurrection
whose wife will she be,

왜냐하면(sin--) 일곱 (명)이/
그녀에게 결혼했으므로(were +)?"
"이 시대(age)의 사람들은 결혼을 하고/
시집을 간다[결혼에 주어진다].

since the seven were married to her?" (Jesus replied,)
"The people of this age marry and are given in marriage.

- Finally, the woman also died.
- So tell us, whose wife will she be in the resurrection?

For all seven were married to her!"

▪ "Marriage is for people here on earth.

○ be given in marriage 시집 보내다, 사위로 주다
give one's daughter in marriage
딸을 시집보내다, 딸을 출가시키다

35. 저 세상과 및 죽은 자 가운데서 부활함을 얻기에
합당히 여김을 받은 자들은 장가 가고 시집 가는 일이 없으며

그러나 저들은// 자격이 (있다고) 여겨지는(+ cons--- wor--- +)/
그(that) 시대(age)에 참여할(tak--- pa--)/ 그리고

But those who are considered worthy of
taking part in that age and

죽은 자로부터[83)] 부활에서는/
결혼하지도 않을 것이며(will neither)/
시집가지도 않을 것이다(nor + giv-- + marr--),

in the resurrection from the dead
will neither marry nor be given in marriage,

▪ But in the age to come, those worthy of being raised from the dead will neither marry nor be given in marriage.

36. 그들은 다시 죽을 수도 없나니 이는 천사와 동등이요
부활의 자녀로서 하나님의 자녀임이라

83) 죽음에서 [죽은 상태로부터]

그리고 그들은 더 이상 죽을 수 없다(can);
그들은 천사(들)와 같기 때문이다(for).
그들은 하나님(의) 자녀들이다,/
그들은 부활의 자녀들이므로(since).

and they can no longer die;
for they are like the angels.
They are God's children,
since they are children of the resurrection.

- And they will never die again. In this respect they will be like angels. They are children of God and children of the resurrection.

□ 가난한 과부의 헌금 (누가복음 21:1-4)
(The Widow's Offering)

1. 예수께서 눈을 들어 부자들이 헌금함에 헌금 넣는 것을 보시고 (2) 또 어떤 가난한 과부가 두 렙돈 넣는 것을 보시고 (3) 이르시되 내가 참으로 너희에게 말하노니 이 가난한 과부가 다른 모든 사람보다 많이 넣었도다

그가 (눈을 들어) 쳐다 볼(loo--- +) 때 (As),/
예수님이 보셨다/ 부자(the +)가/
그들의 선물(들)을 성전 헌금함(trea--)(속)에 넣는 것을.

As he looked up[84], Jesus saw the rich
putting their gifts into the temple treasury.

그는 또한 보았다/ 가난한 과부가 두 (개의) 아주 작은 구리 동전(들)을 넣는 것을.

He also saw a poor widow
put in two very small copper coins.

"이 불쌍한[가난한] 과부는/ 넣었다(has put +)/ 다른 모든 이들(all + oth---) 보다도 더 (많이)

"this poor widow has put in
more than all the others.

- While Jesus was in the Temple, he watched the rich people dropping their gifts in the collection box.
- Then a poor widow came by and dropped in two small coins.
- "this poor widow has given more than all the rest of them.

○ look up 올려다보다[쳐다보다]
○ treasury [tréʒəri] 재무부, 국채, 금고주, 귀중품실, 귀중품함

4. 저들은 그 풍족한 중에서 헌금을 넣었거니와 이 과부는 그 가난한 중에서 자기가 가지고 있는 생활비 전부를 넣었느니라 하시니라

84) 눈을 들면서

이들 모든 사람들은/ 그들의 선물(들)을 주었다/
그들의 재산(wea--)으로부터(out +);
그러나 그녀는/ 그녀의 가난(pove--)으로부터/
모든 것(all)을 넣었다/ 그녀가 살아가려고(live +) 가졌던."

All these people gave their gifts out of their wealth;
but she out of her poverty put in all she had to live on."

- For they have given a tiny part of their surplus,
  but she, poor as she is, has given everything she has."

○ poverty [pάvərti] 빈곤, 가난

□ 베드로가 부인할 것을 이르시다

(누가복음 22:31-34) (Jesus Predicts Peter's Denial)

31. 시몬아, 시몬아, 보라 사탄이 너희를 밀 까부르듯 하려고 요구하였으나 (32) 그러나 내가 너를 위하여 네 믿음이 떨어지지 않기를 기도하였노니 너는 돌이킨 후에 네 형제를 굳게 하라

"시몬아, 시몬아, 사탄이 요구했다(has)/
너를 (체로) 걸러내라고(sift)/ 밀(whe--)같이.
하지만 내가 너를 위해 기도했다(have), 시몬아,//
너의 믿음이 떨어지지(fa--) 않기를(may). 그리고

"Simon, Simon, Satan has asked to sift you as wheat.
But I have prayed for you, Simon, that
your faith may not fail. And

네가 되돌아 왔을(have tur-- +) 때,/
너의 형제들을 <u>굳게[강하게] 하라</u>(stren--)."

when you have turned back,
strengthen your brothers."

- "Simon, Simon, Satan has asked to sift each of you like wheat.
- But I have pleaded in prayer for you, Simon, that your faith should not fail. So when you have repented and turned to me again, strengthen your brothers."

○ sift [sift] 조사하다, 체로 걸러내다, 가려내다
sift out the stones from the soil
흙을 체로 쳐서 돌을 가려내다.
○ fail [수확·비·공급] 부족하다, 없어지다; 결핍되다
fail in courtesy 예의가 없다[어긋나다]

33. 그가 말하되 주여 내가 주와 함께 옥에도, 죽는 데에도 가기를 각오하였나이다 (34) 이르시되 베드로야 내가 네게 말하노니 오늘 닭 울기 전에 네가 세 번 나를 모른다고 부인하리라 하시니라

"주님, 나는 <u>준비가 되어 있습니다</u>(2)/
<u>당신과 함께</u> 감옥에 가도록/ 그리고 죽음(dea--)으로."
오늘 닭(roo--)이 울기(cro--) 전에,/
너는 세 번이나 부정할 것이다// 네가 나를 안다(는 것을)."

"Lord, I am ready to go with you to prison
and to death."

before the rooster crows today,
you will deny three times that you know me."

- "Lord, I am ready to go to prison with you, and even to die with you."
- "Peter, let me tell you something. Before the rooster crows tomorrow morning, you will deny three times that you even know me."

○ rooster [rú:stər] 수탉
○ crow [krou] 까마귀, 자랑하다, 시골사람들, [수탉이] 울다.

□ 베드로가 예수를 모른다고 하다

(누가복음 22:54-62) (Peter Denies Jesus)

54. 예수를 잡아 끌고 대제사장의 집으로 들어갈새 베드로가 멀찍이 따라가니라 (55) 사람들이 뜰 가운데 불을 피우고 함께 앉았는지라 베드로도 그 가운데 앉았더니

그리곤 그를 붙잡으며(sei--),/ 그들은 그를 끌고 갔다(led +)/
그리고 대제사장(high +)의 집(속)으로 그를 데려갔다.
베드로는 거리를 두고 따라갔다.

Then seizing him, they led him away
and took him into the house of the high priest.
Peter followed at a distance.

그들이 불을 피웠을(had kin--) 때/
마당(court--) 한가운데에서/ 그리고
함께 앉았을(had),/ 베드로가 그들과 함께 앉았다.

But when they had kindled a fire
in the middle of the courtyard and
had sat down together, Peter sat down with them.

- So they arrested him and led him to the high priest's home.
- The guards lit a fire in the middle of the courtyard and sat around it, and Peter joined them there.

○ lead away 연행하다, 끌어내다, 열중시키다, 빗나가게 하다
○ kindle [kíndl] 불을 붙이다, 불붙이다, 태우다, 점화하다
kindle a fire 불을 피우다

56. 한 여종이 베드로의 불빛을 향하여 앉은 것을 보고 주목하여
이르되 이 사람도 그와 함께 있었느니라 하니 (57) 베드로가
부인하여 이르되 이 여자여 내가 그를 알지 못하노라 하더라

한 하녀(2)가 그를 보았다/ 거기 앉아 있던(sea--)/
불빛(fire--) 가운데.
그녀는 그를 자세히(clo--) 바라보며(loo--- +)/ 말했다,/
"이 남자가 그와 함께 있었다." "여자여, 나는 그를 모른다,"

A servant girl saw him seated there in the firelight.
She looked closely at him and said,
"This man was with him."
"Woman, I don't know him,"

■ A servant girl noticed him in the firelight and began staring at him. "This man was one of Jesus' followers!"

○ firelight 불빛, 난로의 빛, 난로 불빛
sit by the firelight 난로 옆에 앉다

58. 조금 후에 다른 사람이 보고 이르되 너도 그 도당이라 하거늘 베드로가 이르되 이 사람아 나는 아니로라 하더라 (59) 한 시간쯤 있다가 또 한 사람이 장담하여 이르되 이는 갈릴리 사람이니 참으로 그와 함께 있었느니라

조금 후에/ 누군가(+ else)가 그를 보고/ 말했다,
"너도 또한 그들 중 한 (명)이다."
"아니야(Man), 나는 아니야!"

A little later someone else saw him and said,
"You also are one of them." "Man[85], I am not!"

한 시간쯤 후에/ 또 다른 이가 주장했다(asse--),
"분명히(Cer--) 이 사람(fel--)은 그와 함께 있었다,/
그는 갈릴리 사람(Gali--)이기 때문이다(for)."

About an hour later another asserted,
"Certainly this fellow was with him,
for he is a Galilean."

■ After a while someone else looked at him and said, "You must be one of them!" "No, man, I'm not!" Peter retorted.

85) Man, that was great! 아니[야], 그거 대단했어!

- About an hour later someone else insisted, "This must be one of them, because he is a Galilean, too."

○ assert [əsə́:rt] 주장하다, 단언하다, 강력히 주장하다

60. 베드로가 이르되 이 사람아 나는 네가 하는 말을 알지 못하노라고 아직 말하고 있을 때에 닭이 곧 울더라

"아니(Man), 나는 네가 무슨 말을 하는지 모르겠다!"
그가 말하고 있었을 때(Just as), 수탉(roo--)이 울었다(cro--).

"Man, I don't know what you're talking about!"
Just as he was speaking, the rooster crowed.

- And immediately, while he was still speaking, the rooster crowed.

61. 주께서 돌이켜 베드로를 보시니 베드로가 주의 말씀 곧 오늘 닭 울기 전에 네가 세 번 나를 부인하리라 하심이 생각나서 (62) 밖에 나가서 심히 통곡하니라

주께서 돌아서서/ 베드로를 똑바로(stra--) 바라보셨다.
그러자 베드로는 그 말씀을 기억하였다/
주님이 그에게 말씀하셨던(had spo--):

The Lord turned and looked straight at Peter. Then Peter remembered the word the Lord had spoken to him:

"오늘 수탉이 울기 전에,/
너는 나를 세 번이나 부인할(dis--) 것이다."
그리고 그는 밖으로 나가/ 심하게(bit--) 울었다(we--).

"Before the rooster crows today,
you will disown me three times."
And he went outside and wept bitterly.

- Suddenly, the Lord's words flashed through Peter's mind: "Before the rooster crows tomorrow morning, you will deny three times that you even know me."
- And Peter left the courtyard, weeping bitterly.

○ disown [disóun] (자기 것이라고) 인정하지 않다; 부인하다, 의절하다, (자식 등과) 인연을 끊다; 기피, 의절, 버림
He disowned his wayward son. 그는 망나니 아들과 의절했다.

□ 빌라도가 예수께 묻다 (누가복음 23:1-7)
(Jesus' Trial before Pilate)

1. 무리가 다 일어나 예수를 빌라도에게 끌고 가서 (2) 고발하여 이르되 우리가 이 사람을 보매 우리 백성을 미혹하고 가이사에게 세금 바치는 것을 금하며 자칭 왕 그리스도라 하더이다 하니

그러자 온 회중(ass--)이 일어나서(ro--)/
그를 빌라도(Pilate)에게 인도하였다(led +). 그리고
그들은 그를 비난하기(acc--) 시작했다,/ 말하면서,

Then the whole assembly rose and led him off to Pilate.
And they began to accuse him, saying,

"우리는 이 사람을 발견했다(have)
우리 국가를 <u>전복시키려는(subve--)</u>.
그는 <u>세금들의 지불</u>을 반대한다(opp--)/ 가이사(Caesar)에게/
그리고 그리스도라고(to +) 주장한다(cla--)/ 왕(이라고)."

"We have found this man subverting our nation.
He opposes payment of taxes to Caesar
and claims to be Christ, a king."

- Then the entire council took Jesus to Pilate, the Roman governor.
- They began to state their case: "This man has been leading our people astray by telling them not to pay their taxes to the Roman government and by claiming he is the Messiah, a king."

○ lead off 시작하다, (사람·동물을) 데리고[끌고] 가다.
Who would like to lead off the debate?
어느 분이 토론을 먼저 시작하시겠습니까?

○ subvert [səbvə́:rt] 전복하다, 파멸시키다, 부패시키다

○ I don't claim to be an expert. 전문가라고 주장하는 것은 아니다.

3. 빌라도가 예수께 물어 이르되 네가 유대인의 왕이냐 대답하여 이르시되 네 말이 옳도다 (4) 빌라도가 대제사장들과 무리에게 이르되 내가 보니 이 사람에게 죄가 없도다 하니

"네가 유대인들의 왕이냐?"
"그러하다(Yes, + +)/ 네가 말하는 대로,"

"Are you the king of the Jews?"
"Yes, it is as you say,"

그리곤 빌라도는 말[발표]하였다(anno--)/
대제사장들과 무리에게,/
"나는 근거(bas--)를 찾지 못했다(find no)/
고발(cha--)을 위한[86]/ 이 사람에 대해(ag--)."

Then Pilate announced
to the chief priests and the crowd,
"I find no basis for a charge against this man."

- Jesus replied, "You have said it."
- Pilate turned to the leading priests and to the crowd and said, "I find nothing wrong with this man!"

5. 무리가 더욱 강하게 말하되 그가 온 유대에서 가르치고
갈릴리에서부터 시작하여 여기까지 와서 백성을 소동하게 하나이다

그러나 그들은 고집했다(insi--),/
"그는 사람들을 선동한다(sti-- +)/
온 유대에서[유대 전역에서]/ 그의 가르침으로써.
그는 갈릴리에서 시작했다/ 그리고
여기까지(all + w-- h---) 왔다(has)."

But they insisted, "He stirs up the people
all over Judea by his teaching.

86) 이 사람을 기소할 근거가 없다.

He started in Galilee and
has come all the way here."

- Then they became insistent. "But he is causing riots by his teaching wherever he goes--all over Judea, from Galilee to Jerusalem!"

6. 빌라도가 듣고 그가 갈릴리 사람이냐 물어 (7) 헤롯의 관할에 속한 줄을 알고 헤롯에게 보내니 그 때에 헤롯이 예루살렘에 있더라

이것을 듣자마자(+ hea--),/ 빌라도는 그 사람이 갈릴리 사람이었는 지를 물었다. 그가 알았[배웠]을 때// 예수가 헤롯(의) 관할(juri--) 하에 있었다(는 것을),/

On hearing[87] this,
Pilate asked if the man was a Galilean.
When he learned that
Jesus was under Herod's jurisdiction,

그는 그를 헤롯에게 보냈다,//(그는) 그(that) 당시(3) 또한 예루살렘에 있었다.

he sent him to Herod,
who was also in Jerusalem at that time.

- "Oh, is he a Galilean?" Pilate asked.

87) on/upon ~ing ~하자마자 곧: Upon hearing this, = After hearing this

- When they said that he was, Pilate sent him to Herod Antipas, because Galilee was under Herod's jurisdiction, and Herod happened to be in Jerusalem at the time.

○ jurisdiction [dʒùərisdíkʃən] 사법권, 관할권, 권한

□ 헤롯 앞에 서시다 (누가복음 23:8-11)

(Jesus stood before Herod)

8. 헤롯이 예수를 보고 매우 기뻐하니 이는 그의 소문을 들었으므로 보고자 한 지 오래였고 또한 무엇이나 이적 행하심을 볼까 바랐던 연고러라

헤롯이 예수를 보았을 때,/
그는 대단히(gr--) 기뻐했다(ple--),/
왜냐하면 오랫동안(4)/
그는 원해 오고 있었다(had + +)/ 그를 보기를.

When Herod saw Jesus, he was greatly pleased,
because for a long time he had been wanting to see him.

그가 들었던(had +) 것으로부터/ 그에 대해,/
그는 보기를 희망했다/ 그(him)를/
어떤(so--) 기적을 행하기를(per--).

From what he had heard about him,
he hoped to see him perform some miracle.

- Herod was delighted at the opportunity to see Jesus, because he had heard about him and had been hoping for a long time to see him perform a miracle.

9. 여러 말로 물으나 아무 말도 대답하지 아니하시니
(10) 대제사장들과 서기관들이 서서 힘써 고발하더라

그는 그에게 많은 질문(들)을[으로] 퍼부었지만(pli--),/
예수님은 그에게 아무런 대답(no +)도 주지 (않았다).

He plied him with many questions,
but Jesus gave him no answer.

제사장들과 율법학자들은 거기에 서서(were sta--),
맹렬히(vehe--)/ 그를 비난하면서(acc--).

The chief priests and the teachers of the law
were standing there, vehemently accusing him.

- He asked Jesus question after question, but Jesus refused to answer.
- Meanwhile, the leading priests and the teachers of religious law stood there shouting their accusations.

○ ply [plai] (질문·청원 등) 끈질기게 하다
(ply = bombard = shower = pepper)
ply a person with questions 남에게 질문을 퍼붓다.
○ vehement [víːəmənt] 격렬한, 열정적인, 맹렬한

11. 헤롯이 그 군인들과 함께 예수를 업신여기며 희롱하고
빛난 옷을 입혀 빌라도에게 도로 보내니

그러자 헤롯과 그의 병사들은/
그를 비웃고(ridi--) 조롱하였다(moc--).
그에게 우아한(ele--) 옷(ro--)을 입히고(Dre--- +),/
그들은 그를 빌라도에게 돌려보냈다(sent +).

Then Herod and his soldiers ridiculed and mocked him. Dressing him in an elegant robe, they sent him back to Pilate.

- Then Herod and his soldiers began mocking and ridiculing Jesus.
  Finally, they put a royal robe on him and sent him back to Pilate.

○ ridicule [rídikjù:l] 조롱하다, 놀리다
○ mock [mak] 조롱하다, 비웃다, 업신여기다.
○ Dressing him in an elegant robe
= Cloaking him in a luxurious garment,

□ 십자가에 못 박히시다 (누가복음 23:26-28, 32-43)
(The Crucifixion)

26. 그들이 예수를 끌고 갈 때에 시몬이라는 구레네 사람이 시골에서 오는 것을 붙들어 그에게 십자가를 지워 예수를 따르게 하더라

그들이 그를 끌고(led +) 갈 때에(As),/
그들은 구레네(Cyrene) 출신인(fr--) 시몬을 붙잡았다(sei--),//
그 지역(cou--)에서부터 오던 중인(+ on his + in),/

As they led him away, they seized Simon from Cyrene, who was on his way in from the country,

그리고 그에게 십자가를 지워(put)/ 그리고
그를 그것을 나르도록 하였다[만들었다]/ 예수님 뒤에서(beh--).

and put the cross on him and
made him carry it behind Jesus.

- As they led Jesus away, a man named Simon, who was from Cyrene, happened to be coming in from the countryside.
  The soldiers seized him and put the cross on him and made him carry it behind Jesus.

○ seize [si:z] 잡다, 장악하다, 빼앗다, 포착하다, 몰수하다

27. 또 백성과 및 그를 위하여 가슴을 치며 슬피 우는 여자의 큰 무리가 따라오는지라 (28) 예수께서 돌이켜 그들을 향하여 이르시되 예루살렘의 딸들아 나를 위하여 울지 말고 너희와 너희 자녀를 위하여 울라

많은(A la--- nu--- +) 사람들이 그를 따랐다,/
여자들을 포함하여//
그를 위해 슬퍼했고(mou--) 통곡했던(wai--).

A large number of people followed him,
including women who mourned and wailed for him.

"예루살렘의 딸들아,/ 나를 위해 울지(we--) 말고;
너희 자신들과 너희 아이들을 위해 울어라.

"Daughters of Jerusalem, do not weep for me;
weep for yourselves and for your children.

- A large crowd trailed behind,
  including many grief-stricken women.
- But Jesus turned and said to them, "Daughters of Jerusalem, don't weep for me, but weep for yourselves and for your children.

○ wail [weil] 울부짖다, 통곡하다, 구슬픈 소리를 내다, 탄식하다
wail over one's losses 손해를 본 것을 한탄하다

32. 또 다른 두 행악자도 사형을 받게 되어 예수와 함께 끌려 가니라
(33) 해골이라 하는 곳에 이르러 거기서 예수를 십자가에 못 박고
두 행악자도 그렇게 하니 하나는 우편에, 하나는 좌편에 있더라

다른 두 남자들은, 둘 다 범죄자(들)인,/
그와 함께 또한 끌려갔다(led +)/
처형되도록(+ be exe--).

Two other men, both criminals,
were also led out with him to be executed.

그들이 이르렀을(ca--) 때/ 해골(Sku--)이라 불리는 장소(pla--)에,/
거기에서 그들은 그를 십자가에 못박았다(cru--),/
범죄자(들)와 함께(alo-- +)--
하나는 그의 오른쪽에,/ 다른 하나는 그의 왼쪽에.

When they came to the place called[88] the Skull,
there they crucified him,

along with the criminals--
one on his right, the other on his left.

- Two others, both criminals,
  were led out to be executed with him.
- When they came to a place called The Skull,
  hey nailed him to the cross. And the criminals were also crucified--one on his right and one on his left.

○ lead out 밖으로 끌어내다, (앞장서서) 시작하다
○ lead away 연행하다, 끌어내다, 열중시키다, 빗나가게 하다
○ lead off 시작하다, 선두 타자가 되다, 개시하다
○ execute [éksikjù:t] 처형하다, 집행하다
○ skull [skʌl] 두개골, 해골, 머리뼈, 유골
○ crucify [krú:səfài] 십자가에 못박다, 억누르다, 학대하다

34. 이에 예수께서 이르시되 아버지 저들을 사하여 주옵소서
자기들이 하는 것을 알지 못함이니이다 하시더라
그들이 그의 옷을 나눠 제비 뽑을새

"아버지, 그들을 용서하십시오.
그들은 모르기 때문입니다(for)/ 그들이 무엇을 하고 있는지."
그들은 제비뽑기로(+ cas--- +) 그의 옷을 나누었다(div--- +).

"Father, forgive them,
for they do not know what they are doing."
And they divided up his clothes by casting lots.

---

88) When they came to the place called the Skull: (이라 불리는)
Then a man named Jairus (라 하는)

■ And the soldiers gambled for his clothes by throwing dice.

○ cast lots 제비를 뽑다, 제비로 정하다

35. 백성은 서서 구경하는데 관리들은 비웃어 이르되
저가 남을 구원하였으니 만일 하나님이 택하신 자 그리스도이면
자신도 구원할지어다 하고

사람들은 서서 지켜보면서./ 그리고
통치자들은 그를 비웃기(snee--- +)까지 했다.

The people stood watching,
and the rulers even sneered at him.

"그는 다른 이들을 구했다;
그로 (하여금) 그 자신을 구하게 하라/
만약 그가 하나님의 그리스도이면, 선택받은 자(One)."

"He saved others; let him save himself
if he is the Christ of God, the Chosen One."

■ The crowd watched and the leaders scoffed.
"He saved others," "let him save himself if he is really God's Messiah, the Chosen One."

○ sneer [sniər] 비웃다, 냉소하다

36. 군인들도 희롱하면서 나아와 신 포도주를 주며 (37) 이르되
네가 만일 유대인의 왕이면 네가 너를 구원하라 하더라

군인들 또한 다가와(came +)/ 그를 조롱하였다(moc--).
그들은 그에게 와인 식초(vine--)를 주었다(off--).
"만일 네가 유대인들의 왕이라면, 너 자신을 구하라."

The soldiers also came up and mocked him.
They offered him wine vinegar.
"If you are the king of the Jews, save yourself."

- The soldiers mocked him, too,
  by offering him a drink of sour wine.

○ vinegar [vínəgər] 식초, 초, 초산, 찡그린 표정

38. 그의 위에 이는 유대인의 왕이라 쓴 패가 있더라 (39) 달린 행악자 중 하나는 비방하여 이르되 네가 그리스도가 아니냐 너와 우리를 구원하라 하되

그(him) 위에는 쓰여진 공고(not--)가 있었다(There),/
이는 유대인들의 왕이다. 범죄자(들) 중 한 (명)이

There was a written notice above him, (which read:)
THIS IS THE KING OF THE JEWS. One of the criminals

// 거기에 매달린(hu--)/ 그에게 모욕(들)(ins--)을 퍼부었다(hur--):
"당신은 그리스도가 아닙니까? 너 자신과 우리를 구해 보라!"

who hung there hurled insults at him:
"Aren't you the Christ? Save yourself and us!"

- A sign was fastened above him with these words:

■ One of the criminals hanging beside him scoffed, “So you're the Messiah, are you? Prove it by saving yourself-- and us, too, while you're at it!”

○ a button which read "Life begins at 40."
인생은 40부터'라고 쓰인 배지
○ hurl [hə:rl] 던지다, 퍼붓다, 토하다, 영향력을 행사하다, 타격을 주다
hurl a stone at the dog 개에게 돌을 던지다

40. 하나는 그 사람을 꾸짖어 이르되 네가 동일한 정죄를 받고서도 하나님을 두려워하지 아니하느냐 (41) 우리는 우리가 행한 일에 상당한 보응을 받는 것이니 이에 당연하거니와 이 사람이 행한 것은 옳지 않은 것이 없느니라 하고

하지만 다른 범죄인은 그를 꾸짖었다.
“너는 하나님을 두려워하지 않느냐,"
"네가 같은 형(sen--)에 처해[아래에] 있는데(since)?

But the other criminal rebuked him. "Don't you fear God," "since you are under the same sentence?

우리는 정당하게(jus--) 벌을 받는다(+ pun--).
왜냐하면(for) 우리는 받고 있기(+ get--) (때문이다)/
우리의 행동(들)(dee--)이 마땅히 받아야 할(dese--) 것을.
하지만 이 사람은 아무 잘못도 하지 않았다(has).”

We are punished justly,
for we are getting what our deeds deserve.
But this man has done nothing wrong.”

- But the other criminal protested, "Don't you fear God even when you have been sentenced to die?
- We deserve to die for our crimes,
  but this man hasn't done anything wrong."

○ sentence [남에게] 판결을 내리다; 형에 처하다
  sentence a murderer to death 살인자를 사형에 처하다

42. 이르되 예수여 당신의 나라에 임하실 때에 나를 기억하소서 하니 (43) 예수께서 이르시되 내가 진실로 네게 이르노니 오늘 네가 나와 함께 낙원에 있으리라 하시니라

"예수님, 나를 기억하소서/
당신이 당신의 왕국에 들어가실(come +) 때."
"오늘 너는 나와 함께 낙원에 있을 것이다."

"Jesus, remember me
when you come into your kingdom."
today you will be with me in paradise."

□ 숨 지시다 (누가복음 23:44-49)
(The Death of Jesus)

44. 때가 제육시쯤 되어 해가 빛을 잃고 온 땅에 어둠이 임하여 제구시까지 계속하며 (45) 성소의 휘장이 한가운데가 찢어지더라

여섯 시쯤이 되자(It was now + +),/
그리고 어둠이 온 땅(la--)에 덮쳤다(came +)/ 아홉 시까지,

It was now about the sixth hour, and darkness came over the whole land until the ninth hour,

태양이 빛(shin--)을 멈추었기 때문이다(for).
그리고 성전의 커튼은/ 둘로 찢어졌다(+ to--).

for the sun stopped shining.
And the curtain of the temple was torn in two.

- By this time it was about noon, and darkness fell across the whole land until three o'clock.
- The light from the sun was gone. And suddenly, the curtain in the sanctuary of the Temple was torn down the middle.

○ come over 집에 오다, 들르다, 들리다
It's coming over cloudy. 흐려지기 시작했다.

46. 예수께서 큰 소리로 불러 이르시되 아버지 내 영혼을 아버지 손에 부탁하나이다 하고 이 말씀을 하신 후 숨지시니라

예수는 큰 소리로(lo-- vo--) 외쳤다(ca--- +),/
"아버지, 당신의 손(들) 속으로/
나는 내 영(sp--)을 맡깁니다(com--)."
그는 숨을 거두었다[그의 마지막을 숨쉬었다(brea--)]

Jesus called out with a loud voice,
"Father, into your hands I commit my spirit."
he breathed his last.

■ Then Jesus shouted, "Father, I entrust my spirit into your hands!"
And with those words he breathed his last.

○ call out 불러내다, 외치다, 소리지르다, 요구하다, 전화하다
○ commit [kəmít] 저지르다, 약속/전념하다, 범하다, 위임/위탁하다
자신의 운명을 맡기다, 약속/맹세하다
commit one's child to a person[= a person's care]
자식을 남에게 돌보아달라고 맡기다

47. 백부장이 그 된 일을 보고 하나님께 영광을 돌려 이르되
이 사람은 정녕 의인이었도다 하고 (48) 이를 구경하러 모인 무리도
그 된 일을 보고 다 가슴을 치며 돌아가고

백부장(cen--)은,/ 일어난(had hap--) 것을 보면서,/ 하나님을 찬양하며 말했다. "정말로(Sur--) 이 사람(this)은 의로운 사람이었다."

The centurion, seeing what had happened,
praised God and said, "Surely this was a righteous man."

때에/ 모든 사람들이// 모였던(had gat--)/ 이 광경(sig--)을 목격하려고(wit--)/ 일어난(took pla--) 것을 보았을,/ 그들이 그들의 가슴(bre--)을 치며(be--)/ 가버렸다.

When all the people who had gathered to witness this sight saw what took place, they beat their breasts and went away.

■ When the Roman officer overseeing the execution

saw what had happened, he worshiped God and said, "Surely this man was innocent."

- And when all the crowd that came to see the crucifixion saw what had happened, they went home in deep sorrow.

○ witness [wítnis] 보다, 목격자. 증언하다, 증명하다

49. 예수를 아는 자들과 갈릴리로부터 따라온 여자들도
다 멀리 서서 이 일을 보니라

그러나 모든 저들은// 그를 알던,/ 그 여자들을 포함하여//
갈릴리에서부터 그를 따라온(had),/
멀찌감치(+ a dis--) 서있었다(1),/
이들 일들을 지켜보면서(wat--).

But all those who knew him, including the women who had followed him from Galilee, stood at a distance, watching these things.

- But Jesus' friends, including the women who had followed him from Galilee, stood at a distance watching.

□ 시체를 무덤에 넣어 두다 (누가복음 23:50-56)

(The Burial of Jesus)

50. 공회 의원으로 선하고 의로운 요셉이라 하는 사람이 있으니
(51) (그들의 결의와 행사에 찬성하지 아니한 자라) 그는 유대인의
동네 아리마대 사람이요 하나님의 나라를 기다리는 자라

그런데(Now) 요셉이라 하는 사람이 있었다(there),/
공회(Coun-)의 일원(이고), 선하고 정직한(upri--) 사람(인),//
그들의 결정과 행동(act--)에 동의하지(cons--) 않았던(had +).

Now there was a man named Joseph,
a member of the Council, a good and upright man,
who had not consented to their decision and action.

그는 유대(Judean) 마을에서 왔고/ 아리마대(Arimathea)의/
그리고 그는 하나님의 나라를 기다리고 있었다.

He came from the Judean town of Arimathea
and he was waiting for the kingdom of God.

- Now there was a good and righteous man named Joseph. He was a member of the Jewish high council,
- but he had not agreed with the decision and actions of the other religious leaders. He was from the town of Arimathea in Judea, and he was waiting for the Kingdom of God to come.

52. 그가 빌라도에게 가서 예수의 시체를 달라 하여 (53) 이를 내려 세마포로 싸고 아직 사람을 장사한 일이 없는 바위에 판 무덤에 넣어 두니

빌라도(Pilate)에게 가서./ 그는 예수(의) 시신(bo--)을 (달라고) 요구했다(as-- +). 그리곤 그는 그것을 내려서(took +),
린넨 천(clo--)에 그것을 싸서(wra--)/

Going to Pilate, he asked for Jesus' body.
Then he took it down, wrapped it in linen cloth

그리고 무덤 속에 그것을 두었는데(pla--)/ 바위 안에 판[잘린],/ 그 무덤(one)은//(+ which) 아무도 아직 놓여진 적이 없었던(had yet + la--).

and placed it in a tomb cut in the rock,
one in which no one had yet been laid.

- He went to Pilate and asked for Jesus' body.
- Then he took the body down from the cross and wrapped it in a long sheet of linen cloth and laid it in a new tomb that had been carved out of rock.

○ People are laid in a tomb; He was laid in the tomb.
○ Pilate [páilət] 빌라도; 그리스도의 처형을 허가한 로마의 총독
○ Going to Pilate = Approaching Pilate = Upon reaching Pilate
○ in which = where 거기에

54. 이 날은 준비일이요 안식일이 거의 되었더라 (55) 갈릴리에서 예수와 함께 온 여자들이 뒤를 따라 그 무덤과 그의 시체를 어떻게 두었는지를 보고

그날(It)은 준비(Prepa--) 날이었고,/ 그리고 안식일이 (막) 시작되려 하고 있었다(+ about +).

It was Preparation Day,
and the Sabbath was about to begin.

그 여자들은// 갈릴리에서 예수와 함께 온(had +)/
요셉을 따라갔다/ 그리고 무덤을 보았다/ 그리고
어떻게 그의 시신이 그(it) 안에 놓여 있는지(+ la--)

The women who had come with Jesus from Galilee
followed Joseph and saw the tomb and
how his body was laid in it.

- This was done late on Friday afternoon, the day of preparation, as the Sabbath was about to begin.
- As his body was taken away, the women from Galilee followed and saw the tomb where his body was placed.

56. 돌아가 향품과 향유를 준비하더라 계명을 따라
안식일에 쉬더라

그리곤 그들은 집에 가서/
향신료(들)(spi--)와 향수(들)를 준비하였다.
그러나 그들은 안식일에 쉬었다(res--)/
계명(comm--)을 복종하며(+ obedi--- +).

Then they went home and prepared spices and perfumes.
But they rested on the Sabbath
in obedience to the commandment.

- Then they went home and prepared spices and ointments to anoint his body. But by the time they were finished the Sabbath had begun, so they rested as required by the law.

○ spice [spais] 향신료, 양념
○ in obedience to 따라서, 복종하여
in obedience to the law 법률의 명하는 바에 따라서.
in obedience to a gesture 손짓에 응해서.
○ commandment [kəmǽndmənt] 계명, 명령, 지령

□ 살아나시다 (누가복음 24:1-12)
(The Resurrection)

1. 안식 후 첫날 새벽에 이 여자들이 그 준비한 향품을 가지고 무덤에 가서 (2) 돌이 무덤에서 굴려 옮겨진 것을 보고 (3) 들어가니 주 예수의 시체가 보이지 아니하더라

그 주의 첫날에, 아주 이른 아침에,/
그 여자들은 향신료(들)(spi--)를 가지고(took)/
그들이 준비했던(had prepa--)/ 무덤으로 갔다.

On the first day of the week, very early in the morning,
the women took the spices they had prepared
and went to the tomb.

그들은 무덤에서 굴러 온(rol--- +) 그 돌을 발견했다,
그러나 그들이 들어갔을(ent--) 때,/
그들은 주 예수의 시신을 찾지 못했다.

They found the stone rolled away from the tomb,
but when they entered,

they did not find the body of the Lord Jesus.

- But very early on Sunday morning the women went to the tomb, taking the spices they had prepared.
- They found that the stone had been rolled away from the entrance.

4. 이로 인하여 근심할 때에 문득 찬란한 옷을 입은
두 사람이 곁에 섰는지라

그들이 이것에 대해 궁금해 하고 있을 동안(Wh--),/
갑자기(sud--) 두 사람이/ 옷을 입은[옷들 속에]//
번개(lig--)처럼 반짝였던(glea--)/ 그들 옆에(bes--) 서 있었다.

While they were wondering about this,
suddenly two men in clothes that
gleamed like lightning stood beside them.

- As they stood there puzzled, two men suddenly appeared to them, clothed in dazzling robes.

○ gleam [gli:m] 희미하게 빛나다, 비치다
the gleam of moonlight on the water
수면에 비치는 어슴푸레한 달빛.

5. 여자들이 두려워 얼굴을 땅에 대니 두 사람이 이르되 어찌하여
살아 있는 자를 죽은 자 가운데서 찾느냐

그들의 놀람(fri--) 속에서/
그 여자들은 허리를 굽혔다(bo--- +)/

그들의 얼굴(들)을 땅에 대고(+ their fa--- + the gro---),/
"왜 너희는 산 사람들(+ liv--)을 찾느냐(look +)/
죽은 사람들 가운데서?

In their fright the women bowed down
with their faces to the ground,
"Why do you look for the living among the dead?

- The women were terrified and bowed with their faces to the ground. "Why are you looking among the dead for someone who is alive?

○ fright [frait] 두려움, 놀람, 공포, 경악, 섬뜩하게 하는 사람
In their fright = Overwhelmed by fear = Startled by terror
○ bowed down 기가 꺾여, 풀이 죽어, 굴복하다; 절하다
bow down to the ground 머리를 조아려 절하다

6. 여기 계시지 않고 살아나셨느니라 갈릴리에 계실 때에 너희에게 어떻게 말씀하셨는지를 기억하라

그는 여기에 없다; 그는 살아났다(has ri--)!
그가 어떻게 너희에게 말씀하셨는지 기억하라,/
그가 여전히 너와 함께 갈릴리에 있었는 동안:

He is not here; he has risen!
Remember how he told you,
while he was still with you in Galilee:

- He isn't here! He is risen from the dead! Remember what he told you back in Galilee,

7. 이르시기를 인자가 죄인의 손에 넘겨져 십자가에 못 박히고 제삼일에 다시 살아나야 하리라 하셨느니라 한 대

'인자는 넘겨져야(+ deliv--) 한다(must)/
죄많은(sin--) 사람들(m--)의 손(들)에,/
십자가에 못 박히고(+ cruci--)/ 그리고
사흘째 날에/ 다시 살아나신(+ rai--).' "

'The Son of Man must be delivered
into the hands of sinful men,
be crucified and
on the third day be raised again.' "

- that the Son of Man must be betrayed into the hands of sinful men and be crucified, and that he would rise again on the third day."

○ 'be raised' 살려질 것이다

8. 그들이 예수의 말씀을 기억하고 (9) 무덤에서 돌아가 이 모든 것을 열한 사도와 다른 모든 이에게 알리니

그리곤 그들은 그의 말씀(들)을 기억했다.
그들이 무덤에서 돌아왔을(2) 때,/
그들은 이들 모든 것들을 말했다/
열한 (명 사도들)에게 그리고 다른 모든 이들에게.

Then they remembered his words.
When they came back from the tomb,
they told all these things

to the Eleven and to all the others.

- Then they remembered that he had said this.
- So they rushed back from the tomb to tell his eleven disciples—and everyone else--what had happened.

10. (이 여자들은 막달라 마리아와 요안나와 야고보의 모친 마리아라 또 그들과 함께 한 다른 여자들도 이것을 사도들에게 알리니라) (11) 사도들은 그들의 말이 허탄한 듯이 들려 믿지 아니하나

그것은 ~ 였다/ 메리 막달라, 요안나, 야고보의 어머니 메리,
그리고 그들과 함께 (있던) 다른 이들이//(그들은)
이것을 사도들(apo--)에게 말했다.

It was[89] Mary Magdalene, Joanna,
Mary the mother of James, and the others with them
who told this to the apostles.

그러나 그들은 그 여자들(의 말)을 믿지 않았다.
왜냐하면 그들의 말(들)은 그들에게 넌센스 같이 보였다(see--).

But they did not believe the women,
because their words seemed to them like nonsense.

- and several other women who told the apostles what had happened.
- But the story sounded like nonsense to the men,

89) it was that (who): 강조 구문:
이것을 사도들에게 말해준 이(사람)는 "바로" 메리 막달라, 등등

so they didn't believe it.

○ apostle [əpάsl] 사도, 주창자
○ seem to do[be] ~ 한[할] 모양이다
He seemed to feel no remorse at all.
그는 조금도 후회하지 않는 듯했다.

12. 베드로는 일어나 무덤에 달려가서 구부려 들여다 보니
세마포만 보이는지라 그 된 일을 놀랍게 여기며 집으로 돌아가니라

베드로는, 그러나(h--), 일어나서/ 무덤으로 달려갔다.
(허리를) 굽히면서(Ben--- ov--),
그는 린넨의 조각(들)(stri--)을 보았다/

Peter, however, got up and ran to the tomb.
Bending over, he saw the strips of linen

그것들만(+ them---) 놓여 있는(ly---),/
그리고 그는 가버렸다,/
그 자신에게(+ him---) 의아해 하며(wond--)/
일어났던(had hap--) 것에 (대해).

lying by themselves, and he went away,
wondering to himself what had happened.

- However, Peter jumped up and ran to the tomb to look. Stooping, he peered in and saw the empty linen wrappings; then he went home again, wondering what had happened.

○ They did the cooking by themselves.

그들은 그 요리를 남의 도움 없이 했다.
They wanted to spend the evening by themselves.
그들은 저녁 시간을 자기들끼리만 보내고 싶었다.
○ Bending over = Stooping down = Leaning forward

□ 엠마오 길에서 나타나시다 (누가복음 24:30-35) (The Walk to Emmaus)

30. 그들과 함께 음식 잡수실 때에 떡을 가지사 축사하시고 떼어 그들에게 주시니 (31) 그들의 눈이 밝아져 그인 줄 알아 보더니 예수는 그들에게 보이지 아니하시는지라

그는 그들과 함께 식탁에 앉았[있었]을 때,/
그는 빵을 들고(to--), 감사(들)를 드리고, 그것을 떼어(bro--)/
그리고 그것을 그들에게 주기 시작했다.

When he was at the table with them, he took bread, gave thanks, broke it and began to give it to them.

그러자 그들의 눈(들)이 열렸고(+ op--)/
그들이 그를 알아보았다[인식: recog---],/
그리고 그는 그들의 시야(si--)에서 사라졌다(disap--).

Then their eyes were opened and they recognized him, and he disappeared from their sight.

- As they sat down to eat, he took the bread and blessed it. Then he broke it and gave it to them.

■ Suddenly, their eyes were opened, and they recognized him.
And at that moment he disappeared!

32. 그들이 서로 말하되 길에서 우리에게 말씀하시고 우리에게 성경을 풀어 주실 때에 우리 속에서 마음이 뜨겁지 아니하더냐 하고

"우리 마음(들)이 뜨겁지[타들어가지: bur--] 않았는가(Were not)/ 우리 안에서/ 그가 길(ro--)에서 우리와 말했던(tal--) 동안(wh--)/ 그리고 우리에게 성경(들: Scr--)을 풀어[열어]주던 (동안)?"

"Were not our hearts burning
within us while he talked with us on the road
and opened the Scriptures to us?"

■ "Didn't our hearts burn within us as he talked with us on the road and explained the Scriptures to us?"

33. 곧 그 때로 일어나 예루살렘에 돌아가 보니 열한 제자 및 그들과 함께 한 자들이 모여 있어

그들은 일어나서/ 즉시(2) 예루살렘으로 돌아갔다(ret--).
거기서 그들은 발견하였다/ 열한 (제자들)을/ 그리고 저들(tho--)을/ 그들과 함께 한,/ 함께 모였던(assem--).

They got up and returned at once to Jerusalem.
There they found the Eleven and
those with them, assembled together

▪ And within the hour they were on their way back to Jerusalem. There they found the eleven disciples and the others who had gathered with them,

○ assemble [əsémbl] 조립하다, 모으다, 구성하다, 소집하다

34. 말하기를 주께서 과연 살아나시고 시몬에게 보이셨다 하는지라 (35) 두 사람도 길에서 된 일과 예수께서 떡을 떼심으로 자기들에게 알려지신 것을 말하더라

"주께서 살아나셔서(has ris--)/ 그리고
시몬에게 나타나셨다(has app--)."
그리곤 그 둘은 말했다(to--)/
가는 길에 무엇이 일어났는지(had hap--),/

The Lord has risen and has appeared to Simon."
Then the two told what had happened on the way,

그리고 어떻게 예수님이 인식되었는지를/
그들에 의해/ 그가 빵을 떼었을 때.

and how Jesus was recognized
by them when he broke the bread.

▪ "The Lord has really risen! He appeared to Peter."
▪ Then the two from Emmaus told their story of how Jesus had appeared to them as they were walking along the road, and how they had recognized him as he was breaking the bread.

□ 하늘로 올려지시다 (누가복음 24:50-53)
(The Ascension)

50. 예수께서 그들을 데리고 베다니 앞까지 나가사 손을 들어 그들에게 축복하시더니

그가 그들을 이끌어 나왔었을(+ led +) 때/
베다니(Bethany)의 근처(vici--)로,/
그는 그의 손(들)을 들어(lif-- +)/ 그들을 축복했다.

When he had led them out to the vicinity of Bethany, he lifted up his hands and blessed them.

- Then Jesus led them to Bethany,
  and lifting his hands to heaven, he blessed them.

○ ascension [əsénʃən] 오름, 예수의 승천, 상승
○ lead out 밖으로 끌어내다
○ vicinity [visínəti] 주변, 인근, 가까이

51. 축복하실 때에 그들을 떠나 [하늘로 올려지시니] (52) 그들이 [그에게 경배하고] 큰 기쁨으로 예루살렘에 돌아가 (53) 늘 성전에서 하나님을 찬송하니라

그가 그들을 축복하고 계시는 동안(Whi--),/
그는 그들을 떠나셨고/
그리고 하늘(속으)로 올라가셨다(+ ta--- +).

While he was blessing them, he left them
and was taken up into heaven.

> 그리곤 그들은 그를 경배했고/
> 큰 기쁨으로 예루살렘으로 돌아왔다(ret--).
> 그리고 그들은 끊임없이(contin--) 머물렀다(sta--)/
> 성전에,/ 하나님을 찬양하며.

Then they worshiped him and
returned to Jerusalem with great joy.
And they stayed continually at the temple, praising God.

- While he was blessing them,
  he left them and was taken up to heaven.
- So they worshiped him and then
  returned to Jerusalem filled with great joy.
- And they spent all of their time in the Temple,
  praising God.

구약성경 주요 구절

오직 성령이 너희에게 임하시면 너희가 권능을 받고 예루살렘과
온 유대와 사마리아와 땅 끝까지 이르러 내 증인이 되리라 하시니라

But you will receive power when the Holy Spirit comes on you; and you will be my witnesses in Jerusalem, and in all Judea and Samaria, and to the ends of the earth." (사도행전 1:8)

"Amazing Grace"

Amazing grace how sweet the sound
that saved a wretch like me
I once was lost, but now I'm found
was blind, but now I see
'Twas grace that taught my heart to fear
and grace my fears relieved
how precious did that grace appear
the hour I first believed
through many dangers, toils and snares
we have already come
T'was grace that brought me safe thus far
and grace will lead me home

"나 같은 죄인 살리신"

나 같은 죄인 살리신 주 은혜 놀라와
잃었던 생명 찾았고 광명을 얻었네
큰 죄악에서 건지신 주 은혜 고마와
나 처음 믿은 그 시간 귀하고 귀하다
이제껏 내가 산 것도 주님의 은혜라
또 나를 장차 본향에 인도해 주시리
거기서 우리 영원히 주님의 은혜로
해처럼 밝게 살면서 주 찬양 하리라

Amazing Grace는 영국 성공회 사제 존 뉴턴(1725~1807)이 과거 흑인 노예무역을 했을 때 흑인을 학대했던 것을 참회하며 1772년 쓴 것으로 알려져 있다. 특히 이 곡은 1789년 미국에 소개된 후 미국인들의 영적인 국가(國歌)로 널리 불리는 찬송가이다.

□ 하나님이 천지를 창조하시니라 (창세기 1:1-5)

1. 태초에 하나님이 천지를 창조하시니라

▸ In the beginning God created the heavens and the earth[90].

2. 땅이 혼돈하고 공허하며 흑암이 깊음 위에 있고
하나님의 영은 수면 위에 운행하시니라

▸ Now the earth was formless and empty, darkness was over the surface of the deep, and the Spirit of God was hovering[91] over the waters. (NIV)

▸ The earth was formless and empty, and darkness covered the deep waters. And the Spirit of God was hovering over the surface of the waters. (NLT)[92]

3. 하나님이 이르시되 빛이 있으라 하시니 빛이 있었고

▸ And God said, "Let there be light," and there was light.

4. 빛이 하나님이 보시기에 좋았더라 하나님이 빛과 어둠을 나누사

▸ God saw that the light was good, and he separated the light from the darkness.

5. 하나님이 빛을 낮이라 부르시고 어둠을 밤이라 부르시니라
저녁이 되고 아침이 되니 이는 첫째 날이니라

---

90) NLT 내용은 NIV와 동일합니다. (중복)

91) hover [hʌvər, hάvər] 맴돌다, 날다, 헤매다, (근처에) 떠다니다.
Bees hovered over the daisies. 벌은 데이지꽃 위를 맴돌았다.

92) 아래 부분은 모두 NIV와 NLT의 내용입니다. (중복되는 경우, NLT 제외)

▸ God called the light "day," and the darkness he called "night." And there was evening, and there was morning --the first day.

▸ God called the light "day" and the darkness "night." And evening passed and morning came, marking the first day.

□ 흙으로 사람을 지으시고 (창세기 2:7-9)

7. 여호와 하나님이 땅의 흙으로 사람을 지으시고 생기를 그 코에 불어넣으시니 사람이 생령이 되니라

▸ the LORD God formed the man from the dust of the ground and breathed into his nostrils[93] the breath of life, and the man became a living being.

8. 여호와 하나님이 동방의 에덴에 동산을 창설하시고 그 지으신 사람을 거기 두시니라

▸ Now the LORD God had planted a garden in the east, in Eden; and there he put the man he had formed.

▸ Then the Lord God planted a garden in Eden in the east, and there he placed the man he had made.

9. 여호와 하나님이 그 땅에서 보기에 아름답고 먹기에 좋은 나무가 나게 하시니 동산 가운데에는 생명 나무와 선악을 알게 하는 나무도 있더라.

---

93) nostril [nάstrəl] 콧구멍

▸ And the LORD God made all kinds of trees grow out of the ground--trees that were pleasing to the eye and good for food.
In the middle of the garden were the tree of life and the tree of the knowledge of good and evil.

▸ The Lord God made all sorts of trees grow up from the ground--trees that were beautiful and that produced delicious fruit. In the middle of the garden he placed the tree of life and the tree of the knowledge of good and evil.

□ 선악을 알게 하는 나무 (창세기 2:15-18)

15. 여호와 하나님이 그 사람을 이끌어 에덴 동산에 두어 그것을 경작하며 지키게 하시고

▸ The LORD God took the man and put him in the Garden of Eden to work it and take care of it.

▸ The Lord God placed the man in the Garden of Eden to tend and watch over it.

16. 여호와 하나님이 그 사람에게 명하여 이르시되 동산 각종 나무의 열매는 네가 임의로 먹되

▸ And the LORD God commanded the man,
"You are free to eat from any tree in the garden;

▸ But the Lord God warned him, "You may freely eat the fruit of every tree in the garden--

17. 선악을 알게 하는 나무의 열매는 먹지 말라 네가 먹는 날에는 반드시 죽으리라 하시니라

▸ but you must not eat from the tree of the knowledge of good and evil, for when you eat of it you will surely die."

▸ except the tree of the knowledge of good and evil. If you eat its fruit, you are sure to die."

18. 여호와 하나님이 이르시되 사람이 혼자 사는 것이 좋지 아니하니 내가 그를 위하여 돕는 배필을 지으리라 하시니라

▸ "It is not good for the man to be alone. I will make a helper suitable for him."

▸ "It is not good for the man to be alone. I will make a helper who is just right for him."

□ 갈빗대로 여자를 만드시고 (창세기 2:21-25)

21. 여호와 하나님이 아담을 깊이 잠들게 하시니 잠들매 그가 그 갈빗대 하나를 취하고 살로 대신 채우시고

▸ So the LORD God caused the man to fall into a deep sleep; and while he was sleeping, he took one of the man's ribs and closed up the place with flesh.

▸ So the Lord God caused the man to fall into a deep sleep. While the man slept, the Lord God took out one of the man's ribs and closed up the opening.

22. 여호와 하나님이 아담에게서 취하신 그 갈빗대로 여자를 만드시고 그를 아담에게로 이끌어 오시니

▸ Then the LORD God made a woman from the rib he had taken out of the man, and he brought her to the man.

▸ Then the Lord God made a woman from the rib, and he brought her to the man.

23. 아담이 이르되 이는 내 뼈 중의 뼈요 살 중의 살이라 이것을 남자에게서 취하였은즉 여자라 부르리라 하니라

▸ "This is now bone of my bones and flesh of my flesh; she shall be called 'woman,' for she was taken out of man."

▸ "This one is bone from my bone, and flesh from my flesh! She will be called 'woman,' because she was taken from 'man.'"

24. 이러므로 남자가 부모를 떠나 그의 아내와 합하여 둘이 한 몸을 이룰지로다

▸ For this reason a man will leave his father and mother and be united to his wife, and they will become one flesh.

▸ This explains why a man leaves his father and mother and is joined to his wife, and the two are united into one.

25. 아담과 그의 아내 두 사람이 벌거벗었으나 부끄러워하지 아니하니라

▸ The man and his wife were both naked, and they felt no shame.

□ 여자가 그 열매를 따먹고 (창세기 3:1-8)

1. 그런데 뱀은 여호와 하나님이 지으신 들짐승 중에 가장 간교하니라 뱀이 여자에게 물어 이르되 하나님이 참으로 너희에게 동산 모든 나무의 열매를 먹지 말라 하시더냐

▸ Now the serpent[94] was more crafty[95] than
any of the wild animals the LORD God had made.
He said to the woman, "Did God really say,
'You must not eat from any tree in the garden'?"

▸ The serpent was the shrewdest[96] of all the wild animals
the Lord God had made. One day he asked the woman,
"Did God really say you must not eat the fruit
from any of the trees in the garden?"

2. 여자가 뱀에게 말하되 동산 나무의 열매를 우리가 먹을 수 있으나

▸ The woman said to the serpent,
"We may eat fruit from the trees in the garden,

3. 동산 중앙에 있는 나무의 열매는 하나님의 말씀에 너희는 먹지도 말고 만지지도 말라 너희가 죽을까 하노라 하셨느니라

▸ but God did say, 'You must not eat fruit from the tree
that is in the middle of the garden, and
you must not touch it, or you will die.'"

---

94) serpent [sə́:rpənt] 뱀(snake), 악마, 사탄 (성경, 문학작품 용어)
95) crafty [krǽfti] 교활한, 간교한, 교묘한
96) shrewd [ʃru:d] 약삭빠른, 영리한, 빈틈없는, 현명한, 능수능란한
be shrewd about money 돈에 약삭 빠르다

▸ "It's only the fruit from the tree in the middle of the garden that we are not allowed to eat. 'You must not eat it or even touch it; if you do, you will die.'"

4. 뱀이 여자에게 이르되 너희가 결코 죽지 아니하리라

▸ "You will not surely die,"
the serpent said to the woman.

▸ "You won't die!" the serpent replied to the woman.

5. 너희가 그것을 먹는 날에는 너희 눈이 밝아져 하나님과 같이 되어 선악을 알 줄 하나님이 아심이니라

▸ "For God knows that
when you eat of it your eyes will be opened,
and you will be like God, knowing good and evil."

▸ "God knows that
your eyes will be opened as soon as you eat it,
and you will be like God, knowing both good and evil."

6. 여자가 그 나무를 본즉 먹음직도 하고 보암직도 하고 지혜롭게 할 만큼 탐스럽기도 한 나무인지라 여자가 그 열매를 따먹고 자기와 함께 있는 남편에게도 주매 그도 먹은지라

▸ When the woman saw that
the fruit of the tree was good for food
and pleasing to the eye,
and also desirable for gaining wisdom,
she took some and ate it.
She also gave some to her husband,
who was with her, and he ate it.

‣ The woman was convinced. She saw that
the tree was beautiful and its fruit looked delicious,
and she wanted the wisdom it would give her.
So she took some of the fruit and ate it.
Then she gave some to her husband,
who was with her, and he ate it, too.

7. 이에 그들의 눈이 밝아져 자기들이 벗은 줄을 알고 무화과나무 잎을 엮어 치마로 삼았더라

‣ Then the eyes of both of them were opened,
and they realized they were naked;
so they sewed fig leaves together
and made coverings for themselves.

‣ At that moment their eyes were opened,
and they suddenly felt shame at their nakedness.
So they sewed fig leaves together to cover themselves.

8. 그들이 그 날 바람이 불 때 동산에 거니시는 여호와 하나님의 소리를 듣고 아담과 그의 아내가 여호와 하나님의 낯을 피하여 동산 나무 사이에 숨은지라

‣ Then the man and his wife heard the sound
of the LORD God as he was walking in the garden
<u>in the cool of the day</u>[97], and they hid
from the LORD God among the trees of the garden.

‣ When the cool evening breezes were blowing,

---

97) in the cool of the day 저녁 시원한 시간에: at dusk (날이 저물 때); towards sunset (해질녘에); at twilight (해질 무렵에); as night fell (밤이 되자): in the cool of the evening 저녁 무렵 시원한 때에

the man and his wife heard the Lord God
walking about in the garden.
So they hid from the Lord God among the trees.

□ 네가 수고하고 자식을 낳을 것이며 (창세기 3:16-20)

16. 또 여자에게 이르시되 내가 네게 임신하는 고통을 크게 더하리니 네가 수고하고 자식을 낳을 것이며 너는 남편을 원하고 남편은 너를 다스릴 것이니라 하시고

▸ To the woman he said,
"I will greatly increase your pains in childbearing;
with pain you will give birth to children.
Your desire will be for your husband[98),
and he will rule over you."

▸ Then he said to the woman,
"I will sharpen the pain of your pregnancy,
and in pain you will give birth.
And you will desire to control your husband,
but he will rule over you."

17. 아담에게 이르시되 네가 네 아내의 말을 듣고 내가 네게 먹지 말라 한 나무의 열매를 먹었은즉 땅은 너로 말미암아 저주를 받고 너는 네 평생에 수고하여야 그 소산을 먹으리라

▸ To Adam he said, "Because you listened to your wife
and ate from the tree about which[99) I commanded you,

98) 당신의 염원은 남편에게로 향할 것입니다 (남편에게 종속될 것이다.)
99) 그 나무에 대해서 (the tree about which)/ 내가 네게 명령했던

'You must not eat of it,'
"Cursed is the ground because of you;
through painful toil you will eat of it
all the days of your life.

- And to the man he said, Since you listened to your wife and ate from the tree whose fruit I commanded you not to eat, the ground is cursed because of you. All your life you will struggle to scratch[100] a living from it.

18. 땅이 네게 가시덤불과 엉겅퀴를 낼 것이라 네가 먹을 것은 밭의 채소인즉

- It will produce thorns and thistles for you,
and you will eat the plants of the field.

- It will grow thorns and thistles for you,
though you will eat of its grains.

19. 네가 흙으로 돌아갈 때까지 얼굴에 땀을 흘려야 먹을 것을 먹으리니 네가 그것에서 취함을 입었음이라 너는 흙이니 흙으로 돌아갈 것이니라 하시니라

- By the sweat of your brow[101]
you will eat your food until you return to the ground,
since from it you were taken;

---

100) scratch 근근이 살아가다[along, through]: scratch along on very little money 아주 적은 돈으로 간신히 생활해 나가다; scratch a living 근근이 살아가다

101) by [in] the sweat of one's brow 이마에 땀을 흘리며, 열심히 일하여; earn one's bread by the sweat of one's brow 열심히 일해서 밥벌이를 하다; by [with] the skin of one's teeth 간신히, 가까스로; by the seat of one's pants 가까스로, 아슬아슬하게

for dust you are and to dust you will return."

▸ By the sweat of your brow
will you have food to eat until you return to the ground
from which[102] you were made.
For you were made from dust, and to dust you will return."

20. 아담이 그의 아내의 이름을 하와라 불렀으니 그는 모든 산 자의 어머니가 됨이더라

▸ Adam named his wife Eve,
because she would become the mother of all the living.

▸ Then the man -- Adam -- named his wife Eve,
because she would be the mother of all who live.

□ 가인과 아벨 (Cain and Abel) (창세기 4:1-9)

1. 아담이 그의 아내 하와와 동침하매 하와가 임신하여 가인을 낳고 이르되 내가 여호와로 말미암아 득남하였다 하니라

▸ Adam lay with his wife Eve, and
she became pregnant and gave birth to Cain. She said,
"With the help of the LORD I have brought forth a man."

▸ Now Adam had sexual relations with his wife, Eve,
and she became pregnant. When she gave birth to Cain,
she said, "With the Lord's help, I have produced a man!"

102) 'until you return to the ground that you were made from'
인간이 땅에서(부터) 나왔기 때문에 'from'이 사용된다.

2. 그가 또 가인의 아우 아벨을 낳았는데 아벨은 양 치는 자였고 가인은 농사하는 자였더라

▸ Later she gave birth to his brother Abel.
Now Abel kept flocks, and Cain worked the soil.

▸ Later she gave birth to his brother and named him Abel.
When they grew up,
Abel became a shepherd, while Cain cultivated the ground.

3. 세월이 지난 후에 가인은 땅의 소산으로 제물을 삼아 여호와께 드렸고

▸ In the course of time[103)]
Cain brought some of the fruits of the soil
as an offering to the LORD.

▸ When it was time for the harvest,
Cain presented some of his crops as a gift to the Lord.

4. 아벨은 자기도 양의 첫 새끼와 그 기름으로 드렸더니 여호와께서 아벨과 그의 제물은 받으셨으나

▸ But Abel brought fat portions
from some of the firstborn of his flock.
The LORD looked with favor on Abel and his offering,

▸ Abel also brought a gift—
the best portions of the firstborn lambs from his flock.
The Lord accepted Abel and his gift,

103) 시간이 흐름에 따라, 어느 시기에는: (Over time, Eventually).

5. 가인과 그의 제물은 받지 아니하신지라 가인이 몹시 분하여 안색이 변하니

▸ but on Cain and his offering he did not look with favor. So Cain was very angry, and his face was downcast.

▸ but he did not accept Cain and his gift. This made Cain very angry, and he looked dejected[104].

6. 여호와께서 가인에게 이르시되 네가 분하여 함은 어찌 됨이며 안색이 변함은 어찌 됨이냐

▸ Then the LORD said to Cain, "Why are you angry? Why is your face downcast?

▸ "Why are you so angry?" the Lord asked Cain. "Why do you look so dejected?

7. 네가 선을 행하면 어찌 낯을 들지 못하겠느냐 선을 행하지 아니하면 죄가 문에 엎드려 있느니라 죄가 너를 원하나 너는 죄를 다스릴지니라

▸ If you do what is right, will you not be accepted?
But if you do not do what is right,
sin is crouching[105] at your door;
it desires to have you, but you must master it."

▸ You will be accepted if you do what is right.
But if you refuse to do what is right, then watch out!
Sin is crouching at the door, eager to control you.
But you must subdue[106] it and be its master."

---

104) deject [didʒékt] 기를 꺾다, 낙담시키다, 풀죽게 하다
105) crouch [krautʃ] 웅크리다, 엎드리다, [머리·허리 등을] 숙이다, 굽실거리다
106) subdue [səbdjúː] (격식) [나라·국민] 정복하다; [사람·적을] 압도하다, [반란을]

8. 가인이 그의 아우 아벨에게 말하고 그들이 들에 있을 때에 가인이 그의 아우 아벨을 쳐죽이니라

▸ Now Cain said to his brother Abel,
"Let's go out to the field."
And while they were in the field,
Cain attacked his brother Abel and killed him.

▸ One day Cain suggested to his brother,
"Let's go out into the fields."

9. 여호와께서 가인에게 이르시되 네 아우 아벨이 어디 있느냐 그가 이르되 내가 알지 못하나이다 내가 내 아우를 지키는 자니이까

▸ Then the LORD said to Cain, "Where is your brother Abel?"
"I don't know," he replied. "Am I my brother's keeper?"

▸ Afterward the Lord asked Cain, "Where is your brother?
Where is Abel?" "I don't know," Cain responded.
"Am I my brother's guardian?"

□ 사람을 지었음을 한탄하시다 (창세기 6:5-8)

5. 여호와께서 사람의 죄악이 세상에 가득함과 그의 마음으로 생각하는 모든 계획이 항상 악할 뿐임을 보시고

▸ The LORD saw how great man's wickedness
on the earth had become, and that

제압[진압]하다; 가라앉히다, 완화하다; subdue the rebels 반란군을 진압하다.
[남을] 복종시키다, 위압하다, 순종하게 하다;
be subdued by kindness 친절에 얽매이다.

every inclination[107] of the thoughts of his heart
was only evil all the time.

▸ The Lord observed the extent of human wickedness
on the earth, and he saw that
everything they thought or imagined
was consistently and totally evil.

6. 땅 위에 사람 지으셨음을 한탄하사 마음에 근심하시고

▸ The LORD was grieved that he had made man on the earth,
and his heart was filled with pain.

▸ So the Lord was sorry he had ever made them
and put them on the earth. It broke his heart.

7. 이르시되 내가 창조한 사람을 내가 지면에서 쓸어버리되 사람으로부터 가축과 기는 것과 공중의 새까지 그리하리니 이는 내가 그것들을 지었음을 한탄함이니라 하시니라

▸ "I will wipe mankind, whom I have created,
from the face of the earth-- men and animals,
and creatures that move along the ground,
and birds of the air--for I am grieved that I have made them."

▸ "I will wipe this human race I have created
from the face of the earth.
Yes, and I will destroy every living thing --

---

107) inclination [ìnklənéiʃən] 성향, 경향, 의향; 좋아하는 것;
inclination = tendency(경향) = disposition(성향) = propensity(성향)
follow one's own inclinations 자기 기호대로 하다;
In music, her inclination is toward jazz.
음악에서 그녀가 좋아하는 것은 재즈이다

all the people, the large animals, the small animals
that scurry[108] along the ground, and
even the birds of the sky. I am sorry I ever made them."

8. 그러나 노아는 여호와께 은혜를 입었더라

▸ But Noah <u>found favor</u>[109] in the eyes of the LORD.

▸ But Noah found favor with the Lord.

□ 너를 위하여 방주를 만들라 (창세기 6:13-14)

13. 하나님이 노아에게 이르시되 모든 혈육 있는 자의 포악함이 땅에 가득하므로 그 끝 날이 내 앞에 이르렀으니 내가 그들을 땅과 함께 멸하리라

▸ "I am going to put an end to all people,
for the earth is filled with violence because of them.
I am surely going to destroy both them and the earth.

▸ "I have decided to destroy all living creatures,
for they have filled the earth with violence.
Yes, I will wipe them all out along with the earth!

14. 너는 고페르 나무로 너를 위하여 방주를 만들되 그 안에 칸들을 막고 역청을 그 안팎에 칠하라

---

108) scurry [skə́:ri] (종종걸음으로) 급히 가다, 서두르다;
scurry to the telephone 전화 있는 데로 급히 가다

109) 은혜를 받다[입다], 기쁨을 주다. (주로 성경에서 사용).
he found favor with the Lord. (주님의 기쁨을 얻었다)

▸ So make yourself an ark of cypress[110] wood;
make rooms in it and coat it with pitch inside and out.

▸ "Build a large boat from cypress wood and
waterproof it with tar, inside and out.
Then construct decks and stalls throughout its interior.

□ 네 온 집은 방주로 들어가라 (창세기 7:1-4)

1. 여호와께서 노아에게 이르시되 너와 네 온 집은 방주로 들어가라 이 세대에서 네가 내 앞에 의로움을 내가 보았음이니라

▸ "Go into the ark, you and your whole family,
because I have found you righteous in this generation.

▸ When everything was ready,
"Go into the boat with all your family,
for among all the people of the earth,
I can see that you alone are righteous.

2. 너는 모든 정결한 짐승은 암수 일곱씩, 부정한 것은 암수 둘씩을 네게로 데려오며

▸ Take with you seven of every kind of clean animal,
a male and its mate, and two of every kind
of unclean animal, a male and its mate,

▸ Take with you seven pairs-- male and female--
of each animal I have approved for eating and for sacrifice,
and take one pair of each of the others.

---

110) cypress [sáiprəs] (편백나뭇과) 침엽수

3. 공중의 새도 암수 일곱씩을 데려와 그 씨를 온 지면에 유전하게 하라

▸ and also seven of every kind of bird, male and female, to keep their various kinds alive throughout the earth.

▸ Also take seven pairs of every kind of bird.
There must be a male and a female in each pair
to ensure that all life will survive on the earth after the flood.

4. 지금부터 칠 일이면 내가 사십 주야를 땅에 비를 내려 내가 지은 모든 생물을 지면에서 쓸어버리리라

▸ Seven days from now
I will send rain on the earth for forty days
and forty nights, and I will wipe from the face of the earth
every living creature I have made."

▸ Seven days from now
I will make the rains pour down on the earth.
And it will rain for forty days and forty nights,
until I have wiped from the earth all the living things
I have created."

□ 그들의 언어를 혼잡하게 하다 (창세기 11:1, 3-9)

1. 온 땅의 언어가 하나요 말이 하나였더라

▸ Now the whole world had one language and a common speech.

▸ At one time all the people of the world spoke

the same language and used the same words.

3. 서로 말하되 자, 벽돌을 만들어 견고히 굽자 하고 이에 벽돌로 돌을 대신하며 역청으로 진흙을 대신하고

▸ They said to each other,
"Come, let's make bricks and bake them thoroughly."
They used brick instead of stone, and tar for mortar.

▸ They began saying to each other,
"Let's make bricks and harden them with fire."
(In this region bricks were used instead of stone,
and tar was used for mortar.)

4. 또 말하되 자, 성읍과 탑을 건설하여 그 탑 꼭대기를 하늘에 닿게 하여 우리 이름을 내고 온 지면에 흩어짐을 면하자 하였더니

▸ "Come, let us build ourselves a city,
with a tower that reaches to the heavens,
so that we may make a name for ourselves and
not be scattered over the face of the whole earth."

▸ "Come, let's build a great city for ourselves
with a tower that reaches into the sky.
This will make us famous and keep us
from being scattered all over the world."

5. 여호와께서 사람들이 건설하는 그 성읍과 탑을 보려고 내려오셨더라

▸ But the LORD came down to see the city and
the tower that the men were building.

▸ But the Lord came down to look at the city
and the tower the people were building.

6. 여호와께서 이르시되 이 무리가 한 족속이요 언어도 하나이므로 이같이 시작하였으니 이 후로는 그 하고자 하는 일을 막을 수 없으리로다

▸ "If as one people speaking the same language
they have begun to do this, then nothing
they plan to do will be impossible for them.

▸ "The people are united, and
they all speak the same language.
After this, nothing they set out to do
will be impossible for them!

7. 자, 우리가 내려가서 거기서 그들의 언어를 혼잡하게 하여 그들이 서로 알아듣지 못하게 하자 하시고

▸ Come, let us go down and confuse their language
so they will not understand each other."

▸ Come, let's go down and confuse the people
with different languages.
Then they won't be able to understand each other."

8. 여호와께서 거기서 그들을 온 지면에 흩으셨으므로
그들이 그 도시를 건설하기를 그쳤더라

▸ So the LORD scattered them from there over
all the earth, and they stopped building the city.

▸ In that way, the Lord scattered them all over the world,
and they stopped building the city.

9. 그러므로 그 이름을 바벨이라 하니 이는 여호와께서 거기서 온 땅의 언어를 혼잡하게 하셨음이니라 여호와께서 거기서 그들을 온 지면에 흩으셨더라

▸ That is why it was called Babel -- because there
the LORD confused the language of the whole world.
From there the LORD scattered them
over the face of the whole earth.

▸ That is why the city was called Babel,
because that is where the Lord confused the people
with different languages.
In this way he scattered them all over the world.

□ 아브람과 사래 (창세기 11:29-30)

29. 아브람과 나홀이 장가 들었으니 아브람의 아내의 이름은 사래며 나홀의 아내의 이름은 밀가니 하란의 딸이요 하란은 밀가의 아버지이며 또 이스가의 아버지더라

▸ Abram and Nahor both married.
The name of Abram's wife was Sarai,
and the name of Nahor's wife was Milcah;
she was the daughter of Haran,
the father of both Milcah and Iscah.

▸ Meanwhile, Abram and Nahor both married.
The name of Abram's wife was Sarai,
and the name of Nahor's wife was Milcah.
(Milcah and her sister Iscah were
daughters of Nahor's brother Haran.)

30. 사래는 임신하지 못하므로 자식이 없었더라

▸ Now Sarai was barren[111]; she had no children.

▸ But Sarai was unable to become pregnant
and had no children.

□ 고향과 아버지의 집을 떠나라 (창세기 12:1-5)

1. 여호와께서 아브람에게 이르시되 너는 너의 고향과 친척과 아버지의 집을 떠나 내가 네게 보여 줄 땅으로 가라

▸ "Leave your country,
your people and your father's household
and go to the land I will show you.

▸ "Leave your native country,
your relatives, and your father's family,
and go to the land that I will show you.

2. 내가 너로 큰 민족을 이루고 네게 복을 주어 네 이름을 창대하게 하리니 너는 복이 될지라

▸ "I will make you into a great nation
and I will bless you; I will make your name great,
and you will be a blessing.

▸ I will make you into a great nation.
I will bless you and make you famous,
and you will be a blessing to others.

---

111) barren [bǽrən] 메마른, 불임의; [땅이] 불모의; 비생산적인
a barren woman 석녀(石女)

3. 너를 축복하는 자에게는 내가 복을 내리고 너를 저주하는 자에게는 내가 저주하리니 땅의 모든 족속이 너로 말미암아 복을 얻을 것이라 하신지라

▸ I will bless those who bless you, and
whoever curses you I will curse; and
all peoples on earth will be blessed through you."

▸ I will bless those who bless you and
curse those who treat you with contempt[112].
All the families on earth will be blessed through you."

4. 이에 아브람이 여호와의 말씀을 따라갔고 롯도 그와 함께 갔으며 아브람이 하란을 떠날 때에 칠십오 세였더라

▸ So Abram left, as the LORD had told him;
and Lot went with him. Abram was seventy-five years old
when he set out from Haran.

▸ So Abram departed as the Lord had instructed,
and Lot went with him. Abram was seventy-five years old
when he left Haran.

5. 아브람이 그의 아내 사래와 조카 롯과 하란에서 모은 모든 소유와 얻은 사람들을 이끌고 가나안 땅으로 가려고 떠나서 마침내 가나안 땅에 들어갔더라

▸ He took his wife Sarai, his nephew Lot,
all the possessions they had accumulated
and the people they had acquired in Haran,
and they set out for the land of Canaan,

112) contempt [kəntémpt] 경멸, 모욕, 무시, 멸시 (disdain = scorn = disrespect)
in contempt of 경멸하여; 무시하여

and they arrived there.

▸ He took his wife, Sarai, his nephew Lot,
and all his wealth—his livestock and all the people he had taken into his household at Haran — and headed for the land of Canaan.
When they arrived in Canaan,

□ 사래와 하갈 (창세기 16:1-6)

1. 아브람의 아내 사래는 출산하지 못하였고 그에게 한 여종이 있으니 애굽 사람이요 이름은 하갈이라

▸ Now Sarai, Abram's wife, had borne him no children.
But she had an Egyptian maidservant named Hagar;

▸ Now Sarai, Abram's wife, had not been able to bear children for him. But she had an Egyptian servant named Hagar.

2. 사래가 아브람에게 이르되 여호와께서 내 출산을 허락하지 아니하셨으니 원하건대 내 여종에게 들어가라 내가 혹 그로 말미암아 자녀를 얻을까 하노라 하매 아브람이 사래의 말을 들으니라

▸ "The LORD has kept me from having children.
Go, sleep with my maidservant;
perhaps I can build a family through her."
Abram agreed to what Sarai said.

▸ "The Lord has prevented me from having children.
Go and sleep with my servant.
Perhaps I can have children through her."

And Abram agreed with Sarai's proposal.

3. 아브람의 아내 사래가 그 여종 애굽 사람 하갈을 데려다가 그 남편 아브람에게 첩으로 준 때는 아브람이 가나안 땅에 거주한 지 십 년 후였더라

▸ So after Abram had been living in Canaan ten years,
Sarai his wife took her Egyptian maidservant Hagar
and gave her to her husband to be his wife.

▸ So Sarai, Abram's wife, took Hagar the Egyptian servant
and gave her to Abram as a wife.
(This happened ten years
after Abram had settled in the land of Canaan.)

4. 아브람이 하갈과 동침하였더니 하갈이 임신하매 그가 자기의 임신함을 알고 그의 여주인을 멸시한지라

▸ He slept with Hagar, and she conceived.
When she knew she was pregnant,
she began to despise her mistress.

▸ So Abram had sexual relations with Hagar,
and she became pregnant. But when Hagar knew
she was pregnant, she began to treat her mistress, Sarai,
with contempt.

5. 사래가 아브람에게 이르되 내가 받는 모욕은 당신이 받아야 옳도다 내가 나의 여종을 당신의 품에 두었거늘 그가 자기의 임신함을 알고 나를 멸시하니 당신과 나 사이에 여호와께서 판단하시기를 원하노라

▸ "You are responsible for the wrong I am suffering.

I put my servant in your arms, and now that
she knows she is pregnant, she despises me.
May the LORD judge between you and me."

▸ "This is all your fault! I put my servant into your arms, but now that she's pregnant she treats me with contempt. The Lord will show who's wrong—you or me!"

6. 아브람이 사래에게 이르되 당신의 여종은 당신의 수중에 있으니 당신의 눈에 좋을 대로 그에게 행하라 하매 사래가 하갈을 학대하였더니 하갈이 사래 앞에서 도망하였더라

▸ "Your servant is in your hands,"
"Do with her whatever you think best.[113]"
Then Sarai mistreated Hagar; so she fled from her.

▸ "Look, she is your servant, so deal with[114] her as you see fit." Then Sarai treated Hagar so harshly that she finally ran away.

□ 하갈과 이스마엘 (창세기 16:15-16)

15. 하갈이 아브람의 아들을 낳으매 아브람이 하갈이 낳은 그 아들을 이름하여 이스마엘이라 하였더라

▸ So Hagar bore Abram a son, and Abram gave

---

113) 당신이 생각하기에 최선인 대로 그녀에게 행하세요:
She handed over the documents to her lawyer and said, 'Do with them as you see fit. (당신이 적절하다고 생각하는 대로 처리하세요)

114) deal with: 다루다, 처리하다, 대처하다: The manager will deal with the customer complaint promptly. (고객의 불만을 신속하게 처리할 것이다.)

the name Ishmael to the son she had borne.

▸ So Hagar gave Abram a son,
and Abram named him Ishmael.

16. 하갈이 아브람에게 이스마엘을 낳았을 때에 아브람이 팔십육 세였더라

▸ Abram was eighty-six years old
when Hagar bore him Ishmael.

▸ Abram was eighty-six years old when Ishmael was born.

□ 아브라함이라 하리니 (창세기 17:1-2, 4-5)

1. 아브람이 구십구 세 때에 여호와께서 아브람에게 나타나서 그에게 이르시되 나는 전능한 하나님이라 너는 내 앞에서 행하여 완전하라

▸ When Abram was ninety-nine years old,
the LORD appeared to him and said, "I am God Almighty;
walk before me and be blameless.

▸ When Abram was ninety-nine years old,
the Lord appeared to him and said, "I am El-Shaddai --
'God Almighty.' Serve me faithfully and live a blameless life.

2. 내가 내 언약을 나와 너 사이에 두어 너를 크게 번성하게 하리라 하시니

▸ I will confirm my covenant between me
and you and will greatly increase your numbers."

▸ I will make a covenant with you, by which[115]
I will guarantee to give you countless descendants."

4. 보라 내 언약이 너와 함께 있으니 너는 여러 민족의 아버지가 될지라

▸ "As for me, this is my covenant with you:
You will be the father of many nations.

▸ "This is my covenant with you:
I will make you the father of a multitude of nations!

5. 이제 후로는 네 이름을 아브람이라 하지 아니하고 아브라함이라 하리니 이는 내가 너를 여러 민족의 아버지가 되게 함이니라

▸ No longer will you be called Abram; your name will be Abraham, for I have made you a father of many nations.

▸ What's more, I am changing your name.
It will no longer be Abram. Instead, you will be called Abraham, for you will be the father of many nations.

□ 사라와 이삭 (창세기 17:19)

하나님이 이르시되 아니라 네 아내 사라가 네게 아들을 낳으리니 너는 그 이름을 이삭이라 하라 내가 그와 내 언약을 세우리니 그의 후손에게 영원한 언약이 되리라

▸ "Yes, but your wife Sarah will bear you a son, and

---

115) 그 언약으로: 'I will make a covenant with you and by that covenant I will guarantee ----.'

you will call him Isaac. I will establish my covenant with him as an everlasting covenant for his descendants after him.

▸ "No -- Sarah, your wife, will give birth to a son for you.
You will name him Isaac,
and I will confirm my covenant with him and
his descendants as an everlasting covenant.

□ 아브라함이 100세에 아들을 낳다 (창세기 21:2-5)

2. 사라가 임신하고 하나님이 말씀하신 시기가 되어 노년의 아브라함에게 아들을 낳으니

▸ Sarah became pregnant and bore a son to Abraham in his old age, at the very time God had promised him.

▸ She became pregnant, and she gave birth to a son for Abraham in his old age.
This happened at just the time God had said it would.

3. 아브라함이 그에게 태어난 아들 곧 사라가 자기에게 낳은 아들을 이름하여 이삭이라 하였고

▸ Abraham gave the name Isaac to the son Sarah bore him.

▸ And Abraham named their son Isaac.

4. 그 아들 이삭이 난 지 팔 일 만에 그가 하나님이 명령하신 대로 할례를 행하였더라

▸ When his son Isaac was eight days old,
Abraham circumcised[116] him, as God commanded him.

▸ Eight days after Isaac was born,
Abraham circumcised him as God had commanded.

5. 아브라함이 그의 아들 이삭이 그에게 태어날 때에 백 세라

▸ Abraham was a hundred years old
when his son Isaac was born to him.

▸ Abraham was 100 years old when Isaac was born.

□ 이삭을 번제물로 (창세기 22:1-3)

1. 그 일 후에 하나님이 아브라함을 시험하시려고 그를 부르시되 아브라함아 하시니 그가 이르되 내가 여기 있나이다

▸ Some time later God tested Abraham. He said to him, "Abraham!" "Here I am," he replied.

▸ Some time later, God tested Abraham's faith. "Abraham!" God called. "Yes," he replied. "Here I am."

2. 여호와께서 이르시되 네 아들 네 사랑하는 독자 이삭을 데리고 모리아 땅으로 가서 내가 네게 일러 준 한 산 거기서 그를 번제로 드리라

▸ "Take your son, your only son, Isaac, whom you love,
and go to the region of Moriah. Sacrifice him there
as a burnt offering on one of the mountains
I will tell you about."

---

116) circumcise [sə́:rkəmsàiz] 할례를 베풀다, 포경 수술을 하다

▸ "Take your son, your only son -- yes, Isaac, whom you love so much -- and go to the land of Moriah. Go and sacrifice him as a burnt offering on one of the mountains, which I will show you."

3. 아브라함이 아침에 일찍이 일어나 나귀에 안장을 지우고 두 종과 그의 아들 이삭을 데리고 번제[117]에 쓸 나무를 쪼개어 가지고 떠나 하나님이 자기에게 일러 주신 곳으로 가더니

▸ Early the next morning
Abraham got up and saddled[118] his donkey.
He took with him two of his servants and his son Isaac.
When he had cut enough wood for the burnt offering,
he set out for the place God had told him about.

▸ The next morning Abraham got up early.
He saddled his donkey and took two of his servants
with him, along with his son, Isaac. Then
he chopped wood for a fire for a burnt offering
and set out for the place God had told him about.

□ 여호와 이레[119] (창세기 22:6-14)

6. 아브라함이 이에 번제 나무를 가져다가 그의 아들 이삭에게 지우고 자기는 불과 칼을 손에 들고 두 사람이 동행하더니

---

117) 번제 (a burnt offering): 구약 시대에 짐승을 통째로 태워 제물로 바친 제사로써 안식일, 매달 초하루와 무교절, 속죄제에 지냈다.

118) saddle [sædl] 안장, 올라타다; put a saddle on a horse 말에 안장을 놓다

119) 여호와께서 준비하신다: Yahweh-Yireh

▸ Abraham took the wood for the burnt offering and placed it on his son Isaac, and he himself carried the fire and the knife. As the two of them went on together,

▸ So Abraham placed the wood for the burnt offering on Isaac's shoulders, while he himself carried the fire and the knife. As the two of them walked on together,

7. 이삭이 그 아버지 아브라함에게 말하여 이르되 내 아버지여 하니 그가 이르되 내 아들아 내가 여기 있노라 이삭이 이르되 불과 나무는 있거니와 번제할 어린 양은 어디 있나이까

▸ Isaac spoke up and said to his father Abraham,
"Father?" "Yes, my son?" Abraham replied.
"The fire and wood are here," Isaac said,
"but where is the lamb for the burnt offering?"

▸ Isaac turned to Abraham and said, "Father?" "Yes, my son?" Abraham replied. "We have the fire and the wood," the boy said, "but where is the sheep for the burnt offering?"

8. 아브라함이 이르되 내 아들아 번제할 어린 양은 하나님이 자기를 위하여 친히 준비하시리라 하고 두 사람이 함께 나아가서

▸ "God himself will provide the lamb for the burnt offering, my son." And the two of them went on together.

▸ "God will provide a sheep for the burnt offering, my son," And they both walked on together.

9. 하나님이 그에게 일러 주신 곳에 이른지라 이에 아브라함이 그 곳에 제단을 쌓고 나무를 벌여 놓고 그의 아들 이삭을 결박하여 제단 나무 위에 놓고

▸ When they reached the place God had told him about, Abraham built an altar there and arranged the wood on it. He bound his son Isaac and laid him on the altar, on top of the wood.

▸ When they arrived at the place
where God had told him to go,
Abraham built an altar and arranged the wood on it.
Then he tied his son, Isaac, and laid him on the altar
on top of the wood.

10. 손을 내밀어 칼을 잡고 그 아들을 잡으려 하니

▸ Then he reached out his hand and
took the knife to slay his son.

▸ And Abraham picked up the knife
to kill his son as a sacrifice.

11. 여호와의 사자가 하늘에서부터 그를 불러 이르시되 아브라함아 아브라함아 하시는지라 아브라함이 이르되 내가 여기 있나이다 하매

▸ But the angel of the LORD called out to him from heaven, "Abraham! Abraham!" "Here I am," he replied.

▸ At that moment the angel of the Lord called to him
from heaven, "Abraham! Abraham!"
"Yes," Abraham replied. "Here I am!"

12. 사자가 이르시되 그 아이에게 네 손을 대지 말라 그에게 아무 일도 하지 말라 네가 네 아들 네 독자까지도 내게 아끼지 아니 하였으니 내가 이제야 네가 하나님을 경외하는 줄을 아노라

▸ "Do not lay a hand on the boy," he said.
"Do not do anything to him. Now I know that you fear God, because you have not withheld from me your son[120], your only son."

▸ "Don't lay a hand on the boy!" the angel said.
"Do not hurt him in any way,
for now I know that you truly fear God.
You have not withheld from me even your son, your only son."

13. 아브라함이 눈을 들어 살펴본즉 한 숫양이 뒤에 있는데 뿔이 수풀에 걸려 있는지라 아브라함이 가서 그 숫양을 가져다가 아들을 대신하여 번제로 드렸더라

▸ Abraham looked up and there in a thicket[121]
he saw a ram caught by its horns.
He went over and took the ram and sacrificed it
as a burnt offering instead of his son.

▸ Then Abraham looked up and
saw a ram caught by its horns in a thicket.
So he took the ram and sacrificed it as a burnt offering
in place of[122] his son.

14. 아브라함이 그 땅 이름을 여호와 이레라 하였으므로 오늘날까지 사람들이 이르기를 여호와의 산에서 준비되리라 하더라

---

120) 너는 나에게 네 아들, 네 유일한 아들을 숨기지 않았다.
(withheld: concealed, kept back, hid): The boy's name was withheld by police because of his age. (밝혀지지 않았다: 숨겨졌다)

121) thicket [θíkit] 덤불, 얽힘 (brush, undergrowth, dense vegetation)

122) in place of = instead of = in lieu of = as a substitute for

▸ So Abraham called that place The LORD Will Provide. And to this day it is said, "On the mountain of the LORD it will be provided."

▸ Abraham named the place Yahweh-Yireh
(which means "the Lord will provide").
To this day, people still use that name as a proverb:
"On the mountain of the Lord it will be provided."

□ 네 씨가 크게 번성하여 (창세기 22:17)

내가 네게 큰 복을 주고 네 씨가 크게 번성하여 하늘의 별과 같고 바닷가의 모래와 같게 하리니 네 씨가 그 대적의 성문을 차지하리라

▸ I will surely bless you and make your descendants as numerous as the stars in the sky and as the sand on the seashore. Your descendants will take possession of the cities of their enemies,

▸ I will certainly bless you.
I will multiply your descendants beyond number,
like the stars in the sky and the sand on the seashore.
Your descendants will conquer the cities of their enemies.

□ 에서가 장자의 명분을 팔다 (창세기 25:28-34)

28. 이삭은 에서가 사냥한 고기를 좋아하므로 그를 사랑하고 리브가는 야곱을 사랑하였더라

▸ Isaac, who had a taste for wild game[123], loved Esau, but Rebekah loved Jacob.

▸ Isaac loved Esau because he enjoyed eating the wild game Esau brought home, but Rebekah loved Jacob.

29. 야곱이 죽을 쑤었더니 에서가 들에서 돌아와서 심히 피곤하여

▸ Once when Jacob was cooking some stew, Esau came in from the open country, famished[124].

▸ One day when Jacob was cooking some stew, Esau arrived home from the wilderness exhausted and hungry.

30. 야곱에게 이르되 내가 피곤하니 그 붉은 것을 내가 먹게 하라 한지라 그러므로 에서의 별명은 에돔이더라

▸ "Quick, let me have some of that red stew! I'm famished!" (That is why he was also called Edom.)

▸ “I’m starved! Give me some of that red stew!” (This is how Esau got his other name, Edom, which means “red.”)

31. 야곱이 이르되 형의 장자의 명분을 오늘 내게 팔라

▸ Jacob replied, "First sell me your birthright."

▸ “All right,” “but trade me your rights as the firstborn son.”

---

123) game: 사냥감, 낚싯감: The hunters captured deer and other wild game.
사냥꾼들은 사슴과 다른 야생 사냥감을 포획했다.

124) famish [fǽmiʃ] 굶주리게 하다, 굶주리다, 아사하다
I'm almost famished. (구어) 배고파 죽겠다.

32. 에서가 이르되 내가 죽게 되었으니 이 장자의 명분이 내게 무엇이 유익하리요

▸ "Look, I am about to die," Esau said.
"What good is the birthright to me?"

▸ "Look, I'm dying of starvation!" said Esau.
"What good is my birthright to me now?"

33. 야곱이 이르되 오늘 내게 맹세하라 에서가 맹세하고 장자의 명분을 야곱에게 판지라

▸ But Jacob said, "Swear to me first."
So he swore an oath to him,
selling his birthright to Jacob.

▸ "First you must swear that your birthright is mine."
So Esau swore an oath, thereby selling all his rights as the firstborn to his brother, Jacob.

34. 야곱이 떡과 팥죽을 에서에게 주매 에서가 먹으며 마시고 일어나 갔으니 에서가 장자의 명분을 가볍게 여김이었더라

▸ Then Jacob gave Esau some bread and some lentil[125)]stew. He ate and drank, and then got up and left.
So Esau despised his birthright.

▸ Then Jacob gave Esau some bread and lentil stew.
Esau ate the meal, then got up and left.
He showed contempt for his rights as the firstborn.[126)]

125) lentil [léntil] 렌즈콩, 편두

126) He disregarded his privileges as the eldest son.
그는 장자로서의 자신의 권리를 무시했다.

□ 야곱이 이삭을 속이다 (창세기 27:1-10)

1. 이삭이 나이가 많아 눈이 어두워 잘 보지 못하더니 맏아들 에서를 불러 이르되 내 아들아 하매 그가 이르되 내가 여기 있나이다 하니

▸ When Isaac was old and his eyes were so weak that he could no longer see, he called for Esau his older son and said to him, "My son." "Here I am," he answered.

▸ One day when Isaac was old and turning blind,
he called for Esau, his older son, and said,
"My son." "Yes, Father?" Esau replied.

2. 이삭이 이르되 내가 이제 늙어 어느 날 죽을는지 알지 못하니

▸ "I am now an old man and
don't know the day of my death.

▸ "I am an old man now,"
"and I don't know when I may die.

3. 그런즉 네 기구 곧 화살통과 활을 가지고 들에 가서 나를 위하여 사냥하여

▸ Now then, get your weapons--your quiver127) and bow128)

---

127) quiver [kwívər] 화살통, 전동(箭筒); 떨리다, 흔들리다, 진동하다
Her voice was quivering with anger[excitement].
그녀의 목소리는 너무 화가 나서[흥분해서] 떨리고 있었다.
[사람·동물이] 떨게 하다, 진동시키다, 흔들다
The dog quivered its tail. 그 개는 꼬리를 흔들고 있었다.

128) bow [bau] 활, 인사하다, 굴복하다, 허리를 굽히다

--and go out to the open country
to hunt some wild game[129] for me.

▸ Take your bow and a quiver full of arrows, and go out into the open country to hunt some wild game for me.

4. 내가 즐기는 별미를 만들어 내게로 가져와서 먹게 하여 내가 죽기 전에 내 마음껏 네게 축복하게 하라

▸ Prepare me the kind of tasty food I like and bring it to me to eat, so that I may give you my blessing before I die."

▸ Prepare my favorite dish, and bring it here for me to eat. Then I will pronounce the blessing that belongs to you, my firstborn son, before I die."

5. 이삭이 그의 아들 에서에게 말할 때에 리브가가 들었더니 에서가 사냥하여 오려고 들로 나가매

▸ Now Rebekah was listening as Isaac spoke to his son Esau. When Esau left for the open country
to hunt game and bring it back,

▸ But Rebekah overheard what Isaac had said to his son Esau. So when Esau left to hunt for the wild game,

6. 리브가가 그의 아들 야곱에게 말하여 이르되 네 아버지가 네 형 에서에게 말씀하시는 것을 내가 들으니 이르시기를

▸ "Look, I overheard your father say to your brother Esau,

▸ "Listen. I overheard your father say to Esau,

129) wild game 사냥감

7. 나를 위하여 사냥하여 가져다가 별미를 만들어 내가 먹게 하여
죽기 전에 여호와 앞에서 네게 축복하게 하라 하셨으니

▸ 'Bring me some game and prepare me some tasty food
to eat, so that I may give you my blessing
in the presence of the LORD before I die.'

▸ 'Bring me some wild game and
prepare me a delicious meal. Then I will bless you
in the Lord's presence before I die.'

8. 그런즉 내 아들아 내 말을 따라 내가 네게 명하는 대로

▸ Now, my son, listen carefully and do what I tell you:

▸ Now, my son, listen to me. Do exactly as I tell you.

9. 염소 떼에 가서 거기서 좋은 염소 새끼 두 마리를 내게로 가져오면
내가 그것으로 네 아버지를 위하여 그가 즐기시는 별미를 만들리니

▸ Go out to the flock and bring me two choice[130] young
goats, so I can prepare some tasty food for your father,
just the way he likes it.

▸ Go out to the flocks, and bring me two fine young goats.
I'll use them to prepare your father's favorite dish.

10. 네가 그것을 네 아버지께 가져다 드려서 그가 죽기 전에
네게 축복하기 위하여 잡수시게 하라

▸ Then take it to your father to eat,
so that he may give you his blessing before he dies."

---

130) choice 좋은 것; 최상품, 일품(逸品); 안성맞춤인 사람; 특선품

▸ Then take the food to your father
so he can eat it and bless you before he dies."

□ 야곱이 라헬을 위해 (창세기 29:26-28, 30)

26. 라반이 이르되 언니보다 아우를 먼저 주는 것은 우리 지방에서 하지 아니하는 바이라

▸ "It is not our custom here to give
the younger daughter in marriage before the older one.

▸ "It's not our custom here to marry off[131] a younger daughter ahead of the firstborn,"

27. 이를 위하여 칠 일을 채우라 우리가 그도 네게 주리니 네가 또 나를 칠 년 동안 섬길지니라

▸ Finish this daughter's bridal week;
then we will give you the younger one also,
in return for another seven years of work."

▸ "But wait until the bridal week is over;
then we'll give you Rachel, too—provided[132]
you promise to work another seven years for me."

28. 야곱이 그대로 하여 그 칠 일을 채우매 라반이 딸 라헬도 그에게 아내로 주고

▸ And Jacob did so. He finished the week with Leah, and

---

131) marry somebody off (to somebody) 시집[장가] 보내다
132) provided (providing) [접속사] (만약) ...라면

then Laban gave him his daughter Rachel to be his wife.

▸ So Jacob agreed to work seven more years. A week after Jacob had married Leah, Laban gave him Rachel, too.

30. 야곱이 또한 라헬에게로 들어갔고 그가 레아보다 라헬을 더 사랑하여 다시 칠 년 동안 라반을 섬겼더라

▸ Jacob lay with Rachel also, and he loved Rachel more than Leah.
And he worked for Laban another seven years.

▸ So Jacob slept with Rachel, too, and he loved her much more than Leah. He then stayed and worked for Laban the additional seven years.

□ 요셉이 꿈을 말하다 (창세기 37:5, 7-8)

5. 요셉이 꿈을 꾸고 자기 형들에게 말하매 그들이 그를 더욱 미워하였더라

▸ Joseph had a dream, and when he told it to his brothers, they hated him all the more.

▸ One night Joseph had a dream, and when he told his brothers about it, they hated him more than ever.

7. 우리가 밭에서 곡식 단을 묶더니 내 단은 일어서고 당신들의 단은 내 단을 둘러서서 절하더이다

▸ We were binding sheaves133) of grain out in the field when suddenly my sheaf134) rose and stood upright, while your sheaves gathered around mine and bowed down to it."

▸ "We were out in the field, tying up bundles of grain. Suddenly my bundle stood up, and your bundles all gathered around and bowed low before mine!"

8. 그의 형들이 그에게 이르되 네가 참으로 우리의 왕이 되겠느냐 참으로 우리를 다스리게 되겠느냐 하고 그의 꿈과 그의 말로 말미암아 그를 더욱 미워하더니

▸ His brothers said to him, "Do you intend to reign over us? Will you actually rule us?" And they hated him all the more because of his dream and what he had said.

▸ His brothers responded, "So you think you will be our king, do you? Do you actually think you will reign over us?" And they hated him all the more because of his dreams and the way he talked about them.

□ 바로(Pharaoh)가 꿈을 꾸다 (창세기 41:1-7)

1. 만 이 년 후에 바로가 꿈을 꾼즉 자기가 나일 강 가에 서 있는데

▸ When two full years had passed, Pharaoh had a dream: He was standing by the Nile,

▸ Two full years later, Pharaoh dreamed that

133) sheave [ʃi:v] [곡식 등을] 다발로 묶다; 모으다; 도르래, 활차

134) sheaf [ʃi:f] 곡식의) 단; (화살의) 한 다발; 다발, 묶음;
a sheaf of autographs 자필 원고의 뭉치

he was standing on the bank of the Nile River.

2. 보니 아름답고 살진 일곱 암소가 강가에서 올라와 갈밭에서 뜯어먹고

▸ when out of the river there came up seven cows, sleek[135] and fat, and they grazed among the reeds.

▸ In his dream he saw seven fat, healthy cows come up out of the river and begin grazing in the marsh[136] grass.

3. 그 뒤에 또 흉하고 파리한 다른 일곱 암소가 나일 강 가에서 올라와 그 소와 함께 나일 강 가에 서 있더니

▸ After them, seven other cows, ugly and gaunt[137], came up out of the Nile and stood beside those on the riverbank.

▸ Then he saw seven more cows come up behind them from the Nile, but these were scrawny[138] and thin. These cows stood beside the fat cows on the riverbank.

4. 그 흉하고 파리한 소가 그 아름답고 살진 일곱 소를 먹은지라 바로가 곧 깨었다가

▸ And the cows that were ugly and gaunt ate up the seven sleek, fat cows. Then Pharaoh woke up.

▸ Then the scrawny, thin cows ate the seven healthy, fat cows! At this point in the dream, Pharaoh woke up.

---

135) sleek [sli:k] 윤기 나는, 매끈한, 매끈매끈하게 하다
136) marsh [ma:rʃ] 습지, 늪지대
137) gaunt [gɔ:nt] 여윈, 황량한, 수척한
138) scrawny [skrɔ́:ni] 말라빠진, 땅딸막한, 키가 작은

5. 다시 잠이 들어 꿈을 꾸니 한 줄기에 무성하고 충실한 일곱 이삭이 나오고

▸ He fell asleep again and had a second dream:
Seven heads of grain, healthy and good,
were growing on a single stalk[139].

▸ But he fell asleep again and had a second dream.
This time he saw seven heads of grain, plump[140]
and beautiful, growing on a single stalk.

6. 그 후에 또 가늘고 동풍에 마른 일곱 이삭이 나오더니

▸ After them, seven other heads of grain sprouted[141]—
thin and scorched by the east wind.

▸ Then seven more heads of grain appeared,
but these were shriveled[142] and
withered[143] by the east wind.

7. 그 가는 일곱 이삭이 무성하고 충실한 일곱 이삭을 삼킨지라 바로가 깬즉 꿈이라

▸ The thin heads of grain swallowed up
the seven healthy, full heads.

---

139) stalk [stɔːk] 줄기, 접근하다

140) plump [plʌmp] 통통한, 포동포동한, 살진, 불룩하게 만들다

141) sprout [spraut] [싹·잎] 자라기 시작하다, [나무에서] 싹트다; 생기다[up]:
New ideas will always sprout up. 새로운 아이디어는 항상 솟아나는 법이다.

142) shrivel [ʃrívəl] 시들게 하다, 줄어들어 주름지다, 위축되다
The flowers shriveld up. 꽃은 시들어 버렸다.

143) shriveled와 withered는 둘 다 식물이나 과일 등이 건조하고 쇠퇴한 상태를 나타낸다. (shriveled는 주름지고 작아진 상태: withered는 시들고 건조해진 상태)

Then Pharaoh woke up; it had been a dream.

▸ And these thin heads swallowed up[144] the seven plump, well-formed heads!
Then Pharaoh woke up again and realized it was a dream.

□ 요셉이 바로의 꿈을 해석하다 (창세기 41:25-31)

25. 요셉이 바로에게 아뢰되 바로의 꿈은 하나라 하나님이 그가 하실 일을 바로에게 보이심이니이다

▸ "The dreams of Pharaoh are one and the same.
God has revealed to Pharaoh what he is about to do.

▸ "Both of Pharaoh's dreams mean the same thing.
God is telling Pharaoh in advance what he is about to do.

26. 일곱 좋은 암소는 일곱 해요 일곱 좋은 이삭도 일곱 해니 그 꿈은 하나라

▸ The seven good cows are seven years,
and the seven good heads of grain are seven years;
it is one and the same dream.

▸ The seven healthy cows and the seven healthy heads of grain both represent seven years of prosperity.

27. 그 후에 올라온 파리하고 흉한 일곱 소는 칠 년이요 동풍에 말라 속이 빈 일곱 이삭도 일곱 해 흉년이니

---

144) 삼키다

▸ The seven lean, ugly cows that
came up afterward are seven years, and
so are the seven worthless heads of grain scorched by
the east wind: They are seven years of famine.

▸ The seven thin, scrawny cows that came up later
and the seven thin heads of grain,
withered by the east wind, represent seven years of famine.

28. 내가 바로에게 이르기를 하나님이 그가 하실 일을 바로에게
보이신다 함이 이것이라

▸ "It is just as I said to Pharaoh:
God has shown Pharaoh what he is about to do.

▸ "This will happen just as I have described it,
for God has revealed to Pharaoh in advance
what he is about to do.

29. 온 애굽 땅에 일곱 해 큰 풍년이 있겠고

▸ Seven years of great abundance are coming
throughout the land of Egypt,

▸ The next seven years will be a period of great
prosperity throughout the land of Egypt.

30. 후에 일곱 해 흉년이 들므로 애굽 땅에 있던 풍년을 다 잊어버
리게 되고 이 땅이 그 기근으로 망하리니

▸ but seven years of famine will follow them.
Then all the abundance in Egypt will be forgotten,
and the famine will ravage the land.

▸ But afterward there will be seven years of famine so great that all the prosperity will be forgotten in Egypt. Famine will destroy the land.

31. 후에 든 그 흉년이 너무 심하므로 이전 풍년을 이 땅에서 기억하지 못하게 되리이다

▸ The abundance in the land will not be remembered, because the famine that follows it will be so severe.

▸ This famine will be so severe that
even the memory of the good years will be erased.

□ 가나안 땅에 기근이 들다 (창세기 42:5-8)

5. 이스라엘의 아들들이 양식 사러 간 자 중에 있으니 가나안 땅에 기근이 있음이라

▸ So Israel's sons were among those who went to buy grain, for the famine was in the land of Canaan also.

▸ So Jacob's sons arrived in Egypt along with others to buy food, for the famine was in Canaan as well.

6. 때에 요셉이 나라의 총리로서 그 땅 모든 백성에게 곡식을 팔더니 요셉의 형들이 와서 그 앞에서 땅에 엎드려 절하매

▸ Now Joseph was the governor of the land,
the one who sold grain to all its people.
So when Joseph's brothers arrived,
they bowed down to him with their faces to the ground.

▸ Since Joseph was governor of all Egypt and in charge of selling grain to all the people, it was to him that his brothers came. When they arrived, they bowed before him with their faces to the ground.

7. 요셉이 보고 형들인 줄을 아나 모르는 체하고 엄한 소리로 그들에게 말하여 이르되 너희가 어디서 왔느냐 그들이 이르되 곡물을 사려고 가나안에서 왔나이다

▸ As soon as Joseph saw his brothers, he recognized them, but he pretended to be a stranger and spoke harshly to them. "Where do you come from?" he asked. "From the land of Canaan," they replied, "to buy food."

▸ Joseph recognized his brothers instantly, but he retended to be a stranger and spoke harshly to them. "Where are you from?" he demanded. "From the land of Canaan," they replied. "We have come to buy food."

8. 요셉은 그의 형들을 알아보았으나 그들은 요셉을 알아보지 못하더라

▸ Although Joseph recognized his brothers, they did not recognize him.

□ 바로의 딸이 모세를 키우다 (출애굽기 2:1-10)

1. 레위 가족 중 한 사람이 가서 레위 여자에게 장가 들어

▸ Now a man of the house of Levi married a Levite woman,

▸ About this time, a man and woman from the tribe of Levi got married.

2. 그 여자가 임신하여 아들을 낳으니 그가 잘 생긴 것을 보고 석 달 동안 그를 숨겼으나

▸ and she became pregnant and gave birth to a son.
When she saw that he was a fine child,
she hid him for three months.

▸ The woman became pregnant and gave birth to a son.
She saw that he was a special baby and
kept him hidden for three months.

3. 더 숨길 수 없게 되매 그를 위하여 갈대 상자를 가져다가 역청과 나무 진을 칠하고 아기를 거기 담아 나일 강 가 갈대 사이에 두고

▸ But when she could hide him no longer,
she got a papyrus basket for him and
coated it with tar and pitch.
Then she placed the child in it and
put it among the reeds along the bank of the Nile.

▸ But when she could no longer hide him,
she got a basket made of papyrus reeds and
waterproofed it with tar and pitch.
She put the baby in the basket and
laid it among the reeds along the bank of the Nile River.

4. 그의 누이가 어떻게 되는지를 알려고 멀리 섰더니

▸ His sister stood at a distance to see
what would happen to him.

▸ The baby's sister then stood at a distance,
watching to see what would happen to him.

5. 바로의 딸이 목욕하러 나일 강으로 내려오고 시녀들은 나일 강가를 거닐 때에 그가 갈대 사이의 상자를 보고 시녀를 보내어 가져다가

▸ Then Pharaoh's daughter went down to the Nile to bathe,
and her attendants were walking along the river bank.
She saw the basket among the reeds
and sent her slave girl to get it.

▸ Soon Pharaoh's daughter came down to bathe in the river,
and her attendants walked along the riverbank.
When the princess saw the basket among the reeds,
she sent her maid to get it for her.

6. 열고 그 아기를 보니 아기가 우는지라 그가 그를 불쌍히 여겨 이르되 이는 히브리 사람의 아기로다

▸ She opened it and saw the baby. He was crying, and she felt sorry for him. "This is one of the Hebrew babies,"

▸ When the princess opened it, she saw the baby.
The little boy was crying, and she felt sorry for him.
"This must be one of the Hebrew children,"

7. 그의 누이가 바로의 딸에게 이르되 내가 가서 당신을 위하여 히브리 여인 중에서 유모를 불러다가 이 아기에게 젖을 먹이게 하리이까

▸ Then his sister asked Pharaoh's daughter,
"Shall I go and get one of the Hebrew women
to nurse the baby for you?"

▸ Then the baby’s sister approached the princess. “Should I go and find one of the Hebrew women to nurse the baby for you?” she asked.

8. 바로의 딸이 그에게 이르되 가라 하매 그 소녀가 가서 그 아기의 어머니를 불러오니

▸ "Yes, go," she answered.
And the girl went and got the baby's mother.

▸ “Yes, do!” the princess replied.
So the girl went and called the baby’s mother.

9. 바로의 딸이 그에게 이르되 이 아기를 데려다가 나를 위하여 젖을 먹이라 내가 그 삯을 주리라 여인이 아기를 데려다가 젖을 먹이더니

▸ Pharaoh's daughter said to her, "Take this baby and nurse him for me, and I will pay you."
So the woman took the baby and nursed him.

▸ “Take this baby and nurse him for me,”
the princess told the baby’s mother.
“I will pay you for your help.”
So the woman took her baby home and nursed him.

10. 그 아기가 자라매 바로의 딸에게로 데려가니 그가 그의 아들이 되니라 그가 그의 이름을 모세라 하여 이르되 이는 내가 그를 물에서 건져내었음이라 하였더라

▸ When the child grew older,
she took him to Pharaoh's daughter and
he became her son. She named him Moses,
saying, "I drew him out of the water.”

▸ Later, when the boy was older,
his mother brought him back to Pharaoh's daughter,
who adopted him as her own son.
The princess named him Moses, for she explained,
"I lifted him out of the water."

□ 모세가 미디안으로 도망가다 (출애굽기 2:11-15)

11. 모세가 장성한 후에 한번은 자기 형제들에게 나가서 그들이 고되게 노동하는 것을 보더니 어떤 애굽 사람이 한 히브리 사람 곧 자기 형제를 치는 것을 본지라

▸ One day, after Moses had grown up, he went out to[145)]
where his own people were and watched them
at their hard labor[146)]. He saw an Egyptian beating a Hebrew,
one of his own people.

▸ Many years later, when Moses had grown up,
he went out to visit his own people, the Hebrews,
and he saw how hard they were forced to work.
During his visit,
he saw an Egyptian beating one of his fellow Hebrews.

12. 좌우를 살펴 사람이 없음을 보고 그 애굽 사람을 쳐죽여 모래 속에 감추니라

▸ Glancing this way and that and seeing no one,
he killed the Egyptian and hid him in the sand.

---

145) go out to ~하러 나가다, 이주하다: go out to dinner 저녁 먹으러 나가다
146) at hard labor 중노동을 하여: five years at hard labor 중노동 5년

▸ After looking in all directions to make sure no one was watching, Moses killed the Egyptian and hid the body in the sand.

13. 이튿날 다시 나가니 두 히브리 사람이 서로 싸우는지라 그 잘못한 사람에게 이르되 네가 어찌하여 동포를 치느냐 하매

▸ The next day he went out and saw two Hebrews fighting. He asked the one in the wrong, "Why are you hitting your fellow Hebrew?"

▸ The next day, when Moses went out to visit his people again, he saw two Hebrew men fighting. "Why are you beating up your friend?" Moses said to the one who had started the fight.

14. 그가 이르되 누가 너를 우리를 다스리는 자와 재판관으로 삼았느냐 네가 애굽 사람을 죽인 것처럼 나도 죽이려느냐 모세가 두려워하여 이르되 일이 탄로되었도다

▸ "Who made you ruler and judge over us? Are you thinking of killing me as you killed the Egyptian?" Then Moses was afraid and thought, "What I did must have become known."

▸ "Who appointed you to be our prince and judge? Are you going to kill me as you killed that Egyptian yesterday?" Then Moses was afraid, thinking, "Everyone knows what I did."

15. 바로가 이 일을 듣고 모세를 죽이고자 하여 찾는지라 모세가 바로의 낯을 피하여 미디안 땅에 머물며 하루는 우물 곁에 앉았더라

▸ When Pharaoh heard of this, he tried to kill Moses, but Moses fled from Pharaoh and went to live in Midian, where he sat down by a well.

▸ And sure enough, Pharaoh heard what had happened, and he tried to kill Moses. But Moses fled from Pharaoh and went to live in the land of Midian.
When Moses arrived in Midian, he sat down beside a well.

□ 하나님이 애굽에 재앙을 (출애굽기 11:4-10)

4. 모세가 바로에게 이르되 여호와께서 이와 같이 말씀하시기를 밤중에 내가 애굽 가운데로 들어가리니

▸ So Moses said, "This is what the LORD says:
'About midnight I will go throughout Egypt.

▸ Moses had announced to Pharaoh,
"This is what the Lord says: At midnight tonight
I will pass through the heart of Egypt.

5. 애굽 땅에 있는 모든 처음 난 것은 왕위에 앉아 있는 바로의 장자로부터 맷돌 뒤에 있는 몸종의 장자와 모든 가축의 처음 난 것까지 죽으리니

▸ Every firstborn son in Egypt will die,
from the firstborn son of Pharaoh, who sits on the throne,
to the firstborn son of the slave girl,
who is <u>at her hand mill</u>[147],

147) 손으로 맷돌을 돌리는: hand mill 손으로 가는 기구, 맷돌, 손절구

and all the firstborn of the cattle as well.

▸ All the firstborn sons will die in every family in Egypt, from the oldest son of Pharaoh, who sits on his throne, to the oldest son of his lowliest servant girl
who grinds the flour.
Even the firstborn of all the livestock will die.

6. 애굽 온 땅에 전무후무한 큰 부르짖음이 있으리라

▸ There will be loud wailing throughout Egypt—worse than there has ever been or ever will be again.

▸ Then a loud wail will rise throughout the land of Egypt, a wail like no one has heard before or will ever hear again.

7. 그러나 이스라엘 자손에게는 사람에게나 짐승에게나 개 한 마리도 그 혀를 움직이지 아니하리니 여호와께서 애굽 사람과 이스라엘 사이를 구별하는 줄을 너희가 알리라 하셨나니

▸ But among the Israelites not a dog will bark
at any man or animal.' Then you will know that
the LORD makes a distinction between Egypt and Israel.

▸ But among the Israelites it will be so peaceful that not even a dog will bark. Then you will know that the Lord makes a distinction between the Egyptians and the Israelites.

8. 왕의 이 모든 신하가 내게 내려와 내게 절하며 이르기를 너와 너를 따르는 온 백성은 나가라 한 후에야 내가 나가리라 하고 심히 노하여 바로에게서 나오니라

▸ All these officials of yours will come to me,
bowing down before me and saying,

'Go, you and all the people who follow you!' After that I will leave." Then Moses, hot with anger[148], left Pharaoh.

▸ All the officials of Egypt will run to me and fall to the ground before me. 'Please leave!' they will beg. 'Hurry! And take all your followers with you.' Only then will I go!" Then, burning with anger[149], Moses left Pharaoh.

9. 여호와께서 모세에게 이르시기를 바로가 너희의 말을 듣지 아니하리라 그러므로 내가 애굽 땅에서 나의 기적을 더하리라 하셨고

▸ "Pharaoh will refuse to listen to you--
so that my wonders may be multiplied in Egypt."

▸ "Pharaoh will not listen to you, but then
I will do even more mighty miracles in the land of Egypt."

10. 모세와 아론이 이 모든 기적을 바로 앞에서 행하였으나 여호와께서 바로의 마음을 완악하게 하셨으므로 그가 이스라엘 자손을 그 나라에서 보내지 아니하였더라

▸ Moses and Aaron performed all these wonders before Pharaoh, but the LORD hardened Pharaoh's heart, and he would not let the Israelites go out of his country.

▸ Moses and Aaron performed these miracles
in Pharaoh's presence, but the Lord hardened Pharaoh's heart, and he wouldn't let the Israelites leave the country.

---

148) He got [became] hot with anger[rage] yesterday.
어제 그는 잔뜩[몹시] 골이[화가] 났다

149) 분노에 불타는: He is burning with anger at the news.
그는 그 소식을 듣고 노발대발하고 있다.

□ 이는 여호와의 유월절 제사라 (출애굽기 12:23, 27)

23. 여호와께서 애굽 사람들에게 재앙을 내리려고 지나가실 때에 문 인방과 좌우 문설주의 피를 보시면 여호와께서 그 문을 넘으시고 멸하는 자에게 너희 집에 들어가서 너희를 치지 못하게 하실 것임이니라

▸ When the LORD goes through the land to strike down the Egyptians, he will see the blood on the top and sides of the doorframe and will pass over that doorway, and he will not permit the destroyer to enter your houses and strike you down.

▸ For the Lord will pass through the land to strike down the Egyptians. But when he sees the blood on the top and sides of the doorframe, the Lord will pass over your home. He will not permit his death angel to enter your house and strike you down.

27. 너희는 이르기를 이는 여호와의 유월절 제사라 여호와께서 애굽 사람에게 재앙을 내리실 때에 애굽에 있는 이스라엘 자손의 집을 넘으사 우리의 집을 구원하셨느니라 하라 하매 백성이 머리 숙여 경배하니라

▸ then tell them, 'It is the Passover sacrifice to the LORD, who passed over the houses of the Israelites in Egypt and spared our homes when he struck down the Egyptians.' "Then the people bowed down and worshiped.

▸ And you will reply, 'It is the Passover sacrifice to the Lord, for he passed over the houses of the Israelites in Egypt. And though he struck the Egyptians, he spared our families.'" When Moses had finished speaking, all the people bowed down to the ground and worshiped.

□ 애굽에 매장지가 없어서 (출애굽기 14:11)

그들이 또 모세에게 이르되 애굽에 매장지가 없어서 당신이 우리를 이끌어 내어 이 광야에서 죽게 하느냐 어찌하여 당신이 우리를 애굽에서 이끌어 내어 우리에게 이같이 하느냐

▸ "Was it because[150] there were no graves in Egypt that you brought us to the desert to die?
What have you done to us by bringing us out of Egypt?

▸ "Why did you bring us out here to die
in the wilderness? Weren't there enough graves for us in Egypt? What have you done to us?
Why did you make us leave Egypt?

□ 바로의 군대를 다 덮으니 (출애굽기 14:27-28)

27. 모세가 곧 손을 바다 위로 내밀매 새벽이 되어 바다의 힘이 회복된지라 애굽 사람들이 물을 거슬러 도망하나 여호와께서 애굽 사람들을 바다 가운데 엎으시니

▸ Moses stretched out his hand over the sea, and
at daybreak the sea went back to its place.
The Egyptians were fleeing toward it, and

150) (예문) Was it because of my mistake that the project failed?

the LORD swept them into the sea.

▸ So as the sun began to rise,
Moses raised his hand over the sea, and
the water rushed back into its usual place.
The Egyptians tried to escape,
but the Lord swept them into the sea.

28. 물이 다시 흘러 병거들과 기병들을 덮되 그들의 뒤를 따라 바다에 들어간 바로의 군대를 다 덮으니 하나도 남지 아니하였더라

▸ The water flowed back and covered the chariots and horsemen--the entire army of Pharaoh that had followed the Israelites into the sea. Not one of them survived.

▸ Then the waters returned and covered all the chariots and charioteers--the entire army of Pharaoh.
Of all the Egyptians[151] who had chased the Israelites into the sea, not a single one survived.

□ 사십 년 동안 만나를 먹었다 (출애굽기 16:35)

사람이 사는 땅에 이르기까지 이스라엘 자손이 사십 년 동안 만나를 먹었으니 곧 가나안 땅 접경에 이르기까지 그들이 만나를 먹었더라

▸ The Israelites ate manna[152] forty years,
until they came to a land that was settled;
they ate manna until they reached the border of Canaan.

151) Among all the Egyptians

152) manna [mǽnə] 옛 이스라엘인들이 하나님에게서 받은 음식,

▸ So the people of Israel ate manna for forty years
until they arrived at the land where they would settle.
They ate manna until they came to
the border of the land of Canaan.

□ **십계명** (출애굽기 20:3-5, 7-10, 12-17)

3. 너는 나 외에는 다른 신들을 네게 두지 말라

▸ "You shall have no other gods before me.

▸ "You must not have any other god but me.

4. 너를 위하여 새긴 우상을 만들지 말고 또 위로 하늘에 있는 것이나 아래로 땅에 있는 것이나 땅 아래 물 속에 있는 것의 어떤 형상도 만들지 말며

▸ "You shall not make for yourself an idol in the form of anything in heaven above or on the earth beneath or in the waters below.

▸ "You must not make for yourself an idol of any kind or an image of anything in the heavens or on the earth or in the sea.

5. 그것들에게 절하지 말며 그것들을 섬기지 말라 나 네 하나님 여호와는 질투하는 하나님인즉 나를 미워하는 자의 죄를 갚되 아버지로부터 아들에게로 삼사 대까지 이르게 하거니와

▸ You shall not bow down to them or worship them; for I, the LORD your God, am a jealous God, punishing the children for the sin of the fathers to the third and fourth generation of those who hate me,

▸ You must not bow down to them or worship them,
for I, the Lord your God, am a jealous God
who will not tolerate your affection for any other gods.
I lay the sins of the parents upon their children;
the entire family is affected—even children in the third
and fourth generations of those who reject me.

7. 너는 네 하나님 여호와의 이름을 망령되게 부르지 말라 여호와는 그의 이름을 망령되게 부르는 자를 죄 없다 하지 아니하리라

▸ "You shall not misuse the name of the LORD your God,
for the LORD will not hold anyone guiltless
who misuses his name.

▸ "You must not misuse the name of the Lord your God.
The Lord will not let you go unpunished
if you misuse his name.

8. 안식일을 기억하여 거룩하게 지키라

▸ "Remember the Sabbath day by keeping it holy.

▸ "Remember to observe the Sabbath day by keeping it holy.

9. 엿새 동안은 힘써 네 모든 일을 행할 것이나

▸ Six days you shall labor and do all your work,

▸ You have six days each week for your ordinary work,

10. 일곱째 날은 네 하나님 여호와의 안식일인즉 너나 네 아들이나 네 딸이나 네 남종이나 네 여종이나 네 가축이나 네 문안에 머무는 객이라도 아무 일도 하지 말라

▸ but the seventh day is a Sabbath to the LORD your God. On it you shall not do any work, neither you, nor your son or daughter, nor your manservant or maidservant, nor your animals, nor the alien within your gates.

▸ but the seventh day is a Sabbath day of rest dedicated to the Lord your God. On that day no one in your household may do any work. This includes you, your sons and daughters, your male and female servants, your livestock, and any foreigners living among you.

12. 네 부모를 공경하라 그리하면 네 하나님 여호와가 네게 준 땅에서 네 생명이 길리라

▸ "Honor your father and your mother, so that you may live long in the land the LORD your God is giving you.

▸ “Honor your father and mother. Then you will live a long, full life in the land the Lord your God is giving you.

13. 살인하지 말라

▸ "You shall not murder.

▸ “You must not murder.

14. 간음하지 말라

▸ "You shall not commit adultery.

▸ “You must not commit adultery.

15. 도둑질하지 말라

▸ "You shall not steal.

▸ "You must not steal.

16. 네 이웃에 대하여 거짓 증거하지 말라

▸ "You shall not give false testimony against your neighbor.

▸ "You must not testify falsely against your neighbor.

17. 네 이웃의 집을 탐내지 말라 네 이웃의 아내나 그의 남종이나 그의 여종이나 그의 소나 그의 나귀나 무릇 네 이웃의 소유를 탐내지 말라

▸ "You shall not covet[153)] your neighbor's house.
You shall not covet your neighbor's wife,
or his manservant or maidservant, his ox or donkey,
or anything that belongs to your neighbor."

▸ "You must not covet your neighbor's house.
You must not covet your neighbor's wife, male or
female servant, ox or donkey,
or anything else that belongs to your neighbor."

□ 자기 부모를 저주하는 자는 (레위기 20:9)

만일 누구든지 자기의 아버지나 어머니를 저주하는 자는 반드시 죽일지니 그가 자기의 아버지나 어머니를 저주하였은즉 그의 피가 자기에게로 돌아가리라

▸ 'If anyone curses his father or mother,
he must be put to death. He has cursed his father or

153) covet [kʌvit] 갈망하다, (몹시) 탐내다
(속담) All covet, all lose. 전부를 탐내면 모두를 잃는다.

his mother, and his blood will be on his own head.

▸ "Anyone who dishonors father or mother must be put to death. Such a person is guilty of a capital offense[154].

□ 기생의 집에 들어가 (여호수아 2:1)

눈의 아들 여호수아가 싯딤에서 두 사람을 정탐꾼으로 보내며 이르되 가서 그 땅과 여리고를 엿보라 하매 그들이 가서 라합이라 하는 기생의 집에 들어가 거기서 유숙하더니

▸ Then Joshua son of Nun secretly sent two spies from Shittim. "Go, look over the land," he said, "especially Jericho." So they went and entered the house of a prostitute named Rahab and stayed there.

▸ Then Joshua secretly sent out two spies from the Israelite camp at Acacia Grove. He instructed them, "Scout[155] out the land on the other side of the Jordan River, especially around Jericho." So the two men set out and came to the house of a prostitute named Rahab and stayed there that night.

154) 죽을 죄, 중죄: Murder can be a capital offense. 살인은 사형에 해당되는 범죄가 될 수 있다.

155) scout [skaut] [어떤 장소를] 찾다, 찾아내다[out], 정찰/척후/감시하다 scout around[about] for the guerrillas 게릴라를 찾아다니다.

□ 기드온, 가장 작은 자니이다 (사사기 6:15)

그러나 기드온이 그에게 대답하되 오 주여 내가 무엇으로 이스라엘을 구원하리이까 보소서 나의 집은 므낫세 중에 극히 약하고 나는 내 아버지 집에서 가장 작은 자니이다 하니

▸ "But Lord, " Gideon asked, "how can I save Israel?
My clan is the weakest in Manasseh,
and I am the least in my family."

▸ "But Lord," Gideon replied, "how can I rescue Israel?
My clan is the weakest in the whole tribe of Manasseh,
and I am the least in my entire family!"

□ 여호와를 위하라, 기드온을 위하라 (사사기 7:16-18)

16. 삼백 명을 세 대로 나누어 각 손에 나팔과 빈 항아리를 들리고 항아리 안에는 횃불을 감추게 하고

▸ Dividing the three hundred men into three companies,
he placed trumpets and empty jars
in the hands of all of them, with torches inside.

▸ He divided the 300 men into three groups and
gave each man a ram's horn and a clay jar with a torch in it.

17. 그들에게 이르되 너희는 나만 보고 내가 하는 대로 하되 내가 그 진영 근처에 이르러서 내가 하는 대로 너희도 그리하여

▸ "Watch me," he told them. "Follow my lead.
When I get to the edge of the camp, do exactly as I do.

▸ Then he said to them, "Keep your eyes on me.
When I come to the edge of the camp, do just as I do.

18. 나와 나를 따르는 자가 다 나팔을 불거든 너희도 모든 진영 주위에서 나팔을 불며 이르기를 여호와를 위하라, 기드온을 위하라 하라 하니라

▸ When I and all who are with me blow our trumpets, then from all around the camp blow yours and shout, 'For the LORD and for Gideon.'"

▸ As soon as I and those with me blow the rams' horns, blow your horns, too, all around the entire camp, and shout, 'For the Lord and for Gideon!'"

□ 삼손, 내 머리에 삭도를 대면 (사사기 16:17)

삼손이 진심을 드러내어 그에게 이르되 내 머리 위에는 삭도를 대지 아니하였나니 이는 내가 모태에서부터 하나님의 나실인이 되었음이라 만일 내 머리가 밀리면 내 힘이 내게서 떠나고 나는 약해져서 다른 사람과 같으리라 하니라

▸ So he told her everything.
"No razor has ever been used on my head," "because I have been a Nazirite set apart to God since birth.
If my head were shaved, my strength would leave me, and I would become as weak as any other man."

▸ Finally, Samson shared his secret with her.
"My hair has never been cut," he confessed,
"for I was dedicated to God as a Nazirite from birth.
If my head were shaved, my strength would leave me,
and I would become as weak as anyone else."

□ 어머니께서 가시는 곳에 (룻기 1:16-17)

16. 룻이 이르되 내게 어머니를 떠나며 어머니를 따르지 말고 돌아가라 강권하지 마옵소서 어머니께서 가시는 곳에 나도 가고 어머니께서 머무시는 곳에서 나도 머물겠나이다 어머니의 백성이 나의 백성이 되고 어머니의 하나님이 나의 하나님이 되시리니

▸ "Don't urge me to leave you or to turn back from you.
Where you go I will go, and where you stay I will stay.
Your people will be my people and your God my God.

▸ "Don't ask me to leave you and turn back.
Wherever you go, I will go; wherever you live,
I will live. Your people will be my people,
and your God will be my God.

17. 어머니께서 죽으시는 곳에서 나도 죽어 거기 묻힐 것이라 만일 내가 죽는 일 외에 어머니를 떠나면 여호와께서 내게 벌을 내리시고 더 내리시기를 원하나이다 하는지라

▸ Where you die I will die, and there I will be buried.
May the LORD deal with me[156], be it ever so severely,
if anything but death separates you and me."

156) deal with me 벌을 내리다; 처리하다

▸ Wherever you die, I will die, and there I will be buried. May the Lord punish me severely if I allow anything but death to separate us!"

□ 사무엘이 사울을 왕으로 세우다 (사무엘상 10:1)

이에 사무엘이 기름병을 가져다가 사울의 머리에 붓고 입맞추며 이르되 여호와께서 네게 기름을 부으사 그의 기업의 지도자로 삼지 아니하셨느냐

▸ Then Samuel took a flask[157)] of oil and poured it on Saul's head and kissed him, saying,
"Has not the LORD anointed you leader over his inheritance?[158)]

▸ Then Samuel took a flask of olive oil and poured it over Saul's head. He kissed Saul and said, "I am doing this because the Lord has appointed you
to be the ruler over Israel, his special possession.

□ 순종이 제사보다 낫고 (사무엘상 15:22)

사무엘이 이르되 여호와께서 번제와 다른 제사를 그의 목소리를 청종하는 것을 좋아하심 같이 좋아하시겠나이까 순종이 제사보다 낫고 듣는 것이 숫양의 기름보다 나으니

---

157) flask [flæsk] 와인이나 오일을 담기 위해 사용되는 작은 유리병이나 금속병
158) Hasn't the LORD appointed you as the leader over his people?

▸ "Does the LORD delight in burnt offerings and sacrifices as much as in obeying the voice of the LORD?
To obey is better than sacrifice,
and to heed[159] is better than the fat of rams.

▸ "What is more pleasing to the Lord:
your burnt offerings and sacrifices or your obedience to his voice? Listen! Obedience is better than sacrifice, and submission is better than offering the fat of rams.

□ 여호와께서 사울을 버리시다 (사무엘상 15:26)

사무엘이 사울에게 이르되 나는 왕과 함께 돌아가지 아니하리니 이는 왕이 여호와의 말씀을 버렸으므로 여호와께서 왕을 버려 이스라엘 왕이 되지 못하게 하셨음이니이다 하고

▸ "I will not go back with you.
You have rejected the word of the LORD,
and the LORD has rejected you as king over Israel!"

▸ "I will not return with you;
for you have rejected the word of the LORD,
and the LORD has rejected you
from being king over Israel." (RSV)

159) heed [hi:d] 귀를 기울이다, 경청, 주의, 유의, 귀담아 듣다: pay [give] heed to 주의하다: It is a voice we should heed. 우리는 그 소리에 귀기울여야 한다.

□ 사무엘이 다윗에게 기름을 붓다 (사무엘상 16:11-13)

11. 또 사무엘이 이새에게 이르되 네 아들들이 다 여기 있느냐 이새가 이르되 아직 막내가 남았는데 그는 양을 지키나이다 사무엘이 이새에게 이르되 사람을 보내어 그를 데려오라 그가 여기 오기까지는 우리가 식사 자리에 앉지 아니하겠노라

▸ So he asked Jesse, "Are these all the sons you have?"
"There is still the youngest," Jesse answered,
"but he is tending the sheep." Samuel said,
"Send for him; we will not sit down until he arrives."

▸ And Samuel said to Jesse, "Are all your sons here?"
And he said, "There remains yet the youngest,
but behold, he is keeping the sheep."
And Samuel said to Jesse, "Send and fetch[160] him;
for we will not sit down till he comes here." (RSV)

12. 이에 사람을 보내어 그를 데려오매 그의 빛이 붉고 눈이 빼어나고 얼굴이 아름답더라 여호와께서 이르시되 이가 그니 일어나 기름을 부으라 하시는지라

▸ So he sent and had him brought in. He was ruddy[161],
with a fine appearance and handsome features.
"Rise and anoint him; he is the one."

▸ And he sent, and brought him in. Now he was ruddy,
and had beautiful eyes, and was handsome.
"Arise, anoint him; for this is he." (RSV)

---

160) fetch1 [fetʃ] (가서) 가지고 오다; 가져다 주다, 데리고 오다, 불러오다
fetch a doctor 의사를 데려오다

161) ruddy [rʌdi] 혈색이 좋은, 불그레한: a ruddy face 혈색이 좋은 얼굴.

13. 사무엘이 기름 뿔병을 가져다가 그의 형제 중에서 그에게 부었더니 이 날 이후로 다윗이 여호와의 영에게 크게 감동되니라 사무엘이 떠나서 라마로 가니라

▸ So Samuel took the horn of oil and anointed him in the presence of his brothers, and from that day on the Spirit of the LORD came upon David in power. Samuel then went to Ramah.

Then Samuel took the horn of oil, and
anointed him in the midst of his brothers;
and the Spirit of the LORD came mightily upon David
from that day forward.
And Samuel rose up, and went to Ramah. (RSV)

□ 손에 물매를 가지고 (사무엘상 17:40, 43~47)

40. 손에 막대기를 가지고 시내에서 매끄러운 돌 다섯을 골라서 자기 목자의 제구 곧 주머니에 넣고 손에 물매를 가지고 블레셋 사람에게로 나아가니라

▸ Then he took his staff in his hand, chose five smooth stones from the stream, put them in the pouch of his shepherd's bag and, with his sling[162] in his hand, approached the Philistine.

▸ He picked up five smooth stones from a stream and put them into his shepherd's bag.

162) sling [sliŋ] 투석기; 고무줄 새총; (투석기에 의한) 투석, 팔매질, 내던지기
throw slings and arrows (비유) 비판적 언사를 내뱉다 [셰익스피어의 「햄릿」].

Then, armed only with his shepherd's staff and sling, he started across the valley to fight the Philistine.

43. 블레셋 사람이 다윗에게 이르되 네가 나를 개로 여기고 막대기를 가지고 내게 나아왔느냐 하고 그의 신들의 이름으로 다윗을 저주하고

▸ "Am I a dog, that you come at[163] me with sticks?"
And the Philistine cursed David by his gods.

▸ "Am I a dog," he roared at David,
"that you come at me with a stick?"
And he cursed David by the names of his gods.

44. 그 블레셋 사람이 또 다윗에게 이르되 내게로 오라 내가 네 살을 공중의 새들과 들짐승들에게 주리라 하는지라

▸ "Come here," he said, "and I'll give your flesh
to the birds of the air and the beasts of the field!"

▸ "Come over here, and I'll give your flesh
to the birds and wild animals!" Goliath yelled.

45. 다윗이 블레셋 사람에게 이르되 너는 칼과 창과 단창으로 내게 나아 오거니와 나는 만군의 여호와의 이름 곧 네가 모욕하는 이스라엘 군대의 하나님의 이름으로 네게 나아가노라

▸ "You come against me with sword and spear and javelin[164],

---

163) 'come at me'는 (도전적, 위협적인 상황) 상대방이 강력하게 나에게 접근하거나 공격하는 것을 의미한다: I won't let anyone come at me with insults and disrespect. 누구든지 모욕과 무례함으로 내게 다가오게 두지 않을 거다: 'come to me'는 상대방이 나에게 막대기를 가지고 다가온다는 사실을 전달한다.

but I come against you in the name of the LORD Almighty,
the God of the armies of Israel, whom you have defied[165].

▸ "You come to me with sword, spear, and javelin, but I come to you in the name of the Lord of Heaven's Armies-- the God of the armies of Israel, whom you have defied.

46. 오늘 여호와께서 너를 내 손에 넘기시리니 내가 너를 쳐서 네 목을 베고 블레셋 군대의 시체를 오늘 공중의 새와 땅의 들짐승에게 주어 온 땅으로 이스라엘에 하나님이 계신 줄 알게 하겠고

▸ This day the LORD will hand you over to me, and
I'll strike you down and cut off your head.
Today I will give the carcasses[166] of the Philistine army
to the birds of the air and the beasts of the earth,
and the whole world will know that there is a God in Israel.

▸ Today the Lord will conquer you, and
I will kill you and cut off your head.
And then I will give the dead bodies of your men
to the birds and wild animals, and
the whole world will know that there is a God in Israel!

47. 또 여호와의 구원하심이 칼과 창에 있지 아니함을 이 무리에게 알게 하리라 전쟁은 여호와께 속한 것인즉 그가 너희를 우리 손에 넘기시리라

▸ All those gathered here will know that it is not
by sword or spear that the LORD saves;

---

164) javelin [dʒǽvlin] 창, 투창, 종렬 비행 편대

165) defy [difái] 무시하다, 문제시하지 않다; (공공연하게) 반대하다
defy a judge's order 법관의 명령을 거역하다

166) carcass [kάːrkəs] 시체, 도살된 몸통, 짐승의 사체

for the battle is the LORD's, and
he will give all of you into our hands."

▸ And everyone assembled here will know that
the Lord rescues his people, but not with sword and spear.
This is the Lord's battle, and he will give you to us!"

□ 다윗에게는 만만을 돌리고 (사무엘상 18:7)

사울이 그 말에 불쾌하여 심히 노하여 이르되 다윗에게는 만만을 돌리고 내게는 천천만 돌리니 그가 더 얻을 것이 나라 말고 무엇이냐 하고

▸ As they danced, they sang: "Saul has slain[167] his thousands,
and David his tens of thousands."

▸ This was their song: "Saul has killed his thousands,
and David his ten thousands!"

□ 다윗이 밧세바와 동침하다 (사무엘하 11:2-4)

2. 저녁 때에 다윗이 그의 침상에서 일어나 왕궁 옥상에서 거닐다가 그 곳에서 보니 한 여인이 목욕을 하는데 심히 아름다워 보이는지라

▸ One evening David got up from his bed and
walked around on the roof of the palace.
From the roof he saw a woman bathing.
The woman was very beautiful,

---

167) slay [slei] 죽이다, 살해하다; (slew; slayed) (slain; slayed)

▸ Late one afternoon, after his midday rest, David
got out of bed and was walking on the roof of the palace.
As he looked out over the city,
he noticed a woman of unusual beauty taking a bath.

3. 다윗이 사람을 보내 그 여인을 알아보게 하였더니 그가 아뢰되 그는 엘리암의 딸이요 헷 사람 우리아의 아내 밧세바가 아니니이까 하니

▸ and David sent someone to find out about her.
The man said, "Isn't this Bathsheba, the daughter of Eliam
and the wife of Uriah the Hittite?"

▸ He sent someone to find out who she was, and
he was told, "She is Bathsheba, the daughter of Eliam
and the wife of Uriah the Hittite."

4. 다윗이 전령을 보내어 그 여자를 자기에게로 데려오게 하고 그 여자가 그 부정함을 깨끗하게 하였으므로 더불어 동침하매 그 여자가 자기 집으로 돌아가니라

▸ Then David sent messengers to get her.
She came to him, and he slept with her. (She had purified
herself from her uncleanness.) Then she went back home.

▸ Then David sent messengers to get her; and
when she came to the palace, he slept with her.
She had just completed the purification rites
after having her menstrual[168] period. Then she returned home.

---

168) menstrual [ménstruəl] 월경의, 달마다의

□ 밧세바가 솔로몬을 낳다 (사무엘하 12:24)

다윗이 그의 아내 밧세바를 위로하고 그에게 들어가 그와 동침하였더니 그가 아들을 낳으매 그의 이름을 솔로몬이라 하니라 여호와께서 그를 사랑하사

▸ Then David comforted his wife Bathsheba, and
he went to her and lay with her. She gave birth to a son,
and they named him Solomon. The LORD loved him;

▸ Then David comforted Bathsheba, his wife, and
slept with her. She became pregnant and gave birth
to a son, and David named him Solomon.
The Lord loved the child

□ 여호와는 나의 반석이시오 (사무엘하 22:2-3)

2. 이르되 여호와는 나의 반석이시요 나의 요새시오
나를 위하여 나를 건지시는 자시요

▸ "The LORD is my rock, my fortress and my deliverer;

▸ "The Lord is my rock, my fortress, and my savior;

3. 내가 피할 나의 반석의 하나님이시요 나의 방패시요 나의 구원의
뿔이시요 나의 높은 망대시요 그에게 피할 나의 피난처시오
나의 구원자시라 나를 폭력에서 구원하셨도다

▸ my God is my rock, <u>in whom</u>[169) I take refuge,
my shield and the horn of my salvation.

He is my stronghold, my refuge and my savior--
from violent men you save me.

▸ my God is my rock, in whom[170] I find protection.
He is my shield, the power that saves me, and
my place of safety. He is my refuge, my savior,
the one who saves me from violence.

□ 밧세바가 솔로몬을 왕으로 간청하다 (열왕기상 1:13)

당신은 다윗 왕 앞에 들어가서 아뢰기를 내 주 왕이여 전에 왕이 여종에게 맹세하여 이르시기를 네 아들 솔로몬이 반드시 나를 이어 왕이 되어 내 왕위에 앉으리라 하지 아니하셨나이까 그런데 아도니야가 무슨 이유로 왕이 되었나이까 하소서

▸ Go in to King David and say to him, 'My lord the king, did you not swear to me your servant:
"Surely Solomon your son shall be king after me, and he will sit on my throne"? Why then has Adonijah become king?'

▸ Go at once to King David and say to him,
'My lord the king, didn't you make a vow and say to me, "Your son Solomon will surely be the next king and will sit on my throne"? Why then has Adonijah become king?'

---

169) 'take/ seek/ find refuge + 'in': 'Take refuge in a fortress' ; 'Take refuge in the Lord': 'in whom'은 '나의 하나님 안에서'를 뜻하며, 일상 대화에서는 자주 사용되지 않지만, 문학적인 문장이나 격식을 갖춘 글에서 종종 쓰인다

170) My God is my rock. I find protection in him.

□ 솔로몬, 산 아이를 둘로 나누라 (열왕기상 3:25-27)

25. 왕이 이르되 산 아이를 둘로 나누어 반은 이 여자에게 주고 반은 저 여자에게 주라

▸ He then gave an order: "Cut the living child in two and give half to one and half to the other."

▸ Then he said, "Cut the living child in two,
and give half to one woman and half to the other!"

26. 그 산 아들의 어머니 되는 여자가 그 아들을 위하여 마음이 불붙는 것 같아서 왕께 아뢰어 청하건대 내 주여 산 아이를 그에게 주시고 아무쪼록 죽이지 마옵소서 하되 다른 여자는 말하기를 내 것도 되게 말고 네 것도 되게 말고 나누게 하라 하는지라

▸ The woman whose son was alive was filled with compassion for her son and said to the king, "Please, my lord, give her the living baby! Don't kill him!" But the other said, "Neither I nor you shall have him. Cut him in two!"

▸ Then the woman who was the real mother of the living child, and who loved him very much, cried out,
"Oh no, my lord! Give her the child—please do not kill him!"
But the other woman said, "All right,
he will be neither yours nor mine; divide him between us!"

27. 왕이 대답하여 이르되 산 아이를 저 여자에게 주고 결코 죽이지 말라 저가 그의 어머니이니라 하매

▸ Then the king gave his ruling:
"Give the living baby to the first woman.
Do not kill him; she is his mother."

▸ Then the king said, "Do not kill the child,
but give him to the woman who wants him to live,
for she is his mother!"

□ 죽으면 죽으리이다 (에스더 4:16)

당신은 가서 수산에 있는 유다인을 다 모으고 나를 위하여 금식하되 밤낮 삼 일을 먹지도 말고 마시지도 마소서 나도 나의 시녀와 더불어 이렇게 금식한 후에 규례를 어기고 왕에게 나아가리니 죽으면 죽으리이다 하니라

▸ "Go, gather together all the Jews who are in Susa, and fast for me. Do not eat or drink for three days, night or day. I and my maids will fast as you do. When this is done, I will go to the king, even though it is against the law. And if I perish, I perish."

▸ "Go and gather together all the Jews of Susa and
fast for me. Do not eat or drink for three days, night or day.
My maids and I will do the same. And then,
though it is against the law, I will go in to see the king.
If I must die, I must die."

□ 주신 이도 여호와시요 (욥기 1:21)

내가 모태에서 알몸으로 나왔사온즉 또한 알몸이 그리로 돌아가올지라 주신 이도 여호와시요 거두신 이도 여호와시오니 여호와의 이름이 찬송을 받으실지니이다 하고

▸ "Naked I came from my mother's womb,
and naked I will depart. The LORD gave and
the LORD has taken away;
may the name of the LORD be praised."

▸ I came naked from my mother's womb, and
I will be naked when I leave. The Lord gave me what I ad,
and the Lord has taken it away. Praise the name of the Lord!"

□ 주의 장막에 머무를 자 (시편 15:1-3)

1. 여호와여 주의 장막에 머무를 자 누구오며
   주의 성산에 사는 자 누구오니이까

▸ LORD, who may dwell in your sanctuary[171)]?
Who may live on your holy hill?

▸ Who may worship in your sanctuary, Lord?
Who may enter your presence on your holy hill?

2. 정직하게 행하며 공의를 실천하며 그의 마음에 진실을 말하며

▸ He whose walk is blameless and who does what is
righteous, who speaks the truth from his heart

▸ Those who lead blameless lives and do what is right,
speaking the truth from sincere hearts.

3. 그의 혀로 남을 허물하지 아니하고 그의 이웃에게 악을 행하지
   아니하며 그의 이웃을 비방하지 아니하며

171) sanctuary [sǽŋktʃuèri] 보호구역, 성소(聖所), 성역, 피난처, 안식처

▸ and has no slander[172) on his tongue, who does his neighbor no wrong and casts no slur[173) on his fellowman,

▸ Those who refuse to gossip or harm their neighbors or speak evil of their friends.

□ 여호와는 나의 빛이요 (시편 27:1)

여호와는 나의 빛이요 나의 구원이시니 내가 누구를 두려워하리요 여호와는 내 생명의 능력이시니 내가 누구를 무서워하리요

▸ The LORD is my light and my salvation--
whom shall I fear? The LORD is the stronghold of my life--
of whom[174) shall I be afraid?

▸ The Lord is my light and my salvation--
so why should I be afraid?
The Lord is my fortress, protecting me from danger,
so why should I tremble?

□ 주는 나의 은신처이오니 (시편 32:7)

주는 나의 은신처이오니 환난에서 나를 보호하시고 구원의 노래로 나를 두르시리이다 (셀라)

▸ You are my hiding place; you will protect me from

---

172) slander [slændər] 중상, 중상하다, 욕하다.
173) slur [slə:r] 중상하다, 얕보다, 경시하다(disparage), 소홀히 하다.
174) I am afraid of the dark; Do not be afraid of the future.

trouble and surround me with songs of deliverance. Selah

▸ For you are my hiding place; you protect me
from trouble. You surround me with songs of victory.

□ 분을 그치고 노를 버리며 (시편 37:8)

분을 그치고 노를 버리며 불평하지 말라 오히려 악을 만들 뿐이라

▸ Refrain from anger and turn from wrath[175];
do not fret[176]-- it leads only to evil.

▸ Stop being angry! Turn from your rage!
Do not lose your temper-- it only leads to harm.

□ 네가 어찌하여 낙심하며 (시편 42:11)

내 영혼아 네가 어찌하여 낙심하며 어찌하여 내 속에서 불안해 하는가 너는 하나님께 소망을 두라 나는 그가 나타나 도우심으로 말미암아 내 하나님을 여전히 찬송하리로다

▸ Why are you downcast, O my soul?
Why so disturbed within me? Put your hope in God,
for I will yet praise him, my Savior and my God.

---

175) wrath [ræθ] 분노, 격노; 복수, 징벌, 천벌
the wrath of God 신의 노여움, 천벌

176) fret [fret] 초조하게 하다, 안달나다, 애타다, [아기가] 칭얼거리다
fret and fume (화가 나서) 안달복달하다.

▸ Why am I discouraged? Why is my heart so sad?
I will put my hope in God! I will praise him again—
my Savior and my God!

□ 나의 도움이 어디서 올까 (시편 121:1-5)

1. 내가 산을 향하여 눈을 들리라 나의 도움이 어디서 올까

▸ I lift up my eyes to the hills--
where does my help come from?

▸ I look up to the mountains—
does my help come from there?

2. 나의 도움은 천지를 지으신 여호와에게서로다

▸ My help comes from the LORD,
the Maker of heaven and earth.

▸ My help comes from the Lord,
who made heaven and earth!

3. 여호와께서 너를 실족하지 아니하게 하시며
너를 지키시는 이가 졸지 아니하시리로다

▸ He will not let your foot slip--
he who watches over you will not slumber[177];

---

177) slumber [slʌmbər] (문어) 잠시 졸다, 깜박 졸다(doze); 선잠, 잠, 잠자다.

▸ He will not let you stumble[178];
the one who watches over you will not slumber.

4. 이스라엘을 지키시는 이는 졸지도 아니하시고
주무시지도 아니하시리로다

▸ indeed, he who watches over Israel
will neither slumber nor sleep.

▸ Indeed, he who watches over Israel
never slumbers or sleeps.

5. 여호와는 너를 지키시는 이시라 여호와께서
네 오른쪽에서 네 그늘이 되시나니

▸ The LORD watches over you--
the LORD is your shade at your right hand;

▸ The Lord himself watches over you!
The Lord stands beside you as your protective shade.

□ 눈물을 흘리며 씨를 뿌리는 자는 (시편 126:5)

눈물을 흘리며 씨를 뿌리는 자는 기쁨으로 거두리로다

▸ Those who sow in tears will reap with songs of joy.

▸ Those who plant in tears will harvest with shouts of joy.

---

178) stumble 비틀거리다, 발부리가 걸리다, 부진하다, 걸림돌
stumble over[on] a rock 돌에 채어 넘어질 뻔하다.

□ 너희가 일찍이 일어나고 (시편 127:2)

너희가 일찍이 일어나고 늦게 누우며 수고의 떡을 먹음이 헛되도다 그러므로 여호와께서 그의 사랑하시는 자에게는 잠을 주시는도다

▸ In vain you rise early and stay up late, toiling[179] for food to eat-- for he grants sleep to those he loves.

▸ It is useless for you to work so hard from
early morning until late at night,
anxiously working for food to eat;
for God gives rest to his loved ones.

□ 여호와의 징계를 경히 여기지 말라 (잠언 3:11-12)

11. 내 아들아 여호와의 징계를 경히 여기지 말라
그 꾸지람을 싫어하지 말라

▸ My son, do not despise the LORD's discipline
and do not resent his rebuke,

▸ My child, don't reject the Lord's discipline,
and don't be upset when he corrects you.

12. 대저 여호와께서 그 사랑하시는 자를 징계하시기를
마치 아비가 그 기뻐하는 아들을 징계함 같이 하시느니라

---

179) toil [tɔil] 수고, 노력, 고역; 애쓰는, 힘써 일하다
sparing no toil 수고를 마다 않고

▸ because the LORD disciplines those he loves,
as a father the son he delights in.

▸ For the Lord corrects those he loves,
just as a father corrects a child in whom[180] he delights.

□ 미련한 아들은 어미의 근심이니라 (잠언 10:1)

솔로몬의 잠언이라 지혜로운 아들은 아비를 기쁘게 하거니와 미련한 아들은 어미의 근심이니라

▸ The proverbs of Solomon: A wise son brings joy to his father, but a foolish son grief to his mother.

▸ The proverbs of Solomon: A wise child brings joy to a father; a foolish child brings grief to a mother.

□ 사람이 마음으로 자기의 길을 (잠언 16:9)

사람이 마음으로 자기의 길을 계획할지라도
그의 걸음을 인도하시는 이는 여호와시니라

▸ In his heart a man plans his course,
but the LORD determines his steps.

▸ We can make our plans,
but the Lord determines our steps.

180) 'delights in'

□ 노하기를 더디하는 자는 (잠언 16:32)

노하기를 더디하는 자는 용사보다 낫고 자기의 마음을
다스리는 자는 성을 빼앗는 자보다 나으니라

- Better a patient man than a warrior, a man who controls his temper than one who takes a city.
- Better to be patient than powerful;
  better to have self-control than to conquer a city.

□ 가난한 자를 불쌍히 여기는 (잠언 19:17)

가난한 자를 불쌍히 여기는 것은 여호와께 꾸어 드리는 것이니
그의 선행을 그에게 갚아 주시리라

- He who is kind to the poor lends to the LORD,
  and he will reward him for what he has done.
- If you help the poor, you are lending to the Lord--
  and he will repay you!

□ 늙은 어미를 경히 여기지 말라 (잠언 23:22)

너를 낳은 아비에게 청종하고 네 늙은 어미를 경히 여기지 말지니라

- Listen to your father, who gave you life,
  and do not despise your mother when she is old.

□ 네 원수가 배고파하거든 (잠언 25:21-22)

21. 네 원수가 배고파하거든 음식을 먹이고
목말라하거든 물을 마시게 하라

- ▸ If your enemy is hungry, give him food to eat; if he is thirsty, give him water to drink.
- ▸ If your enemies are hungry, give them food to eat. If they are thirsty, give them water to drink.

22. 그리 하는 것은 핀 숯을 그의 머리에 놓는 것과 일반이요
여호와께서 네게 갚아 주시리라

- ▸ In doing this, you will heap[181] burning coals on his head, and the LORD will reward you.
- ▸ You will heap burning coals of shame on their heads, and the Lord will reward you.

□ 헛되고 헛되며 헛되고 헛되니 (전도서 1:2-4)

2. 전도자가 이르되 헛되고 헛되며 헛되고 헛되니 모든 것이 헛되도다

- ▸ "Meaningless! Meaningless!" says the Teacher. "Utterly meaningless! Everything is meaningless."

---

181) heap [hi:p] (쌓아올린) 더미, 무더기, 퇴적물, 쌓다, 수많은, 엄청난
give a child heaps of love 아이를 지나치게 사랑하다.
쌓아올리다, 겹쳐 쌓다; [돈·부 등을] 축적하다.
heap (up) the dirt into a mound 진흙을 쌓아올려 동산을 만들다.
heap up riches 부(富)를 쌓다, 재산을 모으다.

▸ "Everything is meaningless," says the Teacher, "completely meaningless!"

3. 해 아래에서 수고하는 모든 수고가 사람에게 무엇이 유익한가

▸ What does man gain from all his labor at which[182] he toils under the sun?

▸ What do people get for all their hard work under the sun?

4. 한 세대는 가고 한 세대는 오되 땅은 영원히 있도다

▸ Generations come and generations go, but the earth remains forever.

▸ Generations come and generations go, but the earth never changes.

□ **흙으로 돌아가나니** (전도서 3:20)

다 흙으로 말미암았으므로 다 흙으로 돌아가나니
다 한 곳으로 가거니와

▸ All go to the same place; all come from dust, and to dust all return.

▸ Both go to the same place -- they came from dust and they return to dust.

---

182) he toils at all his labor under the sun.
(ex) He toiled at the regular monastic obediences.

□ 너희 죄가 주홍 같을지라도 (이사야 1:16-18)

16. 너희는 스스로 씻으며 스스로 깨끗하게 하여 내 목전에서
너희 악한 행실을 버리며 행악을 그치고

▸ wash and make yourselves clean.
Take your evil deeds out of my sight! Stop doing wrong,

▸ Wash yourselves and be clean!
Get your sins out of my sight. Give up your evil ways.

17. 선행을 배우며 정의를 구하며 학대 받는 자를 도와 주며
고아를 위하여 신원하며 과부를 위하여 변호하라 하셨느니라

▸ learn to do right! Seek justice, encourage the oppressed.
Defend the cause of the fatherless,
plead the case of the widow.

▸ Learn to do good. Seek justice. Help the oppressed.
Defend the cause of orphans.
Fight for the rights of widows.

18. 여호와께서 말씀하시되 오라 우리가 서로 변론하자
너희의 죄가 주홍 같을지라도 눈과 같이 희어질 것이요
진홍 같이 붉을지라도 양털 같이 희게 되리라

▸ "Come now, let us reason together," says the LORD.
"Though your sins are like scarlet,
they shall be as white as snow;
though they are red as crimson, they shall be like wool.

▸ "Come now, let's settle this," says the Lord.
"Though your sins are like scarlet,

I will make them as white as snow.
Though they are red like crimson,
I will make them as white as wool.

□ 풀은 마르고 꽃은 시드나 (이사야 40:8)

풀은 마르고 꽃은 시드나
우리 하나님의 말씀은 영원히 서리라 하라

- The grass withers and the flowers fall,
  but the word of our God stands forever."
- The grass withers and the flowers fade,
  but the word of our God stands forever."

□ 여호와를 앙망하는 자는 (이사야 40:31)

오직 여호와를 앙망하는 자는 새 힘을 얻으리니 독수리가 날개치며 올라감 같을 것이요 달음박질하여도 곤비하지 아니하겠고 걸어가도 피곤하지 아니하리로다

- but those who hope in the LORD will renew their strength. They will soar on wings like eagles; they will run and not grow weary, they will walk and not be faint.
- But those who trust in the Lord will find new strength.
  They will soar high on wings like eagles.
  They will run and not grow weary.
  They will walk and not faint.

□ 내가 너를 지명하여 불렀나니 (이사야 43:1)

야곱아 너를 창조하신 여호와께서 지금 말씀하시느니라 이스라엘아 너를 지으신 이가 말씀하시느니라 너는 두려워하지 말라 내가 너를 구속하였고 내가 너를 지명하여 불렀나니 너는 내 것이라

▸ But now, this is what the LORD says-- he who created you, O Jacob, he who formed you, O Israel:
"Fear not, for I have redeemed[183)] you;
I have summoned you by name; you are mine.

▸ But now, O Jacob, listen to the Lord who created you. O Israel, the one who formed you says, "Do not be afraid, for I have ransomed[184)] you.
I have called you by name; you are mine.

□ 돈 없는 자도 오라 (이사야 55:1-2)

1. 오호라 너희 모든 목마른 자들아 물로 나아오라 돈 없는 자도 오라 너희는 와서 사 먹되 돈 없이, 값 없이 와서 포도주와 젖을 사라

▸ "Come, all you who are thirsty, come to the waters; and you who have no money, come, buy and eat! Come, buy wine and milk without money and without cost.

---

183) redeem [ridíːm] [신학] [예수·하나님이] [사람을] [죄로부터] 구하다.
[외상값·채무·채권을] 갚다, 상환[변제]하다;
redeem someone from sin 남을 죄로부터 구원하다

184) ransom [rǽnsəm] 죄를 갚다; [예수가] 속죄를 하다;
죄의 갚음; (예수의) 속죄; 몸값, 속량금(액), 배상금(액)

▸ "Is anyone thirsty? Come and drink--
even if you have no money! Come,
take your choice of wine or milk-- it's all free!

2. 너희가 어찌하여 양식이 아닌 것을 위하여 은을 달아 주며 배부르게 하지 못할 것을 위하여 수고하느냐 내게 듣고 들을지어다 그리하면 너희가 좋은 것을 먹을 것이며 너희 자신들이 기름진 것으로 즐거움을 얻으리라

▸ Why spend money on[185] what is not bread, and
your labor on[186] what does not satisfy? Listen,
listen to me, and eat what is good, and
your soul will delight in the richest of fare.

▸ Why spend your money on food that
does not give you strength?
Why pay for food that does you no good?
Listen to me, and you will eat what is good.
You will enjoy the finest food.

□ 포로된 자에게 자유를 (이사야 61:1)

주 여호와의 영이 내게 내리셨으니 이는 여호와께서 내게 기름을 부으사 가난한 자에게 아름다운 소식을 전하게 하려 하심이라 나를 보내사 마음이 상한 자를 고치며 포로된 자에게 자유를, 갇힌 자에게 놓임을 선포하며

---

185) spend money on 돈을 쓰다: [빵이 아닌 것에(on) 돈을 쓴다]
spend money on horses 경마에 돈을 쏟아넣다
186) 만족하지 못하는 것에(on) 수고를 한다.

▸ The Spirit of the Sovereign[187] LORD is on me,
because the LORD has anointed me
to preach good news to the poor.
He has sent me to bind up the broken-hearted,
to proclaim freedom for the captives
and release from darkness for the prisoners,

▸ The Spirit of the Sovereign Lord is upon me, for the Lord has anointed me to bring good news to the poor. He has sent me to comfort the broken-hearted and to proclaim that captives will be released and prisoners will be freed.

□ 늙은이는 꿈을 꾸며 (요엘 2:28)

그 후에 내가 내 영을 만민에게 부어 주리니 너희 자녀들이 장래 일을 말할 것이며 너희 늙은이는 꿈을 꾸며 너희 젊은이는 이상을 볼 것이며

▸ "And afterward, I will pour out my Spirit on all people.
Your sons and daughters will prophesy,
your old men will dream dreams,
your young men will see visions.

▸ "Then, after doing all those things,
I will pour out my Spirit upon all people.
Your sons and daughters will prophesy.
Your old men will dream dreams,
and your young men will see visions.

187) sovereign [sάvərin] (격식) 주권자, 원수(元首), 군주, 통치자, 국왕.

□ 나를 들어 바다에 던지라 (요나 1:12)

그가 대답하되 나를 들어 바다에 던지라 그리하면 바다가 너희를 위하여 잔잔하리라 너희가 이 큰 폭풍을 만난 것이 나 때문인 줄을 내가 아노라 하니라

▸ "Pick me up and throw me into the sea," he replied, "and it will become calm. I know that it is my fault that this great storm has come upon you."

▸ "Throw me into the sea," Jonah said,
"and it will become calm again. I know that
this terrible storm is all my fault."

□ 의인은 그의 믿음으로 (하박국 2:4)

보라 그의 마음은 교만하며 그 속에서 정직하지 못하나
의인은 그의 믿음으로 말미암아 살리라

▸ "See, he is puffed[188] up; his desires are not upright--
but the righteous will live by his faith -

▸ "Look at the proud!
They trust in themselves, and their lives are crooked.
But the righteous will live by their faithfulness to God.

188) puff [pʌf] [사람이] 우쭐해지다, 자만하다; 부풀어오르다
puffed up = arrogant = haughty(거만한)
be puffed up with conceit 자기가 잘났다고 우쭐해 있다

□ 온전한 십일조를 창고에 (말라기 3:10)

만군의 여호와가 이르노라 너희의 온전한 십일조를 창고에 들여 나의 집에 양식이 있게 하고 그것으로 나를 시험하여 내가 하늘문을 열고 너희에게 복을 쌓을 곳이 없도록 붓지 아니하나 보라

▸ Bring the whole tithe[189] into the storehouse,
that there may be food in my house.
Test me in this," says the LORD Almighty,
"and see if I will not throw open the floodgates of heaven
and pour out so much blessing that
you will not have room enough for it.

▸ Bring all the tithes into the storehouse
so there will be enough food in my Temple.
If you do," says the Lord of Heaven's Armies,
"I will open the windows of heaven for you.
I will pour out a blessing so great
you won't have enough room to take it in!
Try it! Put me to the test!

---

189) tithe [taið] 십일조, 10분의 1세, 십일조를 물리다

신약성경 주요 구절

너는 말씀을 전파하라 때를 얻든지 못 얻든지 항상 힘쓰라 범사에
오래 참음과 가르침으로 경책하며 경계하며 권하라 (디모데후서 4:2)

Preach the Word; be prepared in season and out of season; correct, rebuke and encourage--with great patience and careful instruction.

주 예수보다 더 귀한 것은 없네

주 예수보다 더 귀한 것은 없네
이 세상 부귀와 바꿀 수 없네
영 죽을 내 대신 돌아가신
그 놀라운 사랑 잊지 못해
세상 즐거움 다 버리고
세상 자랑 다 버렸네
주 예수보다 더 귀한 것은 없네
예수 밖에는 없네

Mrs, Rhea F. Miller, 1922

I'd Rather Have Jesus

I'd rather have Jesus than silver or gold,
I'd rather be His than have riches untold;
I'd rather have Jesus than houses or lands,
I'd rather be led by nail-pierced hand.

금이나 은보다 차라리 주 예수 가지리
큰 재물 갖느니보다 차라리 주 예수의 것 되겠네.
큰 집과 넓은 땅 갖느니보다 차라리 주 예수 가지리
못 박힌 손에 이끌림이 차라리 나으리라.

□ 남을 먼저 대접하라 (마태복음 7:12)

그러므로 무엇이든지 남에게 대접을 받고자 하는 대로 너희도 남을 대접하라 이것이 율법이요 선지자니라

- So in everything, do to others what you would have them do to you, for this sums up the Law and the Prophets.
- Do to others whatever you would like them to do to you. This is the essence of all that is taught in the law and the prophets.

□ 인자는 머리 둘 곳이 없다 (마태복음 8:20)

예수께서 이르시되 여우도 굴이 있고 공중의 새도 거처가 있으되 인자는 머리 둘 곳이 없다 하시더라

- "Foxes have holes and birds of the air have nests, but the Son of Man has no place to lay his head."
- “Foxes have dens to live in, and birds have nests, but the Son of Man has no place even to lay his head.”

□ 새 포도주는 새 부대에 (마태복음 9:17)

새 포도주를 낡은 가죽 부대에 넣지 아니하나니 그렇게 하면 부대가 터져 포도주도 쏟아지고 부대도 버리게 됨이라 새 포도주는 새 부대에 넣어야 둘이 다 보전되느니라

▸ Neither do men pour new wine into old wineskins. If they do, the skins will burst, the wine will run out and the wineskins will be ruined. No, they pour new wine into new wineskins, and both are preserved."

▸ "And no one puts new wine into old wineskins. For the old skins would burst from the pressure, spilling the wine and ruining the skins. New wine is stored in new wineskins so that both are preserved."

□ 천국은 침노하는 자가 (마태복음 11:12)

세례 요한의 때부터 지금까지 천국은 침노를 당하나니 침노하는 자는 빼앗느니라

▸ From the days of John the Baptist until now, the kingdom of heaven has been forcefully advancing, and forceful men lay hold of[190] it.

▸ And from the time John the Baptist began preaching until now, the Kingdom of Heaven has been forcefully advancing, and violent people are attacking it.

190) lay hold of [on] 잡다[쥐다], 손에 넣다
I tried to lay hold of the walls! 나는 그 벽을 붙잡고자 힘썼다.

□ 상한 갈대를 꺾지 아니하며 (마태복음 12:20)

상한 갈대를 꺾지 아니하며 꺼져가는 심지를 끄지 아니하기를 심판하여 이길 때까지 하리니

▸ A bruised[191)] reed he will not break,
and a smoldering[192)] wick[193)]
he will not snuff out[194)], till he leads justice to victory.

▸ He will not crush the weakest reed
or put out a flickering[195)] candle.
Finally he will cause justice to be victorious.

□ 일곱 번을 일흔 번까지 용서하라 (마태복음 18:21-22)

21. 그 때에 베드로가 나아와 이르되 주여 형제가 내게 죄를 범하면 몇 번이나 용서하여 주리이까 일곱 번까지 하오리이까

▸ "Lord, how many times shall I forgive my brother
when he sins against me? Up to seven times?"

▸ "Lord, how often should I forgive someone
who sins against me? Seven times?"

---

191) bruise [bru:z] 멍, 상처, 타박상, [과일 등을] 상하게 하다
192) smolder [smóuldər] 연기가 나다, 연기나는 불, 그을다
193) wick [wik] 심지, 마을, 등심
194) snuff out a candle 촛불을 끄다.
195) flicker 깜박거리다: the flicker of an eyelid 눈꺼풀의 움직거림

22. 예수께서 이르시되 네게 이르노니 일곱 번뿐 아니라 일곱 번을
일흔 번까지라도 할지니라

▸ "I tell you, not seven times, but seventy-seven times.

▸ "No, not seven times," "but seventy times seven!

□ 너희는 강도의 소굴을 만드는도다 (마태복음 21:12-13)

12. 예수께서 성전에 들어가사 성전 안에서 매매하는 모든 사람들을
내쫓으시며 돈 바꾸는 사람들의 상과 비둘기 파는 사람들의 의
자를 둘러 엎으시고

▸ Jesus entered the temple area and drove out all
who were buying and selling there.
He overturned the tables of the money changers
and the benches of those selling doves.

▸ Jesus entered the Temple and began to drive out
all the people buying and selling animals for sacrifice.
He knocked over the tables of the money changers and
the chairs of those selling doves.

13. 그들에게 이르시되 기록된 바 내 집은 기도하는 집이라 일컬
음을 받으리라 하였거늘 너희는 강도의 소굴을 만드는도다 하
시니라

▸ "It is written," he said to them,
"'My house will be called a house of prayer,'
but you are making it a 'den of robbers.'"

▸ He said to them, "The Scriptures declare,

'My Temple will be called a house of prayer,'
but you have turned it into a den of thieves!"

□ 이 잔을 내게서 지나가게 하옵소서 (마태복음 26:39)

조금 나아가사 얼굴을 땅에 대시고 엎드려 기도하여 이르시되 내 아버지여 만일 할 만하시거든 이 잔을 내게서 지나가게 하옵소서 그러나 나의 원대로 마시옵고 아버지의 원대로 하옵소서 하시고

- Going a little farther, he fell with his face to the ground and prayed, "My Father, if it is possible, may this cup be taken from me. Yet not as I will, but as you will."
- He went on a little farther and bowed with his face to the ground, praying, "My Father! If it is possible, let this cup of suffering be taken away from me. Yet I want your will to be done, not mine."

□ 낙타가 바늘귀로 나가는 것이 더 쉽다 (마가복음 10:25)

낙타가 바늘귀로 나가는 것이 부자가 하나님의 나라에 들어가는 것보다 쉬우니라 하시니

- It is easier for a camel to go through the eye of a needle than for a rich man to enter the kingdom of God."
- In fact, it is easier for a camel to go through the eye of a needle than for a rich person to enter the Kingdom of God!"

□ 하나님은 영이시니 (요한복음 4:24)

하나님은 영이시니 예배하는 자가 영과 진리로 예배할지니라

- God is spirit, and
  his worshipers must worship in spirit and in truth."
- For God is Spirit, so those who worship him
  must worship in spirit and in truth."

□ 실로암에 가서 씻으라 (요한복음 9:11)

대답하되 예수라 하는 그 사람이 진흙을 이겨 내 눈에 바르고
나더러 실로암에 가서 씻으라 하기에 가서 씻었더니 보게 되었노라

- "The man they call Jesus made some mud and
  put it on my eyes. He told me to go to Siloam and wash.
  So I went and washed, and then I could see."
- "The man they call Jesus made mud and
  spread it over my eyes and told me,
  'Go to the pool of Siloam and wash yourself.'
  So I went and washed, and now I can see!"

□ 가난한 자들은 항상 너희와 함께 (요한복음 12:7-8)

7. 예수께서 이르시되 그를 가만 두어 나의 장례할 날을 위하여
   그것을 간직하게 하라

▸ "Leave her alone," Jesus replied. "It was intended that she should save this perfume for the day of my burial.

▸ Jesus replied, "Leave her alone.
She did this in preparation for my burial.

8. 가난한 자들은 항상 너희와 함께 있거니와
나는 항상 있지 아니하리라 하시니라

▸ You will always have the poor among you,
but you will not always have me."

▸ You will always have the poor among you,
but you will not always have me."

□ 나를 섬기려면 나를 따르라 (요한복음 12:26)

사람이 나를 섬기려면 나를 따르라 나 있는 곳에 나를 섬기는 자도 거기 있으리니 사람이 나를 섬기면 내 아버지께서 그를 귀히 여기시리라

▸ Whoever serves me must follow me; and where I am, my servant also will be.
My Father will honor the one who serves me.

▸ Anyone who wants to serve me must follow me,
because my servants must be where I am.
And the Father will honor anyone who serves me.

□ 내 발을 절대로 씻지 못하시리이다 (요한복음 13:8)

베드로가 이르되 내 발을 절대로 씻지 못하시리이다 예수께서 대답하시되 내가 너를 씻어 주지 아니하면 네가 나와 상관이 없느니라

▸ "No," said Peter, "you shall never wash my feet." "Unless I wash you, you have no part with me."

▸ "No," Peter protested, "you will never ever wash my feet!" "Unless I wash you, you won't belong to me."

□ 내가 곧 길이요 진리요 생명이니 (요한복음 14:6)

예수께서 이르시되 내가 곧 길이요 진리요 생명이니 나로 말미암지 않고는 아버지께로 올 자가 없느니라

▸ "I am the way and the truth and the life. No one comes to the Father except through me.

▸ "I am the way, the truth, and the life. No one can come to the Father except through me.

□ 보혜사 성령이 모든 것을 가르치고 (요한복음 14:26)

보혜사 곧 아버지께서 내 이름으로 보내실 성령 그가 너희에게 모든 것을 가르치고 내가 너희에게 말한 모든 것을 생각나게 하리라

▸ But the Counselor, the Holy Spirit,

whom the Father will send in my name,
will teach you all things and
will remind you of everything I have said to you.

▸ But when the Father sends the Advocate
as my representative-- that is, the Holy Spirit—
he will teach you everything and
will remind you of everything I have told you.

□ 친구를 위하여 자기 목숨을 버리면 (요한복음 15:13)

사람이 친구를 위하여 자기 목숨을 버리면
이보다 더 큰 사랑이 없나니

▸ Greater love has no one than this,
that he lay down his life for his friends.

▸ There is no greater love than to lay down one's life
for one's friends.

□ 환난을 당하나 담대하라 (요한복음 16:33)

이것을 너희에게 이르는 것은 너희로 내 안에서 평안을 누리게
하려 함이라 세상에서는 너희가 환난을 당하나 담대하라
내가 세상을 이기었노라

▸ I have told you these things, so that in me
you may have peace. In this world you will have trouble.
But take heart! I have overcome the world."

▸ I have told you all this so that you may have peace in me.
Here on earth you will have many trials and sorrows.
But take heart, because I have overcome the world."

□ 못 자국을 보지 않고는 (요한복음 20:25)

다른 제자들이 그에게 이르되 우리가 주를 보았노라 하니 도마가 이르되 내가 그의 손의 못 자국을 보며 내 손가락을 그 못 자국에 넣으며 내 손을 그 옆구리에 넣어 보지 않고는 믿지 아니하겠노라 하니라

▸ "We have seen the Lord!" But he said to them,
"Unless I see the nail marks in his hands and
put my finger where the nails were,
and put my hand into his side, I will not believe it."

▸ "We have seen the Lord!" But he replied,
"I won't believe it unless I see the nail wounds in his hands,
put my fingers into them,
and place my hand into the wound in his side."

□ 보지 못하고 믿는 자들은 복되도다 (요한복음 20:29)

예수께서 이르시되 너는 나를 본 고로 믿느냐 보지 못하고 믿는 자들은 복되도다 하시니라

▸ "Because you have seen me, you have believed;
blessed are those who have not seen and yet have believed."

▸ "You believe because you have seen me.
Blessed are those who believe without seeing me."

□ 성령이 너희에게 임하시면 (사도행전 1:8)

오직 성령이 너희에게 임하시면 너희가 권능을 받고 예루살렘과 온 유대와 사마리아와 땅 끝까지 이르러 내 증인이 되리라 하시니라

▸ But you will receive power when the Holy Spirit comes on you; and you will be my witnesses in Jerusalem, and in all Judea and Samaria, and to the ends of the earth."

▸ But you will receive power when the Holy Spirit comes upon you. And you will be my witnesses,
telling people about me everywhere— in Jerusalem,
throughout Judea, in Samaria, and to the ends of the earth."

□ 은과 금은 내게 없거니와 (사도행전 3:6)

베드로가 이르되 은과 금은 내게 없거니와 내게 있는 이것을 네게 주노니 나사렛 예수 그리스도의 이름으로 일어나 걸으라 하고

▸ "Silver or gold I do not have, but what I have
I give you. In the name of Jesus Christ of Nazareth, walk."

▸ "I don't have any silver or gold for you.
But I'll give you what I have. In the name of Jesus Christ the Nazarene, get up and walk!"

□ 구원을 받을 만한 다른 이름을 (사도행전 4:12)

다른 이로써는 구원을 받을 수 없나니 천하 사람 중에 구원을 받을 만한 다른 이름을 우리에게 주신 일이 없음이라 하였더라

▸ Salvation is found in no one else,
for there is no other name under heaven given to men
by which[196] we must be saved."

▸ There is salvation in no one else!
God has given no other name under heaven
by which we must be saved."

□ 땅 값 얼마를 감추었느냐 (사도행전 5:3-4)

3. 베드로가 이르되 아나니아야 어찌하여 사탄이 네 마음에 가득하여 네가 성령을 속이고 땅 값 얼마를 감추었느냐

▸ "Ananias, how is it that Satan has so filled your heart that you have lied to the Holy Spirit and have kept for yourself some of the money you received for the land?

▸ "Ananias, why have you let Satan fill your heart?
You lied to the Holy Spirit,
and you kept some of the money for yourself.

4. 땅이 그대로 있을 때에는 네 땅이 아니며 판 후에도 네 마음대로 할 수가 없더냐 어찌하여 이 일을 네 마음에 두었느냐 사람에게 거짓말한 것이 아니요 하나님께로다

---

196) by which (그 이름으로): We can only be saved by the name of Jesus.'

▸ The property was yours to sell or not sell,
as you wished. And after selling it,
the money was also yours to give away.
How could you do a thing like this?
You weren't lying to us but to God!"

▸ Didn't it belong to you before it was sold?
And after it was sold, wasn't the money at your disposal?
What made you think of doing such a thing?
You have not lied to men but to God."

□ 그들이 돌로 스데반을 치니 (사도행전 7:59-60)

59. 그들이 돌로 스데반을 치니 스데반이 부르짖어 이르되
주 예수여 내 영혼을 받으시옵소서 하고

▸ While they were stoning him, Stephen prayed,
"Lord Jesus, receive my spirit."

▸ As they stoned him, Stephen prayed,
"Lord Jesus, receive my spirit."

60. 무릎을 꿇고 크게 불러 이르되 주여 이 죄를 그들에게 돌리지
마옵소서 이 말을 하고 자니라

▸ Then he fell on his knees and cried out,
"Lord, do not hold this sin against them."
When he had said this, he fell asleep.

▸ He fell to his knees, shouting, "Lord, don't charge them
with this sin!" And with that, he died.

□ 사울아 네가 어찌하여 나를 박해하느냐 (사도행전 9:3-5)

3. 사울이 길을 가다가 다메섹에 가까이 이르더니 홀연히 하늘로부터 빛이 그를 둘러 비추는지라

▸ As he neared Damascus on his journey,
suddenly a light from heaven flashed around him.

▸ As he was approaching Damascus on this mission,
a light from heaven suddenly shone down around him.

4. 땅에 엎드러져 들으매 소리가 있어 이르시되 사울아 사울아 네가 어찌하여 나를 박해하느냐 하시거늘

▸ He fell to the ground and heard a voice say to him,
"Saul, Saul, why do you persecute me?"

▸ He fell to the ground and heard a voice saying to him,
"Saul! Saul! Why are you persecuting me?"

5. 대답하되 주여 누구시니이까 이르시되 나는 네가 박해하는 예수라

▸ "Who are you, Lord?" Saul asked. "I am Jesus,
whom you are persecuting," he replied.

▸ "Who are you, lord?" Saul asked. And the voice replied,
"I am Jesus, the one you are persecuting!

□ 너와 네 집이 구원을 받으리라 (사도행전 16:31)

이르되 주 예수를 믿으라 그리하면
너와 네 집이 구원을 받으리라 하고

▸ "Believe in the Lord Jesus, and
you will be saved-- you and your household."

▸ "Believe in the Lord Jesus and you will be saved,
along with everyone in your household."

□ 나의 생명조차 조금도 귀한 것으로 (사도행전 20:24)

내가 달려갈 길과 주 예수께 받은 사명 곧 하나님의 은혜의 복음을 증언하는 일을 마치려 함에는 나의 생명조차 조금도 귀한 것으로 여기지 아니하노라

▸ However, I consider my life worth nothing to me,
if only I may finish the race and
complete the task the Lord Jesus has given me--
the task of testifying to the gospel of God's grace.

▸ But my life is worth nothing to me
unless I use it for finishing the work assigned me
by the Lord Jesus—the work of telling others the Good News
about the wonderful grace of God.

□ 오직 의인은 믿음으로 (로마서 1:17)

복음에는 하나님의 의가 나타나서 믿음으로 믿음에 이르게 하나니 기록된 바 오직 의인은 믿음으로 말미암아 살리라 함과 같으니라

▸ For in the gospel a righteousness from God is revealed,
a righteousness that is by faith from first to last,

just as it is written: "The righteous will live by faith."

▸ This Good News tells us how God makes us right in his sight. This is accomplished from start to finish by faith. As the Scriptures say,
"It is through faith that a righteous person has life."

□ 환난은 인내를 인내는 연단을 (로마서 5:3-4)

3. 다만 이뿐 아니라 우리가 환난 중에도 즐거워하나니
이는 환난은 인내를,

▸ Not only so, but we also rejoice in our sufferings, because we know that suffering produces perseverance;

▸ We can rejoice, too, when we run into problems and trials, for we know that they help us develop endurance.

4. 인내는 연단을, 연단은 소망을 이루는 줄 앎이로다

▸ perseverance, character; and character, hope.

▸ And endurance develops strength of character, and character strengthens our confident hope of salvation.

□ 죄의 삯은 사망이요 (로마서 6:23)

죄의 삯은 사망이요 하나님의 은사는
그리스도 예수 우리 주 안에 있는 영생이니라

▸ For the wages of sin is death, but the gift of God is eternal life in Christ Jesus our Lord.

▸ For the wages of sin is death, but the free gift of God is eternal life through Christ Jesus our Lord.

□ 오호라 나는 곤고한 사람이로다 (로마서 7:24)

오호라 나는 곤고한 사람이로다
이 사망의 몸에서 누가 나를 건져내랴

▸ What a wretched[197] man I am!
Who will rescue me from this body of death?

▸ Oh, what a miserable person I am! Who will free me from this life that is dominated by sin and death?

□ 성령이 말할 수 없는 탄식으로 (로마서 8:26)

이와 같이 성령도 우리의 연약함을 도우시나니 우리는 마땅히 기도할 바를 알지 못하나 오직 성령이 말할 수 없는 탄식으로 우리를 위하여 친히 간구하시느니라

▸ In the same way, the Spirit helps us in our weakness.
We do not know what we ought to pray for,
but the Spirit himself intercedes for us with groans[198]

---

197) wretch [retʃ] 녀석, 불행한[불운한, 불쌍한] 사람, 철면피
a wretch of a boy 불쌍한 소년.
198) groan [groun] 신음하다, 괴로워하다, 불평하다.

that words cannot express.

▸ And the Holy Spirit helps us in our weakness. For example, we don't know what God wants us to pray for.
But the Holy Spirit prays for us with groanings that cannot be expressed in words.

□ 모든 것이 합력하여 선을 (로마서 8:28)

우리가 알거니와 하나님을 사랑하는 자 곧 그의 뜻대로
부르심을 입은 자들에게는 모든 것이 합력하여 선을 이루느니라

▸ We know that in all things God works for the good of those who love him, who have been called according to his purpose.

▸ And we know that God causes everything to work together for the good of those who love God and are called according to his purpose for them.

□ 토기장이 비유 (로마서 9:20-21)

20. 이 사람아 네가 누구이기에 감히 하나님께 반문하느냐 지음을 받은 물건이 지은 자에게 어찌 나를 이같이 만들었느냐 말하겠느냐

▸ But who are you, O man, to talk back to God?
"Shall what is formed say to him who formed it,
'Why did you make me like this?'"

▸ No, don't say that. Who are you, a mere human being, to argue with God? Should the thing that was created say to the one who created it,
"Why have you made me like this?"

21. 토기장이가 진흙 한 덩이로 하나는 귀히 쓸 그릇을,
하나는 천히 쓸 그릇을 만들 권한이 없느냐

▸ Does not the potter have the right to make out of the same lump of clay some pottery for noble purposes and some for common use?

▸ When a potter makes jars out of clay,
doesn't he have a right to use the same lump of clay to make one jar for decoration and
another to throw garbage into?

□ 네 입으로 예수를 주로 시인하며 (로마서 10:9-10)

9. 네가 만일 네 입으로 예수를 주로 시인하며 또 하나님께서 그를
죽은 자 가운데서 살리신 것을 네 마음에 믿으면 구원을 받으리라

▸ That if you confess with your mouth, "Jesus is Lord," and believe in your heart that God raised him
from the dead, you will be saved.

▸ If you openly declare that Jesus is Lord and believe in your heart that God raised him from the dead,
you will be saved.

10. 사람이 마음으로 믿어 의에 이르고 입으로 시인하여
구원에 이르느니라

▸ For it is with your heart that you believe
and are justified, and it is with your mouth that
you confess and are saved.

▸ For it is by believing in your heart that
you are made right with God, and
it is by openly declaring your faith that you are saved.

□ 믿음은 들음에서 나며 (로마서 10:17)

그러므로 믿음은 들음에서 나며 들음은 그리스도의 말씀으로
말미암았느니라

▸ Consequently, faith comes from hearing the message,
and the message is heard through the word of Christ.

▸ So faith comes from hearing, that is,
hearing the Good News about Christ.

□ 거룩한 산 제물로 드리라 (로마서 12:1-2)

1. 그러므로 형제들아 내가 하나님의 모든 자비하심으로 너희를
권하노니 너희 몸을 하나님이 기뻐하시는 거룩한 산 제물로 드리라
이는 너희가 드릴 영적 예배니라

▸ Therefore, I urge you, brothers, in view of God's mercy,
to offer your bodies as living sacrifices, holy and
pleasing to God--this is your spiritual act of worship.

▸ And so, dear brothers and sisters,
I plead with you to give your bodies to God
because of all he has done for you.
Let them be a living and holy sacrifice--
the kind he will find acceptable.
This is truly the way to worship him.

2. 너희는 이 세대를 본받지 말고 오직 마음을 새롭게 함으로 변화를 받아 하나님의 선하시고 기뻐하시고 온전하신 뜻이 무엇인지 분별하도록 하라

▸ Do not conform[199] any longer to the pattern of this world, but be transformed by the renewing of your mind. Then you will be able to test and approve what God's will is-- his good, pleasing and perfect will.

▸ Don't copy the behavior and customs of this world, but let God transform you into a new person by changing the way you think. Then you will learn to know God's will for you, which is good and pleasing and perfect.

□ 친히 원수를 갚지 말고 (로마서 12:19-21)

19. 내 사랑하는 자들아 너희가 친히 원수를 갚지 말고 하나님의 진노하심에 맡기라 기록되었으되 원수 갚는 것이 내게 있으니 내가 갚으리라고 주께서 말씀하시니라

---

199) conform [kənfɔ́:rm] [규칙·관습 등에] 따르다, 순응하다, 일치하다.
Drivers must conform to the traffic rules.
운전자는 교통 규칙에 따라야 한다.

▸ Do not take revenge, my friends,
but leave room for God's wrath[200], for it is written:
"It is mine to avenge; I will repay," says the Lord.

▸ Dear friends, never take revenge.
Leave that to the righteous anger of God.
For the Scriptures say, "I will take revenge;
I will pay them back," says the Lord.

20. 네 원수가 주리거든 먹이고 목마르거든 마시게 하라
그리함으로 네가 숯불을 그 머리에 쌓아 놓으리라

▸ On the contrary: "If your enemy is hungry, feed him; if he is thirsty, give him something to drink. In doing this, you will heap burning coals on his head."

▸ Instead, "If your enemies are hungry, feed them.
If they are thirsty, give them something to drink.
In doing this, you will heap
burning coals of shame on their heads."

21. 악에게 지지 말고 선으로 악을 이기라

▸ Do not be overcome by evil, but overcome evil with good.

▸ Don't let evil conquer you, but conquer evil by doing good.

□ 사나 죽으나 우리가 주의 것이로다 (로마서 14:8)

우리가 살아도 주를 위하여 살고 죽어도 주를 위하여 죽나니
그러므로 사나 죽으나 우리가 주의 것이로다

200) wrath [ræθ] 분노, 격노, 복수

▸ If we live, we live to the Lord; and if we die,
we die to the Lord.
So, whether we live or die, we belong to the Lord.

▸ If we live, it's to honor the Lord. And if we die,
it's to honor the Lord.
So whether we live or die, we belong to the Lord.

□ 나는 심었고 아볼로는 물을 주었으되 (고린도전서 3:6)

나는 심었고 아볼로는 물을 주었으되
오직 하나님께서 자라나게 하셨나니

▸ I planted the seed, Apollos watered it,
but God made it grow.

▸ I planted the seed in your hearts, and
Apollos watered it, but it was God who made it grow.

□ 맡은 자들에게 구할 것은 (고린도전서 4:2)

그리고 맡은 자들에게 구할 것은 충성이니라

▸ Now it is required that
those who have been given a trust must prove faithful.

▸ Now, a person who is put in charge as a manager
must be faithful.

□ 남편과 아내 (고린도전서 7:3-4)

3. 남편은 그 아내에 대한 의무를 다하고 아내도 그 남편에게 그렇게 할지라

▸ The husband should fulfill his marital duty to his wife, and likewise the wife to her husband.

▸ The husband should fulfill his wife's sexual needs, and the wife should fulfill her husband's needs.

4. 아내는 자기 몸을 주장하지 못하고 오직 그 남편이 하며 남편도 그와 같이 자기 몸을 주장하지 못하고 오직 그 아내가 하나니

▸ The wife's body does not belong to her alone but also to her husband. In the same way, the husband's body does not belong to him alone but also to his wife.

▸ The wife gives authority over her body to her husband, and the husband gives authority over his body to his wife.

□ 사람이 감당할 시험 밖에는 (고린도전서 10:13)

사람이 감당할 시험 밖에는 너희가 당한 것이 없나니 오직 하나님은 미쁘사 너희가 감당하지 못할 시험 당함을 허락하지 아니하시고 시험 당할 즈음에 또한 피할 길을 내사 너희로 능히 감당하게 하시느니라

▸ No temptation has seized you except
what is common to man. And God is faithful;

he will not let you be tempted beyond what you can bear. But when you are tempted, he will also provide a way out so that you can stand up under it.

▸ The temptations in your life are no different from what others experience. And God is faithful. He will not allow the temptation to be more than you can stand. When you are tempted, he will show you a way out so that you can endure.

□ 부활 후, 오백여 형제에게 나타나셨다 (고린도전서 15:6)

그 후에 오백여 형제에게 일시에 보이셨나니 그 중에 지금까지 대다수는 살아 있고 어떤 사람은 잠들었으며

▸ After that, he appeared to more than five hundred of the brothers at the same time, most of whom are still living, though some have fallen asleep.

▸ After that, he was seen by more than 500 of his followers at one time, most of whom are still alive, though some have died.

□ 내가 나 된 것은 하나님의 은혜로 (고린도전서 15:10)

그러나 내가 나 된 것은 하나님의 은혜로 된 것이니 내게 주신 그의 은혜가 헛되지 아니하여 내가 모든 사도보다 더 많이 수고하였으나 내가 한 것이 아니요 오직 나와 함께 하신 하나님의 은혜로라

▸ But by the grace of God I am what I am, and
his grace to me was not without effect.
No, I worked harder than all of them—yet not I,
but the grace of God that was with me.

▸ But whatever I am now, it is all because God poured out
his special favor on me-- and not without results.
For I have worked harder than any of the other apostles;
yet it was not I but God who was working
through me by his grace.

□ 사망이 한 사람으로 말미암아 (고린도전서 15:21-22)

21. 사망이 한 사람으로 말미암았으니 죽은 자의 부활도
한 사람으로 말미암는도다

▸ For since death came through a man,
the resurrection of the dead comes also through a man.

▸ So you see, just as death came into the world
through a man, now the resurrection from the dead
has begun through another man.

22. 아담 안에서 모든 사람이 죽은 것 같이 그리스도 안에서
모든 사람이 삶을 얻으리라

▸ For as in Adam all die, so in Christ all will be made alive.

▸ Just as everyone dies because we all belong to Adam,
everyone who belongs to Christ will be given new life.

□ 사방으로 우겨쌈을 당하여도 (고린도후서 4:8-9)

8. 우리가 사방으로 우겨쌈을 당하여도 싸이지 아니하며
   답답한 일을 당하여도 낙심하지 아니하며

▸ We are hard pressed on every side, but not crushed; perplexed[201], but not in despair;

▸ We are pressed on every side by troubles,
but we are not crushed.
We are perplexed, but not driven to despair.

9. 박해를 받아도 버린 바 되지 아니하며 거꾸러뜨림을 당하여도
   망하지 아니하고

▸ persecuted, but not abandoned; struck down,
but not destroyed.

▸ We are hunted down, but never abandoned by God.
We get knocked down, but we are not destroyed.

□ 새로운 피조물이라 (고린도후서 5:17)

그런즉 누구든지 그리스도 안에 있으면 새로운 피조물이라
이전 것은 지나갔으니 보라 새 것이 되었도다

▸ Therefore, if anyone is in Christ, he is a new creation;
the old has gone, the new has come!

---

201) perplex [pərpléks] 당혹하게 하다, 혼란시키다.

▸ This means that anyone who belongs to Christ
has become a new person.
The old life is gone; a new life has begun!

□ 내 은혜가 네게 족하도다 (고린도후서 12:9)

나에게 이르시기를 내 은혜가 네게 족하도다 이는 내 능력이 약한 데서 온전하여짐이라 하신지라 그러므로 도리어 크게 기뻐함으로 나의 여러 약한 것들에 대하여 자랑하리니 이는 그리스도의 능력이 내게 머물게 하려 함이라

▸ But he said to me, "My grace is sufficient for you, for my power is made perfect in weakness." Therefore I will boast all the more gladly about my weaknesses, so that Christ's power may rest on me.

▸ Each time he said, "My grace is all you need.
My power works best in weakness."
So now I am glad to boast about my weaknesses,
so that the power of Christ can work through me.

□ 함께 십자가에 못 박혔나니 (갈라디아서 2:20)

내가 그리스도와 함께 십자가에 못 박혔나니 그런즉 이제는 내가 사는 것이 아니요 오직 내 안에 그리스도께서 사시는 것이라 이제 내가 육체 가운데 사는 것은 나를 사랑하사 나를 위하여 자기 자신을 버리신 하나님의 아들을 믿는 믿음 안에서 사는 것이라

▸ I have been crucified with Christ and I no longer live, but Christ lives in me. The life I live in the body, I live by faith in the Son of God, who loved me and gave himself for me.

▸ My old self has been crucified with Christ. It is no longer I who live, but Christ lives in me. So I live in this earthly body by trusting in the Son of God, who loved me and gave himself for me.

□ 사랑으로 서로 종 노릇 하라 (갈라디아서 5:13)

형제들아 너희가 자유를 위하여 부르심을 입었으나 그러나 그 자유로 육체의 기회를 삼지 말고 오직 사랑으로 서로 종 노릇 하라

▸ You, my brothers, were called to be free. But do not use your freedom to indulge the sinful nature; rather, serve one another in love.

▸ For you have been called to live in freedom, my brothers and sisters. But don't use your freedom to satisfy your sinful nature. Instead, use your freedom to serve one another in love.

□ 성령의 열매는 (갈라디아서 5:22-23)

22. 오직 성령의 열매는 사랑과 희락과 화평과 오래 참음과 자비와 양선과 충성과

▸ But the fruit of the Spirit is love, joy, peace, patience, kindness, goodness, faithfulness,

▸ But the Holy Spirit produces this kind of fruit in our lives: love, joy, peace, patience, kindness, goodness, faithfulness,

23. 온유와 절제니 이같은 것을 금지할 법이 없느니라

▸ gentleness and self-control.
Against such things there is no law.

▸ gentleness, and self-control.
There is no law against these things!

□ 믿음으로 구원을 받았으니 (에베소서 2:8)

너희는 그 은혜에 의하여 믿음으로 말미암아 구원을 받았으니
이것은 너희에게서 난 것이 아니요 하나님의 선물이라

▸ For it is by grace you have been saved, through faith-- and this not from yourselves, it is the gift of God--

▸ God saved you by his grace when you believed.
And you can't take credit for this; it is a gift from God.

□ 몸이 하나요 성령도 한 분이시니 (에베소서 4:4-6)

4. 몸이 하나요 성령도 한 분이시니 이와 같이
너희가 부르심의 한 소망 안에서 부르심을 받았느니라

▸ There is one body and one Spirit--
just as you were called to one hope when you were called--

▸ For there is one body and one Spirit, just as
you have been called to one glorious hope for the future.

5. 주도 한 분이시요 믿음도 하나요 세례도 하나요

▸ one Lord, one faith, one baptism;

▸ There is one Lord, one faith, one baptism,

6. 하나님도 한 분이시니 곧 만유의 아버지시라 만유 위에 계시고 만유를 통일하시고 만유 가운데 계시도다

▸ one God and Father of all,
who is over all and through all and in all.

▸ one God and Father of all,
who is over all, in all, and living through all.

□ 분을 내어도 죄를 짓지 말며 (에베소서 4:26-27)

26. 분을 내어도 죄를 짓지 말며 해가 지도록 분을 품지 말고

▸ "In your anger do not sin":
Do not let the sun go down while you are still angry,

▸ And "don't sin by letting anger control you."
Don't let the sun go down while you are still angry,

27. 마귀에게 틈을 주지 말라

▸ and do not give the devil a foothold.

▸ for anger gives a foothold to the devil.

□ 너희 부모에게 순종하라 (에베소서 6:1-3)

1. 자녀들아 주 안에서 너희 부모에게 순종하라 이것이 옳으니라

▸ Children, obey your parents in the Lord, for this is right.

▸ Children, obey your parents because you belong to the Lord, for this is the right thing to do.

2. 네 아버지와 어머니를 공경하라 이것은 약속이 있는 첫 계명이니

▸ "Honor your father and mother"--
which is the first commandment with a promise--

▸ "Honor your father and mother."
This is the first commandment with a promise:

3. 이로써 네가 잘되고 땅에서 장수하리라

▸ "that it may go well with you and that
you may enjoy long life on

▸ If you honor your father and mother,
"things will go well for you,
and you will have a long life on the earth."

□ 자녀를 노엽게 하지 말고 (에베소서 6:4)

또 아비들아 너희 자녀를 노엽게 하지 말고
오직 주의 교훈과 훈계로 양육하라

- Fathers, do not exasperate[202] your children; instead, bring them up in the training and instruction of the Lord.
- Fathers, do not provoke your children to anger by the way you treat them. Rather, bring them up with the discipline and instruction that comes from the Lord.

□ 모든 기도와 간구로 하되 (에베소서 6:18)

모든 기도와 간구를 하되 항상 성령 안에서 기도하고 이를 위하여 깨어 구하기를 항상 힘쓰며 여러 성도를 위하여 구하라

- And pray in the Spirit on all occasions with all kinds of prayers and requests. With this in mind, be alert and always keep on praying for all the saints.
- Pray in the Spirit at all times and on every occasion. Stay alert and be persistent in your prayers for all believers everywhere.

---

202) exasperate [igzǽspərèit] 악화시키다, 더하게 하다, 분노케 하다:
She exasperated me completely. 그녀는 나를 몹시 화나게 했다.

□ 아무 것도 염려하지 말고 (빌립보서 4:6-7)

6. 아무 것도 염려하지 말고 다만 모든 일에 기도와 간구로,
너희 구할 것을 감사함으로 하나님께 아뢰라

▸ Do not be anxious about anything, but in everything,
by prayer and petition,
with thanksgiving, present your requests to God.

▸ Don't worry about anything; instead,
pray about everything. Tell God what you need,
and thank him for all he has done.

7. 그리하면 모든 지각에 뛰어난 하나님의 평강이 그리스도
예수 안에서 너희 마음과 생각을 지키시리라

▸ And the peace of God,
which transcends[203)] all understanding, will guard
your hearts and your minds in Christ Jesus.

▸ Then you will experience God's peace,
which exceeds anything we can understand.
His peace will guard your hearts and
minds as you live in Christ Jesus.

---

203) transcend [trænsénd] 초월하다, 능가하다;
transcend the limits of human knowledge 인지(人智)의 한계를 초월하다.

□ 내게 능력 주시는 자 안에서 (빌립보서 4:13)

내게 능력 주시는 자 안에서 내가 모든 것을 할 수 있느니라

- I can do everything through him who gives me strength.
- For I can do everything through Christ,
  who gives me strength.

□ 성경은 하나님의 감동으로 (디모데후서 3:16)

모든 성경은 하나님의 감동으로 된 것으로 교훈과 책망과
바르게 함과 의로 교육하기에 유익하니

- All Scripture is God-breathed and is useful for teaching, rebuking, correcting and training in righteousness,
- All Scripture is inspired by God and is useful
  to teach us what is true and to make us realize
  what is wrong in our lives. It corrects us
  when we are wrong and teaches us to do what is right.

□ 나는 선한 싸움을 싸우고 (디모데후서 4:7-8)

7. 나는 선한 싸움을 싸우고 나의 달려갈 길을 마치고 믿음을 지켰으니

- I have fought the good fight, I have finished the race, I have kept the faith.

▸ I have fought the good fight, I have finished the race, and I have remained faithful.

8. 이제 후로는 나를 위하여 의의 면류관이 예비되었으므로 주 곧 의로우신 재판장이 그 날에 내게 주실 것이며 내게만 아니라 주의 나타나심을 사모하는 모든 자에게도니라

▸ Now there is in store for me the crown of righteousness,
which the Lord, the righteous Judge,
will award to me on that day--and not only to me,
but also to all who have longed for his appearing.

▸ And now the prize awaits me--the crown of righteousness,
which the Lord, the righteous Judge,
will give me on the day of his return.
And the prize is not just for me
but for all who eagerly look forward to his appearing.

□ 한번 죽는 것은 (히브리서 9:27)

한번 죽는 것은 사람에게 정해진 것이요
그 후에는 심판이 있으리니

▸ Just as man is destined to die once,
and after that to face judgment,

▸ And just as each person is destined to die once
and after that comes judgment,

□ 믿음이 없이는 (히브리서 11:6)

믿음이 없이는 하나님을 기쁘시게 하지 못하나니 하나님께 나아가는 자는 반드시 그가 계신 것과 또한 그가 자기를 찾는 자들에게 상 주시는 이심을 믿어야 할지니라

- And without faith it is impossible to please God, because anyone who comes to him must believe that he exists and that he rewards those who earnestly seek him.
- And it is impossible to please God without faith. Anyone who wants to come to him must believe that God exists and that he rewards those who sincerely seek him.

□ 지혜가 부족하거든 (야고보서 1:5-6)

5. 너희 중에 누구든지 지혜가 부족하거든 모든 사람에게 후히 주시고 꾸짖지 아니하시는 하나님께 구하라 그리하면 주시리라

- If any of you lacks wisdom, he should ask God, who gives generously to all without finding fault, and it will be given to him.
- If you need wisdom, ask our generous God, and he will give it to you. He will not rebuke you for asking.

6. 오직 믿음으로 구하고 조금도 의심하지 말라 의심하는 자는 마치 바람에 밀려 요동하는 바다 물결 같으니

▸ But when he asks, he must believe and not doubt, because he who doubts is like a wave of the sea, blown and tossed by the wind.

▸ But when you ask him, be sure that your faith is in God alone. Do not waver[204], for a person with divided loyalty is as unsettled as a wave of the sea
that is blown and tossed by the wind.

□ 듣기는 속히 하고 말하기는 더디 하며 (야고보서 1:19)

내 사랑하는 형제들아 너희가 알지니 사람마다 듣기는
속히 하고 말하기는 더디 하며 성내기도 더디 하라

▸ My dear brothers, take note of this: Everyone should be quick o listen, slow to speak and slow to become angry,

▸ Understand this, my dear brothers and sisters:
You must all be quick to listen, slow to speak,
and slow to get angry.

□ 염려를 다 주께 맡기라 (베드로전서 5:7)

너희 염려를 다 주께 맡기라 이는 그가 너희를 돌보심이라

▸ Cast all your anxiety on him because he cares for you.

---

204) waver [wéivər] 흔들리다, 너울거리다; 펄럭거리다; [빛·불꽃 등이] 반짝이다, 깜박이다; [손·목소리 등이] 떨리다; [사람·사물이] 흔들거리다, 비틀거리다;

▸ Give all your worries and cares to God, for he cares about you.

□ 말과 혀로만 사랑하지 말고 (요한일서 3:18)

자녀들아 우리가 말과 혀로만 사랑하지 말고 행함과 진실함으로 하자

▸ Dear children, let us not love with words or tongue but with actions and in truth.

▸ Dear children, let's not merely say that we love each other; let us show the truth by our actions.

□ 하나님이 우리를 사랑하사 (요한일서 4:10)

사랑은 여기 있으니 우리가 하나님을 사랑한 것이 아니요 하나님이 우리를 사랑하사 우리 죄를 속하기 위하여 화목 제물로 그 아들을 보내셨음이라

▸ This is love: not that we loved God, but that he loved us and sent his Son as an atoning[205] sacrifice for our sins.

▸ This is real love--not that we loved God, but that he loved us and sent his Son as a sacrifice to take away our sins.

---

205) atone [ətóun] 보상하다, 속죄하다:
atone for hurting a person's feelings 남의 감정을 상하게 한 보상을 하다.

□ 하나님을 본 사람이 없으되 (요한일서 4:12)

어느 때나 하나님을 본 사람이 없으되 만일 우리가 서로 사랑하면 하나님이 우리 안에 거하시고 그의 사랑이 우리 안에 온전히 이루어지느니라

- No one has ever seen God; but if we love one another, God lives in us and his love is made complete in us.
- No one has ever seen God. But if we love each other, God lives in us, and his love is brought to full expression in us.

□ 형제를 미워하면 (요한일서 4:20)

누구든지 하나님을 사랑하노라 하고 그 형제를 미워하면 이는 거짓말하는 자니 보는 바 그 형제를 사랑하지 아니하는 자는 보지 못하는 바 하나님을 사랑할 수 없느니라

- If anyone says, "I love God," yet hates his brother, he is a liar. For anyone who does not love his brother, whom he has seen, cannot love God, whom he has not seen.
- If someone says, “I love God,” but hates a fellow believer, that person is a liar; for if we don’t love people we can see, how can we love God, whom we cannot see?

□ 네 영혼이 잘됨 같이 (요한 3서 1:2)

사랑하는 자여 네 영혼이 잘됨 같이
네가 범사에 잘되고 강건하기를 내가 간구하노라

- Dear friend, I pray that you may enjoy good health
  and that all may go well with you,
  even as your soul is getting along well.
- Dear friend, I hope all is well with you
  and that you are as healthy in body
  as you are strong in spirit.

□ 문 밖에 서서 두드리노니 (요한 계시록 3:20)

볼지어다 내가 문 밖에 서서 두드리노니 누구든지 내 음성을 듣고
문을 열면 내가 그에게로 들어가 그와 더불어 먹고
그는 나와 더불어 먹으리라

- Here I am! I stand at the door and knock.
  If anyone hears my voice and opens the door,
  I will come in and eat with him, and he with me.
- "Look! I stand at the door and knock.
  If you hear my voice and open the door,
  I will come in, and we will share a meal together as friends.

□ 사도신경 the Apostles' Creed

나는 하나님 아버지를 믿습니다/ 전능하신(Alm-),/
하늘과 땅의 창조자(Ma-),/ 그리고 예수 그리스도(를 믿습니다),/

I believe in God the Father Almighty,
Maker of heaven and earth, and in Jesus Christ,

그의 유일하신 아드님 우리 주님,//(그는) 임신되었다(+ conc--)/
성령(+ Spi--)에 의해,/ 처녀(인; vir--) Mary의 태생(이며; bo--),/
본디오(Pontius) 빌라도(Pilate) 아래에서 고난받은(suf--),/
(십자가에) 못박히시고(+ cruc--),/ 죽으시고(de--),/
그리고 묻히셨다(bur--);

His Only Son our Lord, who was conceived
by the Holy Spirit, born of the Virgin Mary,
suffered under Pontius Pilate, was crucified, dead,
and buried;

그는 지옥으로 내려가셨다(desc--); 셋째 날에/
그는 다시 일어나셨다(ro--)/ 죽은 자로부터;

He descended into hell; The third day
he rose again from the dead;

그는 하늘로 올라가셨다(asce--),/ 그리고 앉으셨다/
오른 편[손]에/ 전능하신 하나님 아버지의;/
거기로(then--)부터/ 그는 심판(jud-)하러 오실 것이다/
산 자(qui--)와 죽은 자를.

He ascended into heaven, and sat(sitteth)
on the right hand of God the Father Almighty;
from thence[206] He shall come to judge
the quick[207] and the dead.

나는 성령을 믿습니다,/ 거룩한 가톨릭(Cath--) 교회(와),/
성자들(Sai--)의 친교(와; Commu--),/ 죄(들)의 용서(와),/
몸[육신]의 부활을. 그리고 삶/ 영원한(eve-)/ 아멘.

I believe in the Holy Spirit, the Holy Catholic Church,
the Communion of Saints, the forgiveness of sins,
the resurrection of the body. And the life everlasting Amen.

□ The Apostles' Creed

I be□□□e □□ God the Fa□□□r Al□□□□ty,
Ma□□r of he□□□n and ea□□h,
and □□ Jesus Christ, H□□ On□□ Son, o□□ L□□□
w□□ w□□ con□□□□□ed □□ the H□□□ Sp□□□□
bo□□ of the Vi□□□n Mary,
su□□□□ed un□□□ Pontius Pilate
w□□ cru□□□□□ed, de□□ and bu□□ed

He des□□□□□ed in□□ he□□; The th□□d d□□
he ro□□ ag□□□ fr□□ the de□□.
He asc□□□ed in□□ hea□□□,
and si□□ □□ the ri□□□ ha□□ of God,
the Fat□□□ Alm□□□□y fr□□ the□□□,
He sh□□□ co□□ to ju□□e the qu□□□
and the de□□

I be□□□□e □□ the Ho□□ Sp□□□□, the Ho□□ Cat□□□□
□ Ch□□□h, the Com□□□□□on of Sai□□s,
the for□□□□□□□ss of si□□,

---

206) from thence (옛날 영어) = from there

207) the quick (옛날 영어) = the living: The plague spared no one, affecting both the quick and the dead in equal measure.

the res□□□□□□□on of the bo□□,
And the li□□ eve□□□□□ing,

□ 단어 / 어구 비교 [부록]

■ as 용법

시간: As I was leaving, the phone rang. (나가려는 순간에)

방법: He painted the walls as his father had taught him. (가르쳐준 대로)

원인: As it was raining, we decided to stay indoors. (비가 오기 때문에)

비교: She sings as beautifully as a bird. (그녀는 새처럼 아름답게)

■ between / among:

'between'은 일대일 관계를 언급할 때 사용한다 (모든 요소가 분리되고 구별됨).

(예) He had to choose "between" a bicycle, a train set, a pair of sneakers, and a new backpack for his birthday present.

'among'은 불명확하거나 구체적 관계가 아닌 경우에 사용한다 (그룹으로 볼 수 있다);

(예) There wasn't much unity "among" the council members.

■ but / however

"I wanted to go to the party, but I was feeling sick."

"I wanted to go to the party; however, I was feeling sick."

'but'은 예상되는 결과와 상반되는 상황을 나타낸다. 즉, 후자(I was feeling sick)의 상태로 인해 전자의 행동을 할 수 없었다는 것이 강조된다. 'however'는 대비되는 두 상황이 동시에 존재할 수 있다는 점을 나타낸다. 즉, 두 사실이 함께 나온다는 것을 전달한다.

- in the beginning / at the beginning:
  'in the beginning'은 전체 기간(a whole period)을 의미하고, 반면에 'at the beginning'은 한 순간(a single moment)의 시간을 나타낸다. (예) "in the morning" (전체 기간): "at 8 a.m" (한 순간)

- begin / start:
  'begin'은 어떤 행동의 개시(initiate an action)를 의미하고, 'start'는 임무를 시작하거나(embark on a mission) 행사를 시작하는 (commence an event) 것을 의미한다. 그러나 두 단어는 상호 교환이 가능하고 의미상 큰 차이가 없다. 'begin'이 좀 더 형식적인 어감을 가진다.

* The marriage ceremony will begin/start shortly.
* You should start/begin reading the novel I gave you.
* Start writing. * Begin writing.

다음 예문은 문장의 맥락에 따라서 달라진다.
* Start your engines. (O) * Begin your engines. (X)
* Start your quest. (O) * Begin your quest. (X)
* It is a good start. (O) * It is a good begin. (X)
* It is a good starting. (X) * It is a good beginning. (O)
* It is a starting point. (O)
* It is a beginning point. [at least sounds odd]
* They are starting writers. (O)
* They are beginning writers. (O)

▸ 기계나 엔진을 작동시킬 때에는 'start'만 사용한다.
She <u>started</u> her car and drove off.
He couldn't get the engine <u>started</u>.
▸ 사업이나 조직을 시작할 때에도 'start'만 사용한다.
He borrowed money to <u>start</u> a restaurant.
Now is a good time to <u>start</u> your own business.

■ believe in / believe:

'believe'는 어떤 것 또는 누군가의 말이 사실이라는 것을 받아들이는 것을 의미한다.

I believe her. She is always honest.

Do you believe her story? It sounds fishy to me.

'believe in'은 어떤 것이 존재한다는 믿음을 갖는 것을 의미한다: 그것을 보거나 경험하지 않았더라도 그것이 존재한다고 믿는 것이다.

Many people in the world believe in God.

Do you believe in ghosts?

believe in spirits/ believe (in) you/her/him/them/ believe in this method of teaching/ believe in early rising/ believe in marrying young.

■ in/on car, in/on train

▸ a small [personal] vehicle (움직일 수 없는 공간)에서는 IN:
in car, in truck, in Jeep, in limousine, in canoe.

▸ a large [public] vehicle (움직일 수 있는 공간)에서는 ON:
on bus, on train, on plane, on ship, on ferryboat, on yacht

▸ (예외) bicycle, motorcycle: She sat on her bike.

■ in / within

'in'은 특정한 시간이나 정해진 위치가 있는 경우에 사용되며, 'within'은 경계와 매개 변수가 있는 경우에 사용된다.

1) The ambulance arrived within 10 minutes.
(도착 시간이 10분 이하라는 것을 강조)

2) The ambulance arrived in 10 minutes.
(앰뷸런스가 출발 후 10분이 지나지 않아 도착했다)

■ in / into

'in'은 어떤 공간 또는 위치 내부를 가리킬 때 사용되고, 'into'는 어떤 공간이나 위치로 이동할 때 사용된다.

* I am in the house. (공간 내부) *I walked into the house. (공간으로 이동) *She jumped in the pool. (공간 내부에서 행동) *He dived into the pool. (공간으로의 다이빙 동작)

▸ 그러나 in/into는 서로 바꾸어 쓸 수 있는 경우도 있다.

- officer / official:
  'officer'는 육군, 해군, 공군, 경찰, 세관 등에서 특별한 계급이나 권한을 가진 제복을 입는 사람을 말한다. 'official'은 (지방 또는 국가) 정부나 의회에서 권한을 가진 사람(공무원 등)을 말한다.

- village / town:
  'village'는 시골 지역에 있는 작은 공동체이다. 'town'은 일정한 경계를 가진 인구 밀집 지역의 지방 정부이다. (도시는 크거나 중요한 마을이다.)
- clothes / clothing:
  'clothes'는 셔츠, 바지, 드레스, 코트 등과 같이 우리가 입는 옷이다.
  I took off all my clothes. [clothes에는 단수형이 없다.]
  'Clothing'(의복)은 특정한 종류의 옷(clothes)을 의미한다:
  winter clothing/ warm clothing/ Wear protective clothing.
  Some locals offered food and clothing to the refugees.
  * You should pack your clothes. (O)
  * You should pack your clothing. (X)
  (참고) 'cloth'(옷감)는 옷 등을 만드는 데 쓰이는 양모나 면과 같은 직물을 말한다.

- that / which:

▸ 'that'을 사용하는 규칙:
'that'은 일반적으로 언급하고 있는 사람이나 사물을 식별하는 제한적 (또는 defining) 관계절을 도입하는 데에 사용한다.

(예) The building that I was telling you about is just down the road.

여기서 "I was telling you about"이라는 구(phrase)는 앞에 있는 "building"을 구체적으로 설명하는 제한절(restrictive clause)이다.

이 경우에 'that' 이하는 설명하는 필수적인(비선택적) 부분이기 때문에 앞에 쉼표를 붙이지 않는다.

My books that have red covers are new.
The classes that are held every Monday start at 9:00 AM.

▸ 'which'를 사용하는 규칙:

'which'는 제한적이지 않은(또는 non-defining) 절과 함께 사용한다. 이것은 문맥에서 이미 확인된 것에 대한 추가 정보를 제공하는 절(clauses)이다. 이 경우에 항상 쉼표가 'which' 앞에 붙고 제한절(restrictive clause)이 끝나는 뒤에도 (문장이 계속되는 경우) 쉼표가 온다.

* My new books, which have black covers, are on the desk.
* The padded chairs, which are on the second floor, have to be replaced.
* The students in Chemistry 101 have been complaining about the textbook, which is hard to follow.

I need a book which will tell me all about city gardening. (X)
I need a book that will tell me all about city gardening. (O)
그러나 일반 문장(edited prose)에서는 'which'가 제한절과 함께 사용되는 경우도 많이 있다.

앞의 구문에 'that' 또는 'those'들이 포함되어 있을 때 제한절(restrictive clause)을 도입하기 위해 'which'를 사용할 수도 있다.

* We want to fund only those initiatives which will increase revenues and customer satisfaction.
* Mrs. O'Reilly likes that new Italian restaurant which is located downtown.

두 개 이상의 비교절(relative clauses)이 'and' 나 'or' 에 의해 결합될 때 'which'가 매우 유용하다.

* Politics is an environment in which ordinary people may succumb to greed and which many have found reason to hate.

▸ 'which'와 'that'을 함께 사용하는 규칙:
'that'과 'which'를 같이 쓸 수 있다. 이 경우, 'that'은 'which'에 의해 소개된 서술절(descriptive clause)을 강조하는 역할을 한다.

* Reality is that which, when you stop believing in it, doesn't go away.

(Tip 1) 그 절을 없애면 문장의 의미가 바뀌는 경우, THAT을 사용한다.
(Tip 2) 의미는 변하지 않지만, 그 절이 주제에 대해 더 자세히 서술하고 있다면, WHICH를 사용한다.

* My brother doesn't like sports that/which are played indoors. [Use that]
* The Grand Canyon is a U.S. National Park that/which is in Arizona. [Use which]

■ when / as:

▸ When she walked into the room, they all stood up and applauded.
= At the moment she entered the room, they applauded.

▸ As she walked into the room, they all stood up and applauded.
= While she was entering the room, they applauded.

"When"은 그녀가 들어갔고, 멈췄고, 그들은 박수를 쳤다. "As"는 그들이 박수를 치기 시작했을 때 그녀가 여전히 걷고 있었다는 것을 암시한다.

"When" suggests she entered, stopped, and they applauded.
"As" suggests she was still walking as they started applauding.
"When"은 그녀가 들어갔고, 멈췄고, 그들은 박수를 쳤다.
"As"는 그들이 박수를 치기 시작했을 때 그녀가 여전히 걷고 있었다는 것을 암시한다. 즉, 작업[행동]이 연속적이거나 진행 중인 경우 "as"를 사용하고, 특정 시점의 특정 작업인 경우 "when"을 사용한다.

▪ all / everything:

►'All'의 의미: (일반적으로 복수형)

'All'은 일반적으로 'all + 관계(relative)절'에서 사용된다.

All (that) I have is yours.

Everything is yours. (NOT All is yours.)

She lost all she owned.

She lost everything. (NOT She lost all.)

'All'은 종종 '더 이상(nothing more)' 또는 '유일한 것(the only thing(s))'과 같은 생각을 표현하면서 다소 부정적인 의미를 갖는다.

This is all I've got.

All I want is a place to sit down.

All that happened is that he went to sleep.

'All'은 everyone(모두)의 의미로도 쓰인다.

"A good time was had by all."

"We all enjoyed the movie."

►'Everything'의 의미: (단수형)

'Everything'은 'all things'이나 '현재 상황(current situation)'을 의미한다: (예) How's everything?

I checked the list again and everything is done.

'Thank you for everything you've done for us.'

① all the things under referring.

'I did everything today - washed the dishes, cut the lawn, did the laundry.' ② many or most things

'She wasn't feeling well this morning but now everything is fine.'

'Since the company lost its best customer everything has gotten worse.' ③ a state of condition

'I can't believe I made it in time - timing is everything!

④ the most important thing. (가장 중요한 것)

[Note] 'all she said'와 'everything she said'의 차이점?
문법적으로 차이가 없으나, 의미상 약간 다르다.
'Everything she said'는 'all the things she said.'를 의미한다.
그러나 'All she said'는 이런 뜻 외에도 'the only thing she said'를 의미할 수도 있다.

- big / large / great:

1. 사물의 크기를 설명
   'big', 'large', 'great'는 크기를 말할 때 사용한다. 모두 셀 수 있는 명사 앞에서는 사용할 수 있지만 셀 수 없는 명사 앞에서는 'great'만 사용할 수 있다. 한편 'big'은 대화할 때, 'large'는 좀더 격식을, 그리고 'great'는 이야기 등에서 '그 크기가 인상적'이라는 것을 보여주기 위해 사용된다.
   *a big city, *a large company, *a lot of traffic, *big traffic (X).

2. 양(amounts)을 설명할 때 대개 'large'를 사용한다:
   a very large amount of money; large quantities of corn.
   a very big amount of money (X)

3. 느낌(feelings)이나 반응을 표현할 때,
   일반적으로 'great'를 사용한다. ('large'는 쓰지 못한다)
   * great hopes * a great relief
   ▸'surprise'가 셀 수 있는 명사일 때 'big'이나 'great' 둘 다 가능.
   * a big surprise, * no great surprise

4. 문제(problems)나 위험(danger)를 설명할 때,
   'big'이나 'great'를 사용한다. ('large'는 쓰지 못한다)
   * biggest problem *great danger.

5. 사람이나 장소가 중요하거나 유명하다고 말할 때
   'great'를 사용한다.
   * the greatest engineers of this century.
   * the great cities of Europe.

6. ‘great’와 ‘big’을 함께 사용하는 경우:
   * a great big hole in the road (put ‘great’ first)

7. 보통 병을 말할 때 'big', 'large', 'great'를 사용하지 않는다.
   대신, 다른 형용사를 사용한다: ‘bad’, ‘terrible’, ‘severe’ 등.
   * a bad cold *terrible headaches.

■ hear / listen:

우리가 꼭 들으려고 하지 않고, 귀에 들리는 소리에는 'hear'를 사용한다. 예를 들어, 'They heard a strange noise in the middle of the night. 'listen'은 진행 중인 소리에 주의를 기울이는 것을 나타낼 때 사용한다.

■ set out / set off

set out: begin, start, embark
(목적지나 목표를 향해 출발하는 것)
   * She set out on a solo trip around the world.
   * We need to set out our plans for the project.
   * The hikers set out early in the morning to reach the summit.

set off: depart, leave, start off
(여행이나 여정을 시작하는 것)
   * They set off on their vacation to the Caribbean.
   * The train will set off from the station at 6 p.m.
   * The alarm clock set off a loud noise and woke me up.

■ tomb / grave

'tomb'은 일반적으로 돌로 만들어진 묘지를 의미하며, 주로 지상이나 지하에 위치하며, 보통 부유한 사람들이나 중요 인물을 위해 사용된다. 반면에 'grave'는 흙으로 파인 일반적인 묘지를 가리킨다.

■ on the streets / in the streets:

"On the streets"는 대상(subject)이 실제로 존재하고 거리를 따라 움직이는 것을 암시한다. 예를 들어, "I saw him on the streets this morning“은

화자(speaker)가 그 사람이 길을 걷거나 운전하는 것을 봤다는 것을 의미한다.

"In the streets"는 대상이 거리의 경계 안에 위치하지만 반드시 움직이는 것은 아니다. 예를 들어, "There is a lot of litter in the streets"는 그 지역에 흩어져 있는 쓰레기를 말한다.

[예문]

* Thousands of people marched on the streets, waving placards reading "Free Pablo."
* The orphan kids regularly keep on begging for their bread in the streets of a city or town.

- having been (분사구문)[208]:

1) When she was recommended to drink,
 she gently refused to drink.
 ① Being recommended to drink, she gently refused to drink.
 ② Recommended to drink, she gently refused to drink.
 (Being 생략)
2) As she was known to everyone in the town,
 she used to always behave well.
 ② Known to everyone in the town, (Being 생략)
 she used to always behave well.
3) As the jeans were bought 5 years ago,
 they are out of fashions now.
 (주절과 종속절의 시제가 일치하지 않으므로 were는 having been으로 바꾼다.)
 ① Having been bought 5 years ago, (분사구문)
 the jeans are out of fashions now.
 ② Bought 5 years ago, (Having been 생략)
 the jeans are out of fashions now.
4) As the book was written quickly, it has many mistakes.

---

208) http://m.blog.naver.com › PostView

① Having been written quickly, the book has many mistakes.
Witten quickly, the book has many mistakes. (Having been 생략)

5) There is no sign of anyone ever having been here.
누군가가 여기에 와 보았다는 아무런 증거가 없다.
There is no sign of anyone who was ever here.

6) He's now free again, having been detained for some time.
그는 얼마 동안 구금되어 있다가 다시 풀려났다.
He's now free again after he was detained for some time.

7) Once, having been asked by the Pharisees
when the kingdom of God would come,
"The kingdom of God does not come with your careful observation,

▪ When asked by the Pharisees when the kingdom of God would come, Jesus replied, "The kingdom of God will not come with observable signs. (Brean Standard Bible)

▪ two of / the two of

'무엇 중 몇 개'/ '누구 중 몇 명'인 경우: 'the'가 붙지 않는다.
He sent two of his followers
He sent the two of his followers: (x)
one of ten people/ three of her friends/
two of her children

그러나 뒤에 다른 설명이 따라오면 'the'가 붙는다.
'He sent the two of his followers who were closest to Him'
I need three of the students (O),
I need the three of students (X)
I need (the) three of the students who can help me.
[특정한 3명: the three / 그냥 3명: three]
There exist two sorts of optimists.
There exist the two sorts of optimists (x)

□ Never-Passive Verbs (수동태로 쓸 수 없는 동사)209)

주로 주어의 능력, 소유, 욕구, 선호 등을 나타내는 동사로서 수동태로 변환될 수 없다.

1) 목적어를 직접 취하지 못하는 자동사(intransitive)
  * His picture appears in the paper. (O)
    His picture is appeared in the paper. (X)
  * Mom arrived home late at night. (O)
    Mom was arrived home late at night. (X)

2) 진행형이 불가능한 동사 (사고, 감정, 감각, 소유, 존재)
  * 사고 think, believe, know, understand
  * 감정 love, hate, like, prefer
  * 감각 see, hear, feel, sound, taste, smell, look
  * 소유 have, possess, belong, own
  * 존재 seem, look, appear(~인듯하다), weigh, resemble, consist

■ 연결동사(linking verb) (보통 2형식 문형에서 사용되는 동사)
  ① 연결동사는 보통 진행형이 불가하다. (감각, 존재의 경우)
    - be 동사류, 감각동사류, become, appear(seem), grow(~가 되다), prove, turn, remain, stay
  ② 연결동사는 주어와 서술어를 연결하며 주어를 설명하거나 규정한다.
    - 연결동사는 능동사로 쓰이기도 한다. 이때 뜻은 달라진다.
      The soup smells delicious. (냄새가 난다: 연결동사)
      Tom smells the soup. (냄새를 맡다: 능동사)
      The twins look different. (보인다: 연결동사)
      Tom looked at the twins. (보았다: 능동사)

(예외) 자동사가 전치사와 결합하여 타동사가 되는 경우에는 수동태가 가능하다.

---

209) Never-Passive 동사의 다른 사례는 "바이블영작문" 참조(p.444)

* They laughed at her. *She was laughed at by them. (O)
* He looked into the problem. *The problem was looked into. (O)
* look down/ look up to/ look for/ look into 등은 'look'와 뜻이 달라져서 타동사가 된다.
* 그러나 이 경우에도 항상 가능한 것은 아니다.
* She looked out the window. *The window was looked out. (X)

* The committee comprises ten members. (O) 타동사
  The committee is comprised ten members. (X) 수동태
  The committee is comprised of ten members.[210] (O)
* 'comprise'는 진행형으로 쓸 수 없다:
  The exam comprises four questions. (o)
  The exam is comprising four questions. (x)

- Common Mistakes (일반적)
  * The accident was happened a week ago. (X)
    The accident happened a week ago. (O)
  * An idea was happened to us. (X)
    We happened upon an idea. (O)
    We happened to come across an idea. (O)
  * My mother bore me in 1981. (X)
    I was born in 1981. (O)
  * The prices is included a breakfast with the room. (X)
    The price includes a breakfast with the room. (O)
    Breakfast is included in the price of the room. (O)
  * The College of San Mateo locates on a hilltop. (X)
    The College of San Mateo is located on a hilltop. (exists)
  * The car was cost me just three thousand dollars. (X)
    The car cost me three thousand dollars. (O)
    I was charged three thousand dollars for the car. (O)

---

210) https://www.ldoceonline.com/dictionary/comprise

□ 관사 용법[211]

[1] Known and Unknown

Speaker가 말할 때와 Listener가 들을 때 상황에 따라 Known/Unknown을 판단한다.

- THE를 쓰는 경우:
  The person listening or reading will know
  (or will be able to work out)
  which thing or person I'm talking about.
- A/AN을 쓰는 경우:
  The listener or reader won't know which thing or person I mean.

(ex) I bought a blue sweater yesterday.
(the speaker knows/ the listener doesn't)
I bought the blue sweater yesterday.
(the speaker knows/ the listener does)
We went to a lovely cafe. (speaker O, listener X)[212]
We went to the lovely cafe. (speaker O, listener O)

- Listener가 그 상황을 아는 경우:
  Pass me the glass. I'll put the dishwasher on.
  Please close the windows.
  I went to the cafeteria in our building.

[2] 'Specific'과 'General'의 구분

(Sometimes the line between specific and general is not clear.)

The books on the table are mine, (clearly specific)
Books are useful. (clearly general)

---

211) 참고문헌: 'A' and 'The' Explained & The Article Book
212) the speaker knows, but the listener doesn't.

It's important for young people to have access to (the) books in the library. (we can choose 'the' or 'no article.')

[3] 관계사절(relative clauses)이 수식할 때: THE 또는 A/AN

I saw John talking to the girl that I met last night.
(the listener does know which girl I mean.)
I saw John talking to a girl that I met last night.
(the listener may not know exactly which girl.)
The car which the Smiths bought gets 50 miles a gallon.
The town where I grew up is now a big city.

[4] 명사 수식어 (Noun adjuncts)

world map에서 world는 명사 수식어로서 형용사와 같이 주명사(map)를 수식한다. 이때 관사는 주명사(map)에 의해 결정된다.

She plays the piano.
She's taking piano lessons. (piano 명사 수식어)
I really hated the piano lesson I had yesterday.
(the listener knows which lesson because it's mentioned.)
He missed a piano lesson because his train was so late.
(the listener doesn't know exactly which lesson; so 'a' used.)

I saw the sun but she uses sun cream every day.
She asked her question in an internet forum.
They speak French but he bought a French dictionary.

[5] 사람과 사물의 분류 및 설명

The film was a comedy. / Sage is a herb.
John and Lucy are lively children.
Oxford and Bath are cities in England.
Jullie is a teacher. / John works as an accountant.

[6] 독특한 역할

① a/an + 직업
② the: only one of a certain role (clear to the listener)
③ 그 조직에서 유일한 직책일 때: 무관사
(elect, appoint, become, be를 동반한다.)
④ 직함에 대한 고정된 표현들: 무관사
elect, appoint, become, be 및 as를 동반한다.

Jane is a headteacher.
Jane is the headteacher of our school.
Jane was appointed headteacher of our school.
Jane became headteacher of our school.
John is captain of the football team.
He was appointed treasurer. / He became King in 1781.
He was elected president. / He was appointed head of HR.

[7] Fact is: Problem is: Question is: Truth is:
문장 앞에 나오는 THE는 종종 생략된다. (미국 영어)

(The) fact is, I just don't like mushrooms.
(The) problem is, he's really not suited to his job.
(The) question is, what should we do next?
(The) truth is, I have no money left.

[8] 대규모 상황, 일반 지식, 독특한 사실: THE 사용

The Queen was on television yesterday. (speaker O, listener O)
I think we should support the government.
(우리가 사는 나라의 정부)

[9] 전치사구(Prepositional phrases)를 동반할 때: THE 사용

Pass me the book on the table.
(there's only one book on the table)
I often go to the cafe by the station.

(the listener lives in my town)
The man in the red shirt is my boss.

Pass me a book on the table.
(maybe the listener didn't see which book)
I often go to a cafe by the station.
(maybe the listener doesn't know my town)
Do you need a pencil with an eraser? [not a specific pencil]

[10] OF Phrases: THE 사용

the back of, the front of, the middle of, the top of, the bottom of, the edge of, the beginning of, the end of, the height of, the length of, the size of, the weight of, the title of, the price of

I wrote her number on the back of my notebook.
The front of the dress was blue.

[11] THE를 동반하는 형용사

[same, next, last, only, right, correct, wrong, usual]
He was wearing the same T-shirt as me.
Let's get on the next train that comes.

(Note) 시간 표현과 함께 쓰는 경우, THE를 쓰지 않는다.
(last summer, next winter, next Tuesday, last Sunday)
I am going to visit my brother next week.
I saw David last week. / I'll see yo next year.
(With 'last time and next time'
we can use either 'the' or 'no article.')

[12] 관련된 사항 (something connected): THE 사용

We arrived at a house. The front door was open.
(we know the front door is the door of the house)
I've just joined a new gym. The swimming pool is very big.

(we mean the swimming pool in the gym.)

[13] Entertainment, Recreation: THE 사용

the cinema, the opera, the ballet, the theatre, the gym, the park, the zoo, the library

I am going to the library today. (a specific library)
I am going to a library today. (abstract idea of a library)

[14] Shops, other businesses: THE 사용

the baker's, the bank, the dentist's, the doctor's, the pub, the post office, the hairdresser's
She went to the doctor's yesterday.

- THE + 형용사 (추상 형용사[213])
the rich, the poor, the hungry, the disadvantaged, the blind, the unlucky, the needy, the strong, the weak
*Blessed are the poor in spirit,

[15] Public Transport: THE 사용

the bus, the underground, the metro, the plane, the train, the boat, the ferry, the airport, the (train) station, the bus stop
(Note) She arrived at Heathrow airport. (the X)

[16] Communication, Media: THE 사용

the phone, the nespapers, the post(UK), the mail(US)

We hung the television on the wall. (the physical set)
What's on television tonight? (the abstract idea)
(Note) by + 통신수단 (무관사)

---

213) abstract adjectives (adjectives that act as nouns to describe a group of people)

by telephone, by phone, by radio, by mail(US), by post(UK), by email

[17] 역사적인 긴 기간: THE 사용

the 1900's, the Jet Age, the Dark Age,
the Cambrian Period, the Renaissance, the Stone Age,
the Middle Ages, the Compuer Age, the Victorian Era,

[18] 식물, 동물: THE 사용

the rose, the pine tree, the snow leopard, the elephant
■ 복수형을 사용하는 경우: THE 생략 가능
snow leopards, elephants

[19] 춤, 악기: THE 사용

the tango, the waltz, the samba, the hip-hop
the piano, the violin, the clarinet, the trumpet
[예외] (a, an)을 쓰면 어느 특정한 악기가 될 수 있다.
A guitar can have six or twelve strings. (any guitar)

[20] 지리적 표현: THE 사용

the city, the sea, the mountains, the beach, the country,
the countryside, the seaside
(Note) She lives in a city in the north of England.
(the listener doesn't know, so use 'a city')

[21] 날씨: THE 사용

the wind, the rain, the snow, the fog, the sunshine

I could hear the rain on the roof all night.
I could hear rain on the roof all night.
(Note) There's very little difference in meaning.

[22] 특별한 이름, 타이틀, 벌칭(epithets): THE 사용

John the Baptist, Skruff the Hairy One (novel character), Henry the Fourth, Ivan the Terrible[214] (Russian Czar)

[23] 기타: THE 사용

the past, the future, the present, the internet, the web, the climate, the environment, the press, the public, the police, the fire brigade

(Note) Names of prizes: THE 쓰지 않음
First prize in the Olympic, another name for Honorable Mention,
* This is the first prize that I have ever won. (상의 이름이 아님)

[24] 형용사나 명사 수식어(noun adjunct): 무관사

I love red wine. The company imports British beef.
1920s music is very popular in London just now.
He wrote his thesis on 21st-century art.
I enjoy studying French philosophy.
She hates vegetable soup.

1) 명사 앞에 형용사가 오면, 종종 관사를 쓰지 않는다.
2) 전치사 OF가 명사 뒤에 따르면, THE를 쓰는 경향이 있다.
3) 다른 전치사(OF가 아닌)를 쓰면, THE를 쓰지 않는 경향이 있다.

The music of the 1920s is very popular in London just now.
I enjoy studying the philosophy of France.
I love (the) coffee from Italy.

[25] 추상명사: 부정관사(A/AN)를 사용하지 않는다.
(추상명사가 일반적이거나 추상적인 의미로 사용될 때)

advice, art, climate change, crime, crying, employment, depth,

---

214) 이반 4세

global warrming, goodness, happiness, height, history, honesty, knowledge, learning, length, life, literature, luck, music, nature, patience, philosophy, pollution, poverty, protection, science, society, space, strength, technology, unemployment, weight, width, wisdom

[26] 불계수명사 앞에 A/AN을 쓰지 않는다:

air, coffee, cotton, cheese, food, fuel, gold, milk, money, oxygen, pepper, sand, tea, water,

[27] 추상명사가 형용사로 수식되거나 관용적인 표현일 때에는 A/AN을 함께 사용한다.

She experienced a moment of pure happiness.
He had an interesting perspective on society.
It was an unexpected turn of events.
She had a deep love for literature.

[28] A/AN + 형용사 + 불계수명사 (불계수명사 뒤에 절(clause)이 올 수도 있다)

a dreadful anger, a fragile calm, a terrible evil, an enduring friendship, a great harm, a rare intelligence, a great help, What a joy that baby is, a great love, a dreadful melancholy, a calm serenity, an awkward silence, an amazing understanding, an extraordinary warmth, a good education, an uncertain peace,

[29] A/AN을 쓰지 않는 형용사 + 추상명사:

fantastic advice, really good excitement, excellent health, useful information, terrible luck, sad news, impressive progress, deep trouble, lovely weather, hard work.
beautiful furniture, difficult homework, expensive jewellery, practical luggage, useful money

(Note)
The match was cancelled because of the weather.
The match was cancelled because of bad weather.
(the listener doesn't know about)
The match was cancelled because of the bad weather.
(the listener does know about)
The beach was covered with a beautiful white sand.
(a certain kind of)
A gentile rain fell all night. (a certain kind of)
(Note) 'a certain kind of'로 의미가 바뀌는 경우: a/an을 쓴다.

[30] First, Second, Third

① It's also possible to use 'a/an' with these numbers.
② 'no artlcle' when talking about races, competitions or orders.

Would you like a second cup of coffee?
(one more cup of coffee)
The band released a first album in 2010 and a second in 2012.
We missed two buses, but thankfully a third bus came along.

[31] 전치사구(prepositional phrases)

at a disadventage, at a glance, at a loose end[215], at a profit, for a change, for a good cause, in a hurry, in a sense, on a diet, on a regular basis, to a certain extent, with a view to, in the habit of, behind the scenes, for the sake of, in the distance, in the long run, in the meantime, in the way, on the contrary, on the increase, on the off chance, on the other hand, on the whole, by mistake, by brief, in danger, in front of, in general, in half, in love, in particular, in secret, in touch, on purpose, on tiptoe

215) 할 일이 없는[뭘 해야 할지 모르는]

[32] 숙어 (Idioms)

as easy as pie, cry over spilt milk, make ends meet, see eye to eye, when pigs fly, call it a day, give someone a hand, turn a blind eye, make a mountain out of molehill, no room to swing a cat, beat about the bush, kick the bucket, out of the blue, tie the knot, under the weather

[33] 평행 구조 (Parallel Structures)

arm in arm, day by day, face to face, from north to south, from dawn to dusk, between mother and child,
neither husband nor wife, knife, fork and spoon, over field and forest, between finger and thumb, both mind and body

[34] "THERE + BE" 다음에 정관사를 쓰지 않는다:

('there be' means 'something exists.')

There is a pen on the table.
There is the pen on the table. [NG]
There were planes in the sky.
There were the planes in the sky. [NG]

[35] 방향 + 행동(action) 동사: 무관사

(go, travel, turn, look, sail, fly, walk, move)
going south, traveled east, turn north, look east,
moving west toward Florida,

[36] GO와 함께: 무관사

(go to bed, go to school, went to college, going to class, go to church, go to jail + similar verbs)
sent to jail, attend class, left school, break out of jail,
get out of bed,

[37] 도시 내 거리 및 장소들: 무관사

Streets, Avenues, Roads, Lanes, Boulevards, Broadway
Parks, Stations, Airports, Shops, Bridges,
Churches, Synagogues, Schools, Colleges
Ninths Street, Eighth Avenue, Recker Road, Cherry Lane,
[Note] 거리 이름이 형용사로 쓰이는 경우 관사를 붙인다.
a State Street jazz band, the Central Avenue restaurant

I've lived in Manhattan. Shall we go to Central Park this afternoon? I met my friend at Victoria (Station). We flew from O'hare (Airport). Have been to Golden Gate Bridge? He really hates shopping on Oxford Street. He got married in YeonDong Church. The children went to Westminster School.

▪ THE 사용

Museums, Galleries, Hotels, Theatres, Pubs, Cinemas, Libraries, Restaurants, Cafes

You must go to the British Museum.
Have you ever had tea at the Ritz?
The play is on at the National Theatre.
They met at the King's Head (pubs).

[38] Bed, Home, Work, Town: 무관사

The children are in bed. (a place where we sleep)
She sat on the bed in my room.
(the listener knows which bed I mean)
I need to buy a new bed. (I don't know which bed yet)

[39] 무관사: Months, Days of Week, Holidays, Special Days,

Dates, Parts of the Day, Seasons, Years,
I work on Mondays and Tuesdays.

We usually eat turkey on Christmas.
On Mother's Day, I sent my mum some flowers.

She met him on November 16th.
We got married on the 22nd of September.
(숫자가 먼저 나온 경우)
On Wednesday night we went to the theatre.
She always goes to Spain in Summer.
I don't go to the park very often in the winter.
(계절에는 무관사 또는 정관사 모두 쓸 수 있다.)
(Note)
Do you remember the Monday when we met?
The June when we got married was the hottest for years.
We stayed at home for the Christmas when Clara was born.
I really improved my French the summer that we went to France.
(to emphasise / a particular summer)
Could we meet on a Monday? (any Monday)

[40] a kind of, a sort of, a type of, a variety of: 다음에는 무관사 (UK English)

He's a sort of journalist.
He felt a kind of happiness mingled with regret.
The snow leopard is a type of leopard.
(Note)
That's a good example of a correct sentence.

[예외] "a kind of" 뜻일 때, (a, an)을 쓸 수 있다.
* The pilot ran out of fuel.
  Gasoline is a fuel made from petroleum. (a kind of fuel)
* Wine is an alcoholic beverage.
  Red Mountain is an inexpensive wine. (an inexpensive kind of wine)

[41] 무관사: Languages, Meals, Sports, Rreligion

He speaks Korean. / They're studying Spanish.
What shall we have for dinner?
I didn't eat breakfast this morning.
I don't like golf. / He often plays tennis.
Hinduism is widely practiced in India.

(Note)
The French that they speak in Montreal is different ~
He speaks a beautiful Spanish.
The lunch we had after the wedding was really excellent.
There will be a dinner for her birthday.

[42] BY + Transport: 무관사(no article)

by car, by bus, by underground, by metro, by subway, by plane, by train, by taxi, by bike, by motorbike, by boat, by ferry
(Note) on foot

[43] Institutions (Church, University, School, etc.): 무관사

기관의 이름이 자신의 주된 목적 즉, 공부하는 대학, 치료하는 병원, 기도하는 교회 등으로 언급되면 관사를 쓰지 않는다.

I am studying at university.
My sister goes to church every Sunday.
(Note) 건물을 의미하면 관사를 쓴다.
I'll meet you at the university.
She works in a cafe near hospital.
(the listener doesn't know which hospital building)
Where's Jane? She is in class.
John delivered the pizza to the class (room).
She's at college studying hairdressing.
He went to court over his divorce. (법원에 재판 받으러)
The children did a tour of a court. (건물)

Johnson Hall (dormitory), KU Anam Hospital,
Yankee Stadium, Star Field mall, Dosan Park

[44] 병명(names of diseases) 앞에: 무관사

heart disease, cancer, polio(소아마비), pneumonia,
diphtheria(디프테리아), influenza
(예외) the flu, the measles(홍역), the hiccups(딸꾹질)
(다른 병명) a cough, a fever, a headache
She caught a cold. He's had three colds this winter.
The cold that I caught last month was really horrible.

[45] 고유명사 + 소유격(')는 'THE'를 대신할 수 있다.

Mary's mother is here. [Mary is a proper noun.]
The girl's mother is here.
Girl's mother is here. [NG] [Girl은 고유명사가 아님]
Elvis Presley's music changed the world.
California's redwood trees are world famous.
St Mary's Hospital, St Martin's Theatre

"바이블 영작문" (소개 및 1장 내용)

바이블 영작문

김상대 저

- 『The 100-Minute Bible』 원문 활용
- 성경 66권 개요를 쉽게 영작하기
- 가장 쉬운 분절식 영작문 연습
- 풍부한 관사 용법 설명
- 한글 읽으면서, 동시에 영어로 말하기

한림원

The 100-Minute Bible

The 100-Minute Bible was published in September 2005 and has now sold over 150,000 English language copies and a further 100,000 in the 13 languages into which it has been translated. It was short-listed in the Innovation category of the Independent Publishers Guild Awards in 2006.

The 100-Minute Bible is a new way of looking at the Bible. It is published with the hope that it will enable people who are not familiar with the Bible to understand something of the book that is the basis of the Christian faith.

The 100-Minute Bible picks out the principal stories of the life and ministry of its central character, Jesus Christ. The social and theological context of these stories is provided by outlining the ups and downs of the history of his nation, the Jews.

It then proceeds to record the story of the growth of Christianity during the first century; firstly amongst the Jews themselves; then amongst the other peoples living in Israel and then throughout the eastern Mediterranean, even as far as Rome.

The 100-Minute Bible is primarily intended for people who have an interest in Christianity but not the time (nor tenacity!) to read the whole Bible. As the title indicates most people will only take 100 minutes to read it, making it ideal for an upcoming rail or aeroplane journey.

Publisher: The 100-Minute Press, Canterbury, United Kingdom

Author: Rev. Michael Hinton

목 차

30. Raising the dead (죽은 자를 살리시다)

31. Nature miracles (자연에 행한 기적들)
32. Who is Jesus? (예수는 누구신가?)
33. Jesus' true nature (예수의 본성)
34. On the way to Jerusalem (예루살렘으로 가는 길)
35. Arrival at Jerusalem (예루살렘 입성)
36. Jesus teaches in the Temple (성전에서 가르치시다)
37. Teaching about judgment (심판에 대한 가르침)
38. The Last Supper (최후의 만찬)
39. The Garden of Gethsemane (겟세마네 동산)
40. The trials of Jesus (예수의 재판)

41. The Crucifixion (십자가 고난)
42. Jesus rises from the dead (죽음에서 부활하신 예수)
43. Further resurrection appearances (부활 후 다시 나타나심)
44. The Ascension, Pentecost and the early Church
    (승천, 오순절, 초대교회)
45. The Christian Church grows and develops (교회의 성장과 발전)
46. Further expansion: Paul's travels
    (더 넓은 교회의 성장: 바울의 선교 여행)
47. The young Church: doctrine (젊은 교회: 교리)
48. The young Church: difficulties (젊은 교회: 어려움)
49. The young Church: daily life (젊은 교회: 일상 생활)
50. Revelation (요한 계시록)

"바이블영작문" 전문을 인터넷에서 볼 수 있습니다.
http://hanrimwon.co.kr/
[화면 터치 순서]
바이블영작문(표지)/ 전체보기/ 바이블영작문 보기/
- 고등학생, 대학생, 회사원, 군장병들에게
  싸이트 주소를 보내주시면 고맙겠습니다.

1

In the beginning
태초에

태초에 하나님께서는 세상을 엿새 동안 창조하셨다. 첫날에 빛과 어둠을, 그 후에 아랫 물과 위의 물을 나누시고 하늘의 둥근 공간인 창공을 만드셨다. 그리고 땅을 만드시고 여기에 만물이 자라도록 하셨다.

태초에/ 하나님께서 창조하셨다/ 하늘과 땅을/ 6일의 기간에 걸쳐. 첫 번째/ 그는 빛과 어두움을 창조하셨다; 그리곤(then) 하늘들의 둥근 천장(vau--)을,/ 위의 물을 분리하시면서(sep--)/ 아래 물로부터; 그리곤 마른 땅 그리고/ 모든 것(all) //[216] 그 안에 자라는.

In the beginning/ God created heaven and earth/ ① over a period of six days. First he created light and darkness; then the vault[217] of the heavens/ separating the water above from the water below; then the dry land and all that [which] grows in it.

216) // 표시는 '관계대명사'를 의미한다.

217) vault [vɔ:lt] 둥근 천장 2.아치형 천장: the vault of heaven 창공.

네 번째 날에는 해와 달과 별을, 다섯 번째 날에는 바다와 하늘의 생물들을, 여섯 번째 날에는 사람을 포함해서 땅의 생물들을 창조하셨다. 일곱 번째 날에는 하나님께서 안식(安息)하셨다.

네 번째 날에는/ 하나님은 창조하셨다/ 해, 달과 별들을;
다섯 번째(날)에는/ 바다와 하늘(s--)의 생물들(cre--)을;
그리고 여섯 번째(날)에는/ 땅(la--)의 생물들(those)을, 사람(hu--)을 포함해서.
일곱 번째 날에는/ 하나님께서 안식(安息)하셨다.

On the fourth day/ God created the sun, the moon and the stars; on the fifth/ the creatures of the sea and sky; and on the sixth/ those of the land, including humankind. On the seventh day God rested.

하나님께서 최초의 사람, 아담(Adam)을 흙으로 창조하시고 생기를 불어 넣으셨다. 하나님께서 아담을 아름답고 비옥한 에덴동산에 두시고, 거기서 자라는 선악을 알게 하는 나무의 열매를 먹지 말라고 하셨다.

하나님께서 최초 사람을 만드셨다,/ 아담(Adam)을/ 흙[먼지]으로부터,/ 그리고 생명을 불어 넣으셨다(bre--)/ 그에게./
그는[하나님은] 그를 두었다[놓았다: pla--]/
아름답고 비옥한(fer--) 동산에/ 에덴의,/
그를 금지하면서(for--)/ 먹는 것을/ 나무로부터/ 지식의/
선과 악(ev--)의//(그것은) 거기서 자랐던.

God made the first man, Adam[218], from the dust, ② and breathed life into him. He placed him

218) Adam [ǽdəm] 아담(하나님이 창조한 최초의 남자)

in the beautiful and fertile garden of Eden[219], forbidding him to eat/ from the tree of the knowledge of good and evil/ which [that] grew there.

하나님은 '사람이 혼자 있어서는 안 되겠다' 생각하시고 아담의 갈비뼈로 최초의 여자를 만드셨다. 아담은 그녀를 이브라 불렀다. 그녀는 창조물 중 가장 교활한 뱀에게 유혹을 받았다. 그녀는 금지된 선악과(善惡果)를 따먹은 뒤 남편에게도 주었다.

그는 생각했기 때문에/ 사람[남자]은 혼자 있어서는 안 된다,/
그는 최초 여자를 만드셨다[창조]/ 아담(의)[220] 갈비뼈로부터;
아담은 그녀를 이브라 불렀다[이름지었다].

Because he thought/ man should not be alone,
he created the first woman from Adam's rib;
Adam named her Eve[221].

이브는 뱀(ser--)에게 유혹을 받았다(2)[222],/ 창조물들의 가장 교활한(cun--);
그녀는 과일을 땄다/ 금지된(for--) 나무로부터,/ 약간을 먹었다/ 그녀 자신이,/ 그리고 약간을 주었다/ 그녀 남편에게.

Eve was tempted by the serpent[223], the most cunning of creatures; ③
she took fruit from the forbidden tree, ate some herself, and gave some to her husband.

---

219) Eden [í:dn] 에덴 동산
220) 괄호 속 (의)는 (')을 뜻한다: Adam's rib 아담(의) 갈비뼈
221) Eve [i:v] 이브
222) 유혹을 받았다(2): 여기서 (2)는 두 단어(was tempted)를 의미한다.
223) serpent [sə́:rpənt] (Biblical word) 뱀(snake); 악마; 사탄

이 일에 대한 벌로 하나님은 동산에서 그 둘을 추방하셨다. 하나님은 남자에게는 고된 노동을, 여자에게는 해산의 고통과 남편에 대한 순종을 명하셨다. 아담과 이브는 농사짓는 가인(Cain)과 목축하는 아벨(Abel)이란 두 아들을 낳았다. 하나님께서는 가인의 제사보다 아벨의 제사를 기뻐하셨다.

벌로써,/ 하나님은 그들 둘을 추방하셨다(exp--)/ 동산으로부터;
그는 남자들을 책망하셨다(con--)/ 고된(ard--) 노역(to--)에,
그리고 여자들(에게)/ 고통(pa--)에/ 출산(chi--) 속에
그리고 복종(sub--)에/ 그들의 남편들에게.

As a punishment, God expelled them both from the garden; he condemned men to arduous toil[224], and women to pain in childbearing and to submission to their husbands.

아담과 이브는 두 아들을 낳았다(bo--): 가인(Cain),// 땅(la--)을
경작했던(wo--),/ 그리고 아벨(Abel),// 양들을 돌보았던(2).
하나님께서는 좋아하셨다(fav--)/
아벨(의) 제물들(off--)을/ 가인의 것(tho--) 보다[위에].

Adam and Eve bore two sons: Cain[225], who worked the land, and Abel[226], who cared for sheep. God favoured Abel's offerings over those of Cain.

---

224) arduous [ɑ́:rdʒuəs] 힘드는 2.고된 3.분투적인, 견디기 어려운, 벅찬
toil [tɔil] 애쓰는 2.힘써 일하다 3.수고, 노력, 고역
225) Cain [kéin] 가인, 케인(아담의 아들)
226) Abel [éibəl] 아벨(형 Cain에게 살해당함)

가인은 화가 나서 아벨을 죽였다. 그 벌로 하나님은 가인을 영원토록 유랑하는 자가 되게 하셨다. 아담과 이브는 더 많은 자식을 낳았고, 온 인류는 퍼져 나가 그 수가 점점 더 많아졌다.

가인은 화가 났다/ 그래서[그리고] 아벨을 살해했다(mur--); 벌로써/ 하나님은 그를 선고하셨다(sen--)/ 유랑자(wan--)가 되도록/ 영원히. 아담과 이브는 낳았다[가졌다]/ 더 (많은) 자식들[아이들]을/ 그리고 나서(so)/ 인류(hu-- ra--)는/ 퍼졌고(spr--) 배가되었다(mul--).

Cain was angry and murdered Abel; as a punishment
God sentenced him to become a wanderer forever.
Adam and Eve had further children,
and so the human race spread and multiplied.

세대가 계속되면서 인간의 완악(頑惡)함이 더욱더 심해지자, 하나님께서는 '새로운 시작이 필요하다'고 판단하셨다. 하나님은 당대에 유일하게 흠 없는 사람 노아를 택하시고, 그의 가족과 모든 생명체들이 피할 배를 짓도록 말씀하셨다.

이어진(sub--) 세대들 속에/ 인간(의) 완악(頑惡)함(wic--)이/ 더욱더(3) 분명해졌다(be-- + app--),/ 그리고 하나님은 결정하셨다/ 새로운[신선한] 시작이 필요하였다고.

In subsequent generations/ humankind's wickedness
became more and more apparent, and God decided
a fresh start was necessary. ④

그는 노아를 선택하셨다,/ 유일한 흠[책망; bla--]없는 사람/ 당대의,/ 그리고 그에게 말했다/ 배(bo--)를 짓[건조하]도록//(거기에; 2)

그는 그의 가족을 피신(sh--)시킬 수 있었던/
그리고 살아있는 생명체들을/ 모든(ev--) 종류의.

He chose Noah, the only blameless man of the time,
and told him to build a boat in which[227]
he could shelter his family and living creatures of every kind.

그 후 하나님은 홍수를 보내어 살아있는 모든 것을 멸하셨다. 홍수가 그치고 물이 줄어들자, 하나님은 창조 세계를 다시는 물로 멸망시키지 않겠다는 약속의 상징으로 무지개를 보내 주셨다.

그리곤[그리고 나서] 그는 홍수를 보내셨다//(그것은) 파괴하였던[시켰던]/ 다른 모든(ev---) 살아있는 것을. 홍수가 빠졌을[물러; rec--] 때,/ 하나님은 무지개를 보내셨다/ 싸인으로서//
그는 절대 멸망하지[시키지] 않을 것이다/ 그의 창조(물)을/ 다시.

Then he sent a flood which [that] destroyed ⑤
every other living thing. When the flood receded[228],
God sent the rainbow as a sign that ⑥
he would never destroy his creation again. ⑦

세상에 사람들이 다시 많아지게 된 후, 모든 사람들이 같은 언어로 말하던 시기가 있었다. 사람들은 티그리스와 유브라데스 강 사이의 비옥한 시날 평지로 모여들었다. 그곳에서 사람들은 바벨(Babel)이라 불리는 도시를 세우고, 하늘에 거의 닿을만한 탑을 만들려고 하였다.

227) in which = where 거기에
228) recede [risí:d] 물러나다, 희미해지다.

세상이 (사람들이) 다시 살게 된(+ repop--) 후에,/ (거기에) 한 시기가 있었다/ 때/ 누구나(eve--)이 같은 언어로 말하였던. 사람들은 이주하였다(mig--)/ 비옥한 평지(pla--)로/ 시날(Shinar)의/ 강들 사이에/ 티그리스(Tigris)와 유브라데스(Euphrates);

After the world was repopulated, there was a time ⑧ when everyone spoke the same language. People migrated to the fertile[229] plain of Shinar between the rivers Tigris and Euphrates;

거기서/ 그들은 결정하였다/ 한 도시[城]를 건설하기로/
바벨(Babel)이라 이름된,/ 그리고 한 탑을/
//(그것은) 닿을[도달할] 것이다/ 하늘(hea--) 바로 까지(4).

there they decided to build a city
named Babel[230], and a tower
which [that] would reach right up to heaven. ⑨

하나님은 그들의 계획을 무산시키려고 그들의 언어를 혼란케 하셨고, 그 결과 사람들은 서로를 이해할 수 없게 되었으며, 하나님은 그들을 온 세상으로 흩으셨다.

그들을 훼방(thw--)하려고,/ 하나님은 그들의 언어를 혼란시켰다/
그래서(so that)/ 그들은 이해할 수 없었다/ 서로를,
그리고 그들을 흩으셨다(sca--)/ 온 세상(ear--)으로(4).

To thwart[231] them, God confused their language

229) fertile [fə́:rtl] 영국[fə́:rtail] 비옥한, 기름진 2.가임의 3.다산의
230) Babel [béibəl] 바벨
231) thwart [θwɔ:rt] 좌절시키다, 훼방놓다, 방해하다.

so that they could not understand each other,
and scattered them all over the earth.

문법탐구

① God created heaven and earth 1)
God created the heavens and the earth 2)
(주) 1) 두 단어가 병렬될 때, 관사를 생략할 수 있다.
□ 관사 용법(Ⅰ) [46] Parallel Structures 참고
arm in arm, day by day, face to face, from north to south
2) the를 쓸 수도 있다. 그러나 통상 heaven은 the heavens로 쓴다.

② God made the first man, Adam, from the dust.
God made the first man, Adam, from dust. (관사 없이도 가능하다)
(예) (as) dry as dust 무미 건조한[하여]
It was sand dust blown in from parts of northern China.
It is also sprinkled with gold dust! (금가루)

③ Eve was tempted by the serpent, (뱀 그 자체를 강조한다)
Eve was tempted by a serpent, [OK] (특정하지 않은 어느 한 뱀)

④ a fresh start was necessary.
the fresh start was necessary.
이전에 언급되었거나 새로운 시작이 이미 이루어진 경우: the fresh start.
여기서는 처음 언급하므로 a fresh start가 적절하다.
(참고) a fresh start was needed (OK)

⑤ Then he sent a flood which [that] destroyed
Then he sent flood which [that] destroyed [NG] 계수명시

(예) homes washed away by floods 홍수에 휩쓸려간 집들.
a flood of questions 질문의 쇄도

⑥ God sent the rainbow as a sign
God sent a rainbow as a sign [OK]

⑦ he would never destroy his creation again.
he will never destroy his creation again. [NG]
(주) 과거 시점에서 미래를 말하므로, would를 쓴다.

⑧ there was a time when everyone spoke the same language.
(a time; 때, 시기) (time; 시간)

⑨ a tower which [that] would reach right up to heaven.
a tower which [that] will reach right up to heaven. [NG]
(주) 하늘에 도달할 것이라고 가정한 것으로 would를 쓴다.

이 책의 출간을 지원해 주신 분들에게 깊이 감사드립니다
이호찬 사장, 남상욱 회장, 안태상 회장, 백성열 회장, 김종수 사장, 정광량 사장, 이재범 사장, 고대기독교우회, 연동교회, 박은화 장로, 장돈수 회장, 김중식 장로, 변인근 회장, 김지상 사장

金相大 명예교수 (sdkimkorea@gmail.com)
고려대학교 건축사회환경 공학부
포스코 석좌교수 (1998~2014)
세계초고층학회 회장(2009~2011)
병영문화네트워크(MCN) 이사

3500년의 지혜

인쇄 2023년 8월 10일
발행 2023년 8월 15일
발행인 김 상 대
발행처 병영문화네트워크
주소 서울특별시 중구 퇴계로51길 20, 12층
전화 02-2273-4201
편집·인쇄 한림원출판사 http://www.hanrimwon.com

ISBN • ISBN 978-89-93512-83-0 부가기호 93230
₩10,000

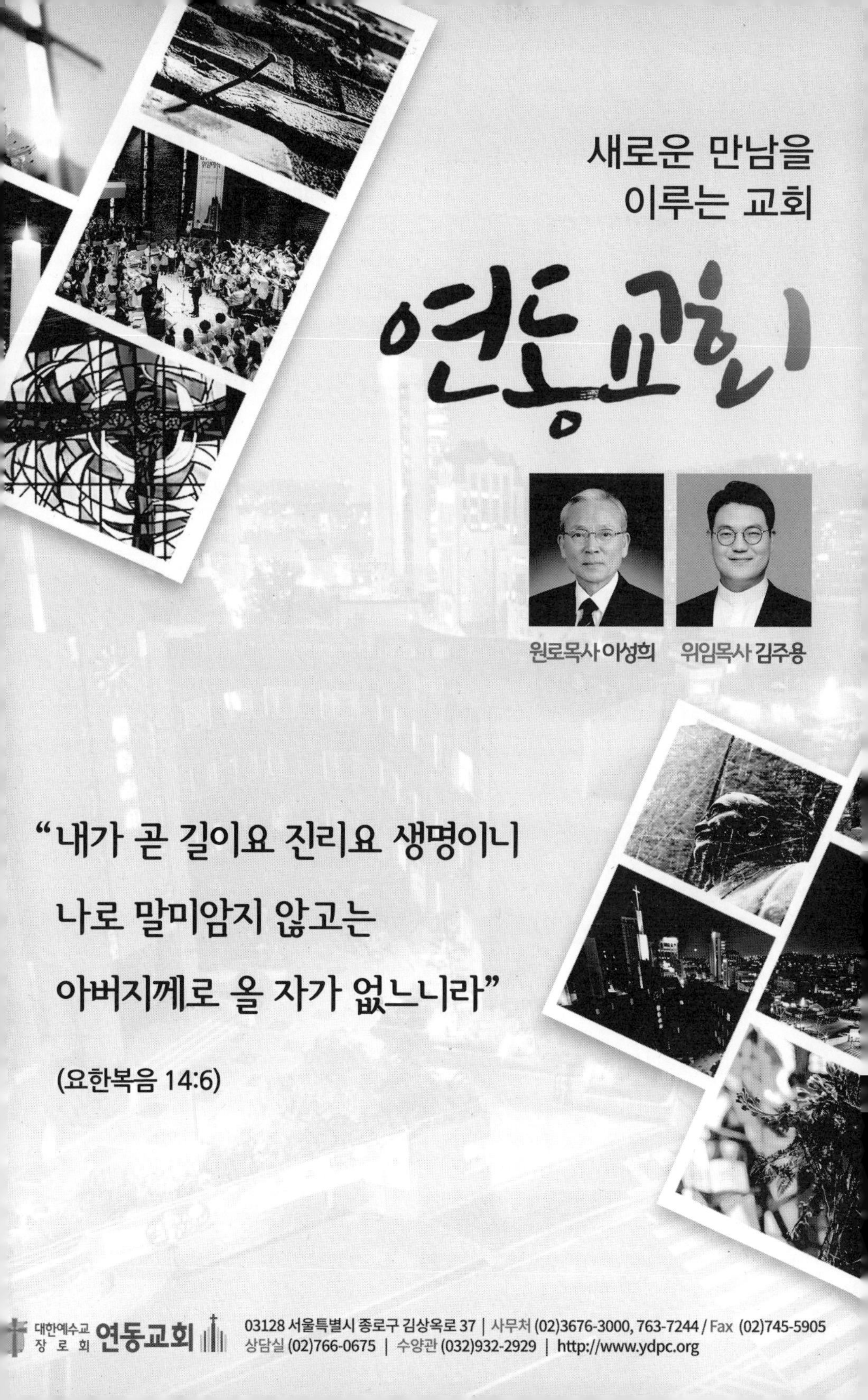
새로운 만남을
이루는 교회
연동교회
원로목사 이성희
위임목사 김주용
“내가 곧 길이요 진리요 생명이니
나로 말미암지 않고는
아버지께로 올 자가 없느니라”
(요한복음 14:6)
대한예수교 장로회 연동교회
03128 서울특별시 종로구 김상옥로 37 | 사무처 (02)3676-3000, 763-7244 / Fax (02)745-5905
상담실 (02)766-0675 | 수양관 (032)932-2929 | http://www.ydpc.org

KIDS GOD WORSHIP 키즈워십을 소개합니다!

온 세상의 어린이들이
자기 언어로 예배하도록
키즈워십이 함께 합니다~!!

키즈워십 사역

1. 어린이 예배 콘텐츠 개발
2. 유튜브&홈페이지를 통해 콘텐츠 무료 보급
3. 30여 개국의 언어로 된 자료 번역/제작
4. 해외 선교사 자녀 캠프 진행

키즈워십 🔍 **32개 언어, 1500편의 콘텐츠 업로드 완료**

예배현장

부룬디

필리핀

부루키나파소

"예배하는 어린이는 행복합니다
키즈워십의 주제는 우리 선교회의
모토가 되었습니다.
—멕시코 이주혁 선교사님

안녕하세요? 멕시코 알레그리아 선교회 이주혁 선교사입니다.

저희들은 매주 금요일 오후 어린이 예배를 통해 멕시코의 다음세대들에게 복음을 전하고 있는데 키즈워십에서 제작한 그림으로 보는 성경동화를 기반으로 사역을 진행하고 있습니다.

키즈워십의 예배하는 어린이는 행복합니다라는 주제는 알레그리아 선교회의 모토가 되었고 함께 예배하는 아이들은 그림으로 보는 성경동화를 통해 매주 기쁨으로 복음의 메세지를 받아들이고 있습니다.

너무나 감사한일은 키즈워십 영상자료들이 모두 스페인어로 번역되어 있어 멕시코에서 사용할수있는 점이고 현재 워크북이 제작되고 있다는 소식을 듣고 저희들은 기대하며 기다리고 있습니다.

홈페이지 www.kidsworship.kr
유 튜 브 키즈워십 🔍
후원계좌 신한 110-255-657342 이기둥
문 의 키즈워십(070-8268-9101)

홈페이지 유튜브